学ぶ人は、
変えて
ゆく人だ。

目の前にある問題はもちろん、

人生の問いや、

社会の課題を自ら見つけ、

挑み続けるために、人は学ぶ。

「学び」で、

少しずつ世界は変えてゆける。

いつでも、どこでも、誰でも、

学ぶことができる世の中へ。

旺文社

TOEIC® L&Rテスト はじめて受験の パスポート

駒井亜紀子 著　濵﨑潤之輔 監修

はじめに

数ある書籍の中からこの本を手に取って下さりありがとうございます。この本を手に取って下さった皆さんには、「TOEIC L&Rの目標スコアを取りたい理由」が必ずあるはずです。その「理由」は何でしょうか。きっとそれぞれ違った理由をお持ちだと思います。

私はTOEIC L&Rのスコアというのは「あなたが行きたい場所へ行かせてくれるパスポート」だと思っています。皆さんの本来の目的は「TOEIC L&Rのスコアを取ること」のその先にあるはずです。憧れの海外、行きたい大学、やってみたい仕事…その準備に必要となる英語力。そしてそれを証明するための「TOEIC L&Rのスコア」。私は皆さんの夢の実現の一歩をお手伝いさせていただきたく、多くの指導経験をもとに、下記を達成できる方法を本書にギュッと詰め込みました。

●TOEIC L&Rで知っておくべきポイントが明確に分かる。
●効率的な学習方法が分かってすぐに実践できる。
●英語力が付き、その力をテストで効果的に発揮できるコツが分かる。

盛り込んだ内容はすでに指導経験の中で実践し、効果を実証済みのものばかりです。多くの受講生がスコアアップを実現し、次のステージへと進んでいます。

「よし、やるぞ！」という今の皆さんの気持ちを本書の中で応援しながら、目標スコア取得までの道のりをお供します。

TOEIC L&Rのスコアはあなたの未来を切り開くパスポート。

さあ、目標に向かって、一緒に一歩一歩進んでいきましょう！

駒井亜紀子

CONTENTS

はじめに …… 3
本書の使い方 …… 6
付属音声について …… 9
付属音声（MP3）ファイル名一覧 …… 10

第1部
試験概要を知ろう

TOEIC® L&Rテストとは? 受験案内 …… 11
TOEIC® L&Rテストとは? …… 12
申し込み方法 …… 14
試験前日までの流れと注意点 …… 15
試験当日の流れと注意点 …… 16

第2部
全パート攻略

リスニング編

Part 1 写真描写問題 …… 19
Part 1を見てみよう …… 20
攻略ポイント …… 22
練習問題 …… 25
実践問題 …… 30
コラム❶「知っておきたい 当日のオススメの過ごし方」 …… 36

Part 2 応答問題 …… 37
Part 2を見てみよう …… 38
攻略ポイント …… 40
練習問題 …… 45
実践問題 …… 54

Part 3 会話問題 …… 67
Part 3を見てみよう …… 68
攻略ポイント …… 72
練習問題 …… 75
実践問題 …… 84
コラム❷「効果抜群! 学習に音読を取り入れよう!」 …… 94

Part 4 説明文問題 …… 95
Part 4を見てみよう …… 96
攻略ポイント …… 98
練習問題 …… 101
実践問題 …… 106
コラム❸「知っている? TOEIC L&Rの世界で活躍する人々」…… 120

リーディング編

Part 5 短文穴埋め問題 …… 121
Part 5を見てみよう …… 122
攻略ポイント …… 124
練習問題 …… 129
実践問題 …… 140
コラム❹「次のステップへ! 実力アップに必要なこと」…… 154

Part 6 長文穴埋め問題 …… 155
Part 6を見てみよう …… 156
攻略ポイント …… 158
練習問題 …… 162
実践問題 …… 172
コラム❺「頻度が大事! 学習を習慣化しよう!」…… 178

Part 7 読解問題 …… 179
Part 7を見てみよう …… 180
攻略ポイント …… 182
練習問題 …… 185
実践問題 …… 208
コラム❻「読解をスムーズに! 文をカタマリで覚えよう!」…… 226

第3部

復習テスト（解答・解説編）…… 227

別冊❶ 復習テスト（問題編）／別冊❷ 復習単語集

編集協力：株式会社 メディアビーコン、鹿島由紀子、Sarah Matsumoto
問題作成協力：TCC Japan LLC（合同会社トップクラウドコラボレーション）
カバーデザイン：株式会社ごぼうデザイン事務所（画像：3stherz/Shutterstock.com）
表紙・本文デザイン：相馬敬徳（Rafters）　本文イラスト：渡辺鉄平
パッセージデザイン：尾引美代　組版：幸和印刷株式会社
録音：ユニバ合同会社（Dominic Allen、Julia Yermakov（以上、米）、Emma Howard（英）、
Iain Gibb（加）、Brad Holmes（豪）、大武芙由美）

本書の使い方

本書は以下の内容で構成されています。

本冊
TOEIC® L&Rテスト
はじめて受験の
パスポート

付属音声（P.9）

旺文社リスニングアプリ
英語の友

音声ダウンロードサービス（MP3）

Part ○を見てみよう

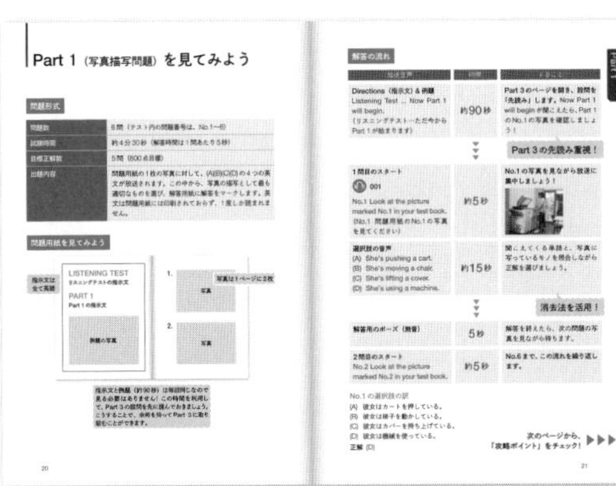

Part 1（写真描写問題）を見てみよう
問題形式
問題用紙を見てみよう
解答の流れ
Part 3の先読み重視！
消去法を活用！
次のページから、「攻略ポイント」をチェック！

各パートの問題形式や解答の流れなどをまとめています。まずはここで、どのような問題が出題されて、どのような流れで解いていくのかを確認しましょう。

二次元コードから、攻略ポイントをまとめた動画が再生できます！

攻略ポイント

各パートで攻略すべきポイントをまとめています。この内容と連動した動画（各5分程度）もあるので、机で勉強する時間が取れないときなどに活用して学習を進めましょう。

要点穴埋め
攻略ポイント
❶写真をチェック！見えるモノを英語に変換！
❷消去法が強い味方！有効に活用しよう！
❸まとめ単語に注意しよう！

練習問題

攻略ポイントを確認したら、実際に練習問題を解いてみましょう。各問題の解説で攻略ポイントを丁寧に説明しています。

練習問題

Part 1

実際に、Part 1の問題を解いてみましょう。
音声を聞いて、写真の描写として最も適切な文を、(A)~(D)の中から1つ選んでください。

003~004

1.

2.

次のページから、練習問題を使って
攻略ポイントの詳細を見ていきましょう！ ▶▶▶

25

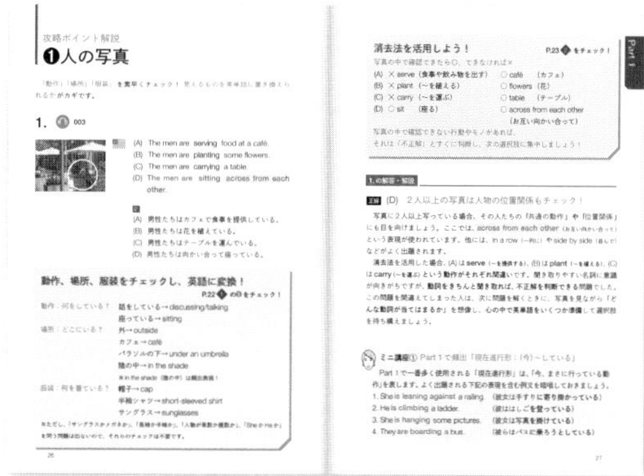

攻略ポイント解説
❶人の写真

1. 003

(A) The men are serving food at a café.
(B) The men are planting some flowers.
(C) The men are carrying a table.
(D) The men are sitting across from each other.

(A) 男性たちはカフェで食事を提供している。
(B) 男性たちは花を植えている。
(C) 男性たちはテーブルを運んでいる。
(D) 男性たちは向かい合って座っている。

動作、場所、服装をチェックし、英語に変換！
P.22 ❶ をチェック！

話をしている→discussing/talking
座っている→sitting
外→outside
カフェ→café
パラソルの下→under an umbrella
陰の中→in the shade
帽子→cap
半袖シャツ→short-sleeved shirt
サングラス→sunglasses

26

消去法を活用しよう！ P.23 をチェック！

(A) × serve (食事や飲み物を出す) ○ café (カフェ)
(B) × plant (~を植える) ○ flowers (花)
(C) × carry (~を運ぶ) ○ table (テーブル)
(D) ○ sit (座る) ○ across from each other (お互い向かい合って)

1.の解答・解説

正解 (D) 2人以上の写真は人物の位置関係もチェック！

ミニ講座① Part 1で頻出「現在進行形：(今)~している」

1. She is leaning against a railing. (彼女は手すりに寄り掛かっている)
2. He is climbing a ladder. (彼ははしごを登っている)
3. She is hanging some pictures. (彼女は写真を掛けている)
4. They are boarding a bus. (彼らはバスに乗ろうとしている)

27

実践問題

最後に実践問題を解いて仕上げます。攻略ポイントで学習した内容には参照ページがついているので、理解不足だと感じる問題があれば、攻略ポイントに戻って確認しましょう。

攻略ポイントを復習！
実践問題

005~009

P33~

学習した攻略ポイントを復習して、次の5問に挑戦してみましょう。

1.

2.

30

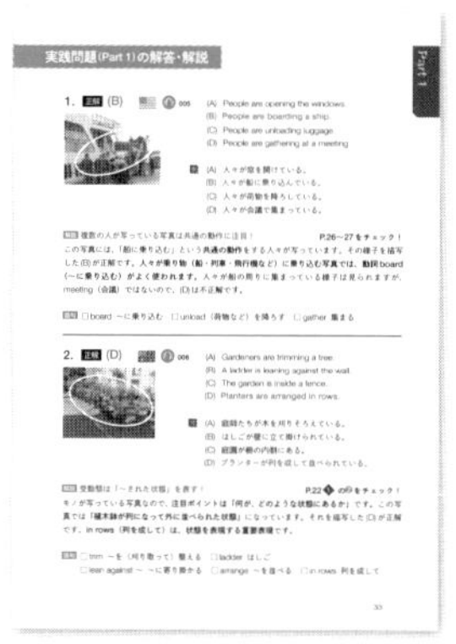

実践問題(Part 1)の解答・解説

1. 正解 (B) 005

(A) People are opening the windows.
(B) People are boarding a ship.
(C) People are unloading luggage.
(D) People are gathering at a meeting.

(A) 人々が窓を開けている。
(B) 人々が船に乗り込んでいる。
(C) 人々が荷物を降ろしている。
(D) 人々が会議で集まっている。

P.26~27 をチェック！

□board ~に乗り込む □unload (荷物など)を降ろす □gather 集まる

2. 正解 (D) 006

(A) Gardeners are trimming a tree.
(B) A ladder is leaning against the wall.
(C) The garden is inside a fence.
(D) Planters are arranged in rows.

(A) 庭師たちが木を刈りそろえている。
(B) はしごが壁に立て掛けられている。
(C) 庭園が柵の内側にある。
(D) プランターが列を成して並べられている。

□trim ~を(刈り取って)整える □ladder はしご
□lean against ~ ~に寄り掛かる □arrange ~を並べる □in rows 列を成して

33

別冊❶復習テスト

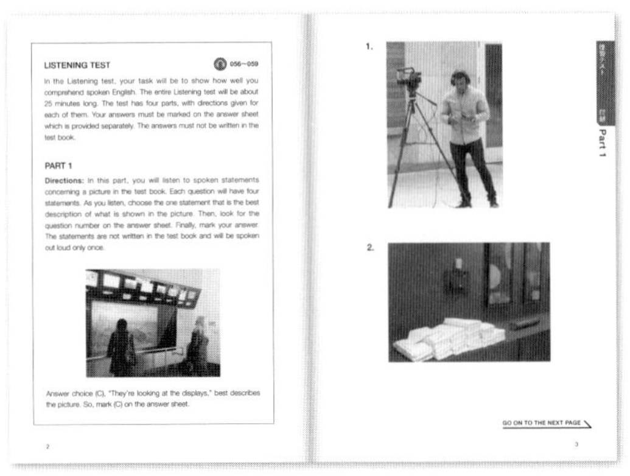

LISTENING TEST 056~059

In the Listening test, your task will be to show how well you comprehend spoken English. The entire Listening test will be about 25 minutes long. The test has four parts, with directions given for each of them. Your answers must be marked on the answer sheet which is provided separately. The answers must not be written in the test book.

PART 1

Directions: In this part, you will listen to spoken statements concerning a picture in the test book. Each question will have four statements. As you listen, choose the one statement that is the best description of what is shown in the picture. Then, look for the question number on the answer sheet. Finally, mark your answer. The statements are not written in the test book and will be spoken out loud only once.

Answer choice (C), "They're looking at the displays," best describes the picture. So, mark (C) on the answer sheet.

2

1.

2.

Part 1

GO ON TO THE NEXT PAGE

3

本冊でPart 1～Part 7までの学習を終えたら、別冊で「復習テスト」に取り組みましょう。実際の試験の半分くらいのボリュームの模擬テストで、本冊で学習した内容がきちんと定着しているか、チェックすることができます。

＊「復習テスト」の解答・解説は本冊P.227～にあります。

自動採点サービスについて

パソコンやスマートフォン、タブレット等からオンラインマークシートで解答すると、結果が自動採点されます。

以下のサイトにアクセスしてご利用ください。

https://toeic.obunsha.co.jp

(右の二次元コードからもアクセスできます)

※本サービスは無料でご利用いただけますが、通信料金はお客さまのご負担となります。

※本サービスは予告なく終了することがあります。

別冊❷復習単語集

本冊で学習した単語のうち、特に重要な単語をまとめています。本冊で学習した例文と共に掲載しているので、単語学習と一緒に本冊の復習もできます！

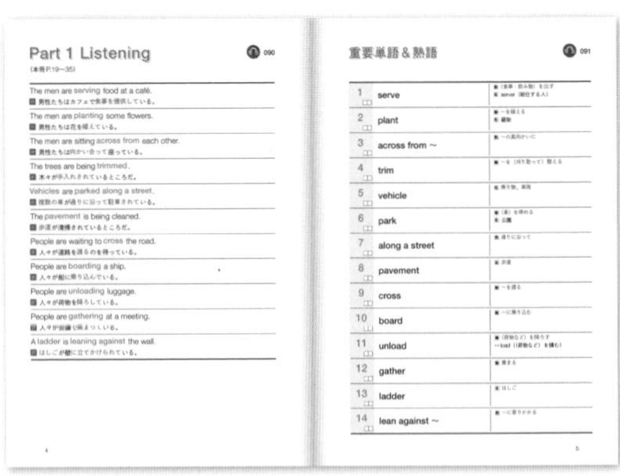

Part 1 Listening 090

(本冊P.19～35)

The men are serving food at a café.
男性たちはカフェで食事を提供している。

The men are planting some flowers.
男性たちは花を植えている。

The men are sitting across from each other.
男性たちは向かい合って座っている。

The trees are being trimmed.
木々が手入れされているところだ。

Vehicles are parked along a street.
複数の車が通りに沿って駐車されている。

The pavement is being cleaned.
歩道が清掃されているところだ。

People are waiting to cross the road.
人々が道路を渡るのを待っている。

People are boarding a ship.
人々が船に乗り込んでいる。

People are unloading luggage.
人々が荷物を降ろしている。

People are gathering at a meeting.
人々が会議に集まっている。

A ladder is leaning against the wall.
はしごが壁に立てかけられている。

4

重要単語＆熟語 091

1	serve	
2	plant	
3	across from ~	
4	trim	
5	vehicle	
6	park	
7	along a street	
8	pavement	
9	cross	
10	board	
11	unload	
12	gather	
13	ladder	
14	lean against ~	

5

付属音声について

本書の付属音声にはリスニングセクション（Part 1〜4）の音声と別冊❶復習テスト、別冊❷復習単語集の音声があります。

旺文社リスニングアプリ「英語の友」（iOS/Android）

❶「英語の友」公式サイトより、アプリをインストール
（右の二次元コードから読み込めます）

https://eigonotomo.com

❷ライブラリより「TOEIC L&Rテスト はじめて受験のパスポート 新装版」を選び、「追加」ボタンをタップ

※本アプリの機能の一部は有料ですが、本書の音声は無料でお聞きいただけます。詳しいご利用方法は「英語の友」公式サイトまたはアプリ内のヘルプをご参照ください。なお、本サービスは予告なく終了することがあります。

パソコンで音声ファイル（MP3）ダウンロード

❶パソコンから以下のサイトにアクセス

https://service.obunsha.co.jp/tokuten/t_passport/

❷パスワードを入力

passport2020

❸ファイルを選択してダウンロードする

音声ファイル（MP3）はZIP形式にまとめられた形でダウンロードされます。展開後、デジタルオーディオプレーヤーなどでご活用ください。

※本サービスは予告なく終了することがあります。

付属音声（MP3）ファイル名一覧

本冊

Part 1	001～009
Part 2	010～041
Part 3	042～048
Part 4	049～055

別冊❶復習テスト

Part 1	056～059
Part 2	060～077
Part 3	078～084
Part 4	085～089

別冊❷復習単語集

Part 1	090～093
Part 2	094～099
Part 3	100～107
Part 4	108～117
Part 5	118～125
Part 6	126～131
Part 7	132～141

第1部

試験概要を知ろう

TOEIC® L&R テストとは?
受験案内

TOEIC® L&R テストってどんな試験なの?
まずは試験の概要をつかみ、
申し込み→試験当日→結果発表までの流れをイメージしましょう。
ここから「はじめて受験」の第一歩がスタートします!

TOEIC® L&Rテストとは?

※本書の情報は2024年1月現在のものです。詳細や変更は実施団体のホームページなどでご確認ください。

アメリカで作成されている世界共通のテスト

TOEICとは、英語によるコミュニケーション能力を測定する世界共通のテストです。このテストは、アメリカにある非営利のテスト開発機関であるETSによって開発・制作されています。TOEIC® L&R テスト（TOEIC Listening and Reading Test）では「聞く」「読む」という2つの英語力を測定します。

10～990点までのスコアで評価

受験者の能力は合格・不合格ではなく、10～990点の5点刻みのスコアで評価されるのが特徴です。

テストのスコアとコミュニケーション能力レベル

レベル	スコア	コミュニケーション能力
A	860以上	Non-Nativeとして十分なコミュニケーションができる。
B	730～860	どんな状況でも適切なコミュニケーションができる素地を備えている。
C	470～730	日常生活のニーズを充足し、限定された範囲内では業務上のコミュニケーションができる。
D	220～470	通常会話で最低限のコミュニケーションができる。
E	220以下	コミュニケーションができるまでに至っていない。

解答はマークシート方式

解答方法は、正解だと思う選択肢番号を塗りつぶすマークシート方式です。解答を記述させる問題はありません。

Listeningセクション、Readingセクションを合わせて全200問

TOEIC L&R テストは以下のように、ListeningとReadingの2つのセクションで構成されています。約2時間で200問に解答し、途中休憩はありません。

Listening (約45分・100問)	Part 1	写真描写問題	6問
	Part 2	応答問題	25問
	Part 3	会話問題	39問
	Part 4	説明文問題	30問
Reading (75分・100問)	Part 5	短文穴埋め問題	30問
	Part 6	長文穴埋め問題	16問
	Part 7	読解問題	1つの文書：29問 複数の文書：25問

申し込み方法

公開テストは以下の方法で申し込みができます。

インターネット

公式サイトから申し込みができます。※会員登録（無料）が必要です。

https://www.iibc-global.org

半年後〜1年後までの受験が1回割引になる「リピート受験割引」があります。

問い合わせ先

一般財団法人 国際ビジネスコミュニケーション協会
公式サイト https://www.iibc-global.org

IIBC試験運営センター
電話：03-5521-6033

試験前日までの流れと注意点

試験約1カ月前：申し込み締め切り

申し込み期間は試験の約2カ月前〜1カ月前です。締め切り直前に慌てないよう、余裕を持って申し込みましょう。

試験約1週間前：受験票到着

受験票で試験会場などの情報が確認できます。もし、受験票が届かない場合は、必ず問い合わせましょう。

試験前日

前日までに以下の準備をしておきましょう。

❶試験会場の確認

最寄り駅までの電車と、駅からの道順を確認しておきましょう。

❷当日の持ち物チェック

☐ **受験票**……署名をし、証明写真（裏面に「氏名」と「受験番号」を記入）を貼付しておきましょう。

☐ **写真付の本人確認書類**……パスポート、個人番号カード、運転免許証、学生証、住民基本台帳カードなど（社員証は不可）

☐ **筆記用具**……鉛筆（またはシャープペンシル）、消しゴム

☐ **腕時計**（腕時計以外の時計、ウェアラブル端末などは不可）
＊時計のない試験会場も多いです。腕時計は必ず持って行きましょう。

☐ **温度調整のできる服装**
＊試験会場の冷暖房が効き過ぎている場合があります。

もしも受験票を失くしてしまったら…？

IIBC試験運営センター（03-5521-6033）に問い合わせましょう。氏名などの情報から受験会場を調べてもらえます。当日、試験会場の受付で受験票を紛失したことを伝え、仮の受験票を発行してもらいましょう。写真と本人確認書類は忘れずに持って行きましょう。

試験当日の流れと注意点

受付

試験会場に到着

試験会場の入口に、試験が行われる部屋の一覧が貼り出されています。受験票で自分の受験番号を確認し、指示された部屋に向かいましょう。

会場が大学などの場合、試験が行われる部屋が入口から遠い場合があります。時間に余裕を持って到着するようにしましょう。

▼

受付

部屋の入口に受付があります。
本人確認書類と受験票を提示し、入室します。

決められた時間までに受付を済ませないと試験が受けられないので注意しましょう。

▼

着席

席は受験番号順に指定されています。教室前方の黒板などに受験番号が示されているので、確認して着席しましょう。「解答用紙A面」の個人情報の記入などは、到着後すぐに始めて構いません。

試験の説明・音テスト

試験の説明・リスニングの音テスト

試験の説明とリスニングの音テストが行われます。音量が小さい、聞き取りにくいなどの問題があれば、試験官に申し出ましょう。席を替えるなどの対応をしてもらえます。

▼

受験票の回収・問題用紙の配布

受験票をミシン目で切り離すよう指示があります。
本人確認と併せて、受験票の写真貼付側が回収され、その後、問題用紙が配布されます。問題用紙にも受験番号と名前を書く欄があるので、注意しましょう。

これ以降、休憩はありません。また、試験中、問題用紙に書き込みをすることは禁止されているので要注意！

試験開始～試験終了

リスニングセクション

試験開始の合図で問題用紙を綴じているシールを切って、問題用紙を開きます。すぐにリスニングセクションのDirectionsが流れ始めるので注意しましょう。

＊リスニングの試験中にリーディングの問題を見てはいけません。

リーディングセクション

リスニングセクションが終わったら、そのままリーディングセクションの解答を始めます。

＊試験終了5分前などの案内は特にはありません。各自できちんとタイムマネジメントしましょう。

問題用紙・解答用紙の回収

試験終了の合図で、解答を止めます。解答用紙、問題用紙の順に回収されます。大きな教室の場合、全員分の回収に時間がかかる場合があります。

解散

問題用紙、解答用紙の回収が終わった教室から解散となります。大きな会場の場合はエレベーターなどが混み合う場合があります。

携帯電話の電源は教室を出るまで入れてはいけません。

テスト結果の通知

結果は試験の約1カ月後に郵送されます。申し込み時に「テスト結果のインターネット表示」を「利用する」にチェックを入れておくと、試験の約2週間後にウェブサイトでスコアが確認できます。

第2部

全パート攻略：リスニング編

Part 1
写真描写問題

写真に写る日常生活の風景を
英語で描写するクセを付けよう！

Part 1（写真描写問題）を見てみよう

問題形式

問題数	6問（テスト内の問題番号は、No.1～6）
試験時間	約4分30秒（解答時間は1問あたり5秒）
目標正解数	5問（600点目標）
出題内容	問題用紙の1枚の写真に対して、(A)(B)(C)(D)の4つの英文が放送されます。この中から、写真の描写として最も適切なものを選び、解答用紙に解答をマークします。英文は問題用紙には印刷されておらず、1度しか読まれません。

問題用紙を見てみよう

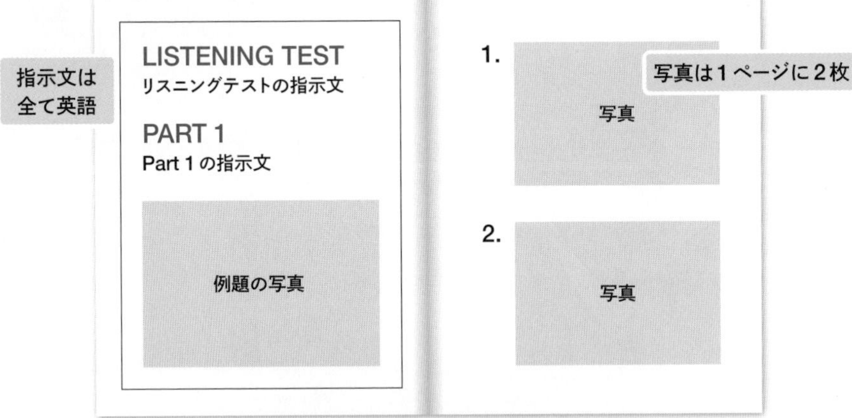

指示文と例題（約90秒）は毎回同じなので見る必要はありません！ この時間を利用して、Part 3の設問を先に読んでおきましょう。こうすることで、余裕を持ってPart 3に取り組むことができます。

解答の流れ

放送音声	時間	すること
Directions（指示文）& 例題 Listening Test ... Now Part 1 will begin. （リスニングテスト…ただ今から Part 1 が始まります）	約 90 秒	**Part 3 のページを開き、設問を「先読み」します。** Now Part 1 will begin が聞こえたら、Part 1 の No.1 の写真を確認しましょう！

▼▼▼

Part 3 の先読み重視！

放送音声	時間	すること
1 問目のスタート 001 No.1 Look at the picture marked No.1 in your test book. （No.1 問題用紙の No.1 の写真を見てください）	約 5 秒	**No.1 の写真を見ながら放送に集中しましょう！** 
選択肢の音声 (A) She's pushing a cart. (B) She's moving a chair. (C) She's lifting a cover. (D) She's using a machine.	約 15 秒	聞こえてくる単語と、写真に写っているモノを照合しながら正解を選びましょう。

▼▼▼

消去法を活用！

放送音声	時間	すること
解答用のポーズ（無音）	5 秒	解答を終えたら、次の問題の写真を見ながら待ちます。
2 問目のスタート No.2 Look at the picture marked No.2 in your test book.	約 5 秒	**No.6 まで、この流れを繰り返します。**

No.1 の選択肢の訳

(A) 彼女はカートを押している。
(B) 彼女は椅子を動かしている。
(C) 彼女はカバーを持ち上げている。
(D) 彼女は機械を使っている。

正解 (D)

次のページから、「攻略ポイント」をチェック！ ▶▶▶

要点穴埋め

攻略ポイント

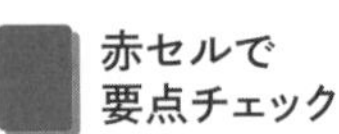

1 写真をチェック！ 見えるモノを英語に変換！

Part 1の音声が流れ始めたら、すぐに写真に目を通しましょう。

2・3秒で写真を確認し、写っているモノを英単語に変換して待つのが理想です。例えば左の写真の場合は、女性が使っている**「コピー機」**、着用している**「半袖」**、周辺に置かれた**「椅子」などに注目します。**

Part 1で出題される写真は、（人の写真）と（風景の写真）の2タイプです。それぞれ見るべきポイントをおさえましょう！

❶人の写真・・・（動作）（場所）（服装）をチェック！

「座っている（sitting）」や「話している（talking）」など、人物の（動作）をチェックします。また、**「レストラン（restaurant）」「会議室（conference room）」などの（場所）、「ジャケットを着ている（wearing a jacket）」など、人物の（服装）にも着目**しましょう。

❷風景の写真・・・（モノ）（場所）（状態）（位置）をチェック！

写真に写る（モノ）が何かを把握しましょう。それが**「どこ（場所）に、どのよう（状態）に、置かれている（位置）のか」**も確認します。特に、Chairs **are stacked**.（椅子が積み重ねられている）やSome shoes **are displayed**.（靴が陳列されている）など、風景の写真では**（モノ）を主語にした受動態**が多く使われるので、英語に変換する際に意識しましょう。

2 消去法が強い味方！ 有効に活用しよう！

Part 1は**消去法が効果を発揮**するパートです。「これが正しく描写された文だ」と正解を当てるよりも**「これは明らかに不正解だ」と判別する方がラクな場合があります！**

❶聞こえた「名詞」が写真の中になければ、すぐに消去！

一番聞き取りやすいのは、book（本）、cart（カート）、plant（植物）などの簡単な「名詞」です。放送される選択肢の中に名詞が登場したら、**写真に写っているか確認して、写っていなければ、その選択肢はすぐに正解候補から消去**しましょう。例えば、She is holding a book.（彼女は本を持っている）という文で、book（本）が聞こえたとします。しかし、**写真に本が写っていなければ、その選択肢は不正解**となります。

❷聞こえた「動詞」が写真の中で表現されていなければ、すぐに消去！

「名詞」と同様に、「動詞」でも消去法を使うことが可能です。

例えば、He is carrying a chair.（彼は椅子を運んでいる）という文でcarryingとchairが聞こえたとします。chair（椅子）は写真に写っていても、写真に写る人が**carry（運ぶ）という動作をしていなければ、その選択肢は不正解**となります。

3 まとめ単語に注意しよう！

Part 1では、**写真に写っているモノが、抽象的な表現に言い換えられていることがあります**。例えば、女性が店内で洋服を並べている写真を思い浮かべてください。She is arranging some merchandise at the store. と表現でき、**clothes（洋服）がmerchandise（商品）に言い換えられます**。「洋服」だけではなく、**「本」「電化製品」「食器」などもまとめてmerchandiseと表現でき**、このような言い換え表現は多数出題されます。本書では、このような単語のことを**「まとめ単語」**と呼びます。

まとめ単語リスト  002

Part 1 ではモノの言い換えが頻出です。ここでしっかり**「まとめ単語」**をマスターしましょう！

写真に写っているモノ	まとめ単語
photocopier（コピー機）、projector（プロジェクター）、PC（パソコン）など	□ **equipment**（機器） □ **machine**（機器）
例 He is using some **equipment**.（彼は機器を使用している）※equipment は不可算名詞です。	
clothes（洋服）、book（本）、dish（食器）など	□ **merchandise**（商品） □ **item**（商品）
例 Some **merchandise** is displayed on the shelves.（商品が棚に陳列されている） ※merchandise は不可算名詞です。	
piano（ピアノ）、guitar（ギター）、trumpet（トランペット）など	□ **instrument**（楽器）
例 Some people are playing their **instruments**.（人々は楽器を演奏している）	
car（車）、taxi（タクシー）、bus（バス）など	□ **vehicle**（乗り物・車両）
例 **Vehicles** are transporting some materials.（車両が資材を運んでいる）	
toaster（トースター）、refrigerator（冷蔵庫）、vacuum cleaner（掃除機）など	□ **appliance**（家庭用電化製品）
例 The man is examining an **appliance**.（男性は家庭用電化製品を調べている）	
spoon（スプーン）、fork（フォーク）など	□ **utensil**（調理器具）
例 **Utensils** are hanging above the sink.（調理器具がシンクの上に掛かっている）	
table（テーブル）、chair（椅子）、bookshelf（本棚）、sofa（ソファ）など	□ **furniture**（家具）
例 Some **furniture** is pushed against the wall.（家具が壁に押し付けられている） ※家具が壁と接触して置かれた状態を表しています。日本語にすると不自然ですが、よく出題される文です。 ※furniture は不可算名詞です。	

練習問題

実際に、Part 1の問題を解いてみましょう。

音声を聞いて、写真の描写として最も適切な文を、(A)～(D)の中から1つ選んでください。

003～004

1.

2.

次のページから、練習問題を使って
攻略ポイントの詳細を見ていきましょう!

攻略ポイント解説
❶人の写真

「動作」「場所」「服装」を素早くチェック！ 見えるものを英単語に置き換えられるかがカギです。

1. 003

(A) The men are serving food at a café.
(B) The men are planting some flowers.
(C) The men are carrying a table.
(D) The men are sitting across from each other.

訳
(A) 男性たちはカフェで食事を提供している。
(B) 男性たちは花を植えている。
(C) 男性たちはテーブルを運んでいる。
(D) 男性たちは向かい合って座っている。

動作、場所、服装をチェックし、英語に変換！

P.22 ◆1 の❶をチェック！

動作：何をしている？ 話をしている→discussing/talking
座っている→sitting
場所：どこにいる？ 外→outside
カフェ→café
パラソルの下→under an umbrella
陰の中→in the shade
※in the shade（陰の中）は頻出表現！
服装：何を着ている？ 帽子→cap
半袖シャツ→short-sleeved shirt
サングラス→sunglasses

※ただし、「サングラスかメガネか」、「長袖か半袖か」、「人物が単数か複数か」、「She か He か」を問う問題は出ないので、それらのチェックは不要です。

消去法を活用しよう！

P.23 ❷ をチェック！

写真の中で確認できたら○、できなければ×

(A) × serve（食事や飲み物を出す）　○ café（カフェ）
(B) × plant（～を植える）　○ flowers（花）
(C) × carry（～を運ぶ）　○ table（テーブル）
(D) ○ sit（座る）　○ across from each other（お互い向かい合って）

写真の中で確認できない行動やモノがあれば、
それは「不正解」とすぐに判断し、次の選択肢に集中しましょう！

1. の解答・解説

正解 **(D)**　２人以上の写真は人物の位置関係もチェック！

写真に２人以上写っている場合、その人たちの**「共通の動作」や「位置関係」**にも目を向けましょう。ここでは、**across from each other**（お互い向かい合って）という表現が使われています。他には、in a row（一列に）や side by side（並んで）などがよく出題されます。

消去法を活用した場合、(A) は **serve**（～を提供する）、(B) は **plant**（～を植える）、(C) は **carry**（～を運ぶ）**という動作がそれぞれ間違い**です。聞き取りやすい名詞に意識が向きがちですが、**動詞をきちんと聞き取れば、不正解を判断できる**問題でした。この問題を間違えてしまった人は、次に問題を解くときに、写真を見ながら**「どんな動詞が当てはまるか」**を想像し、**心の中で英単語をいくつか準備**して選択肢を待ち構えましょう。

ミニ講座① Part 1 で頻出「現在進行形：(今)～している」

Part 1で一番多く使用される「現在進行形」は、「今、まさに行っている動作」を表します。よく出題される下記の表現を含む例文を暗唱しておきましょう。

1. She **is leaning against** a railing.　（彼女は手すり**に寄り掛かっている**）
2. He **is climbing** a ladder.　（彼ははしご**を登っている**）
3. She **is hanging** some pictures.　（彼女は写真**を掛けている**）
4. They **are boarding** a bus.　（彼らはバス**に乗ろうとしている**）

攻略ポイント解説

❷風景の写真

「モノ」「場所」「状態」「位置」を把握しましょう！ 人の写真よりも難しくなりがちな表現をマスターできるかがカギです。

2.  004

(A) The trees are being trimmed.
(B) Vehicles are parked along a street.
(C) The pavement is being cleaned.
(D) People are waiting to cross the road.

訳
(A) 木々が手入れされているところだ。
(B) 複数の車が通りに沿って駐車されている。
(C) 歩道が清掃されているところだ。
(D) 人々が道路を渡るのを待っている。

モノ、場所、状態、位置をチェックし、英語に変換！

P.22 ❶ の❷をチェック！

モノ：何がある？ 車→car/vehicle
木→tree
ベランダ→balcony
場所：どこ？ 外→outside
歩道→pavement/path
状態、位置：何がどんな状態でどの位置にある？
車が道路沿いに停められている
→Cars are parked along a street.
木が歩道沿いに植えられている
→Trees are planted along the pavement.

消去法を活用＆まとめ単語に注意！ P.23 ❷と❸をチェック！

写真の中で確認できたら○、できなければ×

(A) ○ tree （木） × trim （～を整える）
(B) ○ vehicle （車） ○ park （～を停める）
(C) ○ pavement （歩道） × clean （～を掃除する）
(D) × people （人々） × wait （待つ）

※人が写っていないのに、人を表す主語が出てくることもあります。これはすぐに消去ができるラッキーな問題です。

vehicle は car の言い換え（まとめ単語）だと気付くことが大事です！

2. の解答・解説

正解 (B)「並んでいるモノ」があったらそれに注目！

ここでの注目ポイントは**「道路に停められた車」**です。**「並んでいるモノ」「積み重なっているモノ」は描写されやすいので必ずチェック**！ここでは、車が **vehicle（車両）という「まとめ単語」**で言い換えられた(B)が正解です。この vehicle の意味が分からず、(B)を選べなかった人もいるのではないでしょうか。「まとめ単語」は必ず覚えましょう。

ミニ講座② Part 1で頻出「受動態の進行形：(今)～されているところ」

Part 1でやや難易度が高いのが「受動態の進行形」です。通常の「受動態」は「～された状態」を表すのに対し、〈be 動詞＋being＋過去分詞〉の「受動態の進行形」は「○○が今、（人によって）～されている」という表現となり、基本的には写真の中に人が写っていないと正解にはなりません。

1. Some trees **are being trimmed.**（木が**今、整えられているところだ**）
2. The plants **are being watered.**（植物が**今、水をやられているところだ**）

攻略ポイントを復習!
実践問題

解答・解説 ▶▶▶ P.33～

学習した攻略ポイントを復習して、次の5問に挑戦してみましょう。

1.

2.

3.

4.

5.

実践問題（Part 1）の解答・解説

1. 正解 (B)    005

(A) People are opening the windows.
(B) People are boarding a ship.
(C) People are unloading luggage.
(D) People are gathering at a meeting.

訳 (A) 人々が窓を開けている。
(B) 人々が船に乗り込んでいる。
(C) 人々が荷物を降ろしている。
(D) 人々が会議で集まっている。

解説 複数の人が写っている写真は共通の動作に注目！ **P.26〜27をチェック！**
この写真には、「船に乗り込む」という**共通の動作**をする人々が写っています。その様子を描写した(B)が正解です。**人々が乗り物（船・列車・飛行機など）に乗り込む写真では、動詞board（〜に乗り込む）がよく使われます。**人々が船の周りに集まっている様子は見られますが、meeting（会議）ではないので、(D)は不正解です。

語句 □board 〜に乗り込む　□unload（荷物など）を降ろす　□gather 集まる

---

2. 正解 (D)    006

(A) Gardeners are trimming a tree.
(B) A ladder is leaning against the wall.
(C) The garden is inside a fence.
(D) Planters are arranged in rows.

訳 (A) 庭師たちが木を刈りそろえている。
(B) はしごが壁に立て掛けられている。
(C) 庭園が柵の内側にある。
(D) プランターが列を成して並べられている。

解説 受動態は「〜された状態」を表す！ **P.22 ❶ の❷をチェック！**
モノが写っている写真なので、**注目ポイントは「何が、どのような状態にあるか」**です。この写真では**「植木鉢が列になって外に並べられた状態」**になっています。それを描写した(D)が正解です。**in rows（列を成して）は、状態を表現する重要表現**です。

語句 □trim 〜を（刈り取って）整える　□ladder はしご
□lean against 〜 〜に寄り掛かる　□arrange 〜を並べる　□in rows 列を成して

3. **正解** (C) 007

(A) People are eating at a picnic table.
(B) People are picking up their backpacks.
(C) People are watching the men play a game.
(D) People are setting up some benches.

訳 (A) 人々がピクニックテーブルで食事をしている。
(B) 人々がリュックサックを拾い上げている。
(C) 人々が男性たちがゲームをしているのを見ている。
(D) 人々がベンチを組み立てている。

解説 複数の人がいる場合は、共通の動作に意識を向けよう！ **P.26～27をチェック！**
写真には複数の人が写っています。**人が複数写っている写真では、人々の共通の動作に目を向けましょう。** ここでは、チェスをしている2人を観察する人たちを描写した(C)が正解です。知覚動詞watchを用いた〈watch [see] + O + 動詞の原形〉（Oが～するのを見る）の構文で、「男性たちがゲームをしているのを見ている」と表現されています。

語句 □pick up ～ ～を拾い上げる　□backpack リュックサック
□play a game ゲームをする　□set up ～ ～を組み立てる

---

4. **正解** (A)    008

(A) He's connecting some equipment.
(B) He's cutting some wires.
(C) He's removing a cover.
(D) He's replacing a windowpane.

訳 **(A) 彼は機器を接続している。**
(B) 彼はワイヤーを切断している。
(C) 彼はカバーを外している。
(D) 彼は窓ガラスを交換している。

解説「まとめ単語」の知識がカギ！ **P.23 ❸、P.24をチェック！**
写真を見ると、人が何かの機器に線をつないでいるのが分かります。その様子を描写した(A)が正解です。写真では人の顔が見えませんが、**男女を問う問題は出題されない**ため、どちらかを判断する必要はありません。(A)の**equipment（機器）は、スピーカーやコピー機、プロジェクターなどの機器の描写に使われる「まとめ単語」**です。必ず覚えておきましょう。

語句 □equipment 機器　□remove ～を取り除く　□windowpane 窓ガラス

5.  (A)  009

(A) Chairs are placed around the table.
(B) A picture is hanging over a window.
(C) A computer screen is attached to the wall.
(D) There is a cabinet by the window.

訳 (A) 椅子がテーブルの周りに置かれている。
(B) 絵画が窓の上に掛けられている。
(C) コンピュータースクリーンが壁に取り付けられている。
(D) 戸棚が窓辺にある。

解説 モノが写っている写真は「位置」をチェック！ **P.22 ❶ の❷をチェック！**

人が写っておらず、複数のモノが写っている写真では、**それぞれのモノの位置関係を把握**しましょう。ここでは、「椅子がテーブルの周りに置かれている」と描写している(A)が正解です。**placeは名詞の「場所」という意味だけではなく、動詞で「～を置く」という意味もある**ので注意しましょう。(B)は、写真に写っている絵画の描写としてはover a window（窓の上に）の部分が不適切です。

語句 □place ～を置く　□hang 掛かる(自動詞)、～を掛ける(他動詞)
□attach ～を取り付ける

知っておきたい
当日のオススメの過ごし方

TOEIC L&R受験当日、持ち物を準備したら、あとは気持ちに余裕を持って過ごしましょう。私がオススメする当日の過ごし方をご紹介します。

1. 食事は軽食で済ませる！

ご飯を食べた後に眠くなってしまっては実力を発揮できません！ ご飯を食べた後の眠気は、炭水化物をたくさん摂取することによって血糖値が急上昇し、それを抑えるためにインスリンが過度に分泌され、血糖値が大きく上下することが原因だと言われています。つまり、血糖値の上昇を抑えられる軽めの食事がオススメ！

2. 脱ぎ着しやすい服装を！

夏は試験会場の冷房が効き過ぎていて寒い場合がありますし、冬は暖房が効き過ぎていて暑い場合もあります。できれば、脱ぎ着しやすい格好で試験会場へ行くのがオススメです。中に半袖Tシャツ、その上には長袖Tシャツ、さらにその上にはパーカーという服装であれば、臨機応変に脱ぎ着し、自分の「適温」で受験できます。受験に慣れた人だと、お尻が痛くならないように自前の座布団を持っていく人もいるようです。

3. 会場までの道のりはリスニングを！

前日や当日になって新しい知識を入れるのはやめましょう！ その時点で頭にある知識を最大限に発揮できれば、ベストスコアを出すことができます。当日は今まで聞き慣れた英語（できればPart 3、4の音声）を聞きながら会場に向かいましょう。ポイントは「聞き慣れた英語」ということ。頭を英語モードにできるように、軽く準備運動をするイメージです。慣れてきたら1.3～1.5倍速くらいで音声を聞いてみましょう。本番の音声がとても遅く感じるはずです。

第2部

全パート攻略：リスニング編

Part 2
応答問題

表現のストックがカギ！
英文を何度も聞いて暗唱しよう！

Part 2（応答問題）を見てみよう

問題形式

問題数	25問（テスト内の問題番号は、No.7～31）
試験時間	約8分（解答時間は1問あたり5秒）
目標正解数	15問（600点目標）
出題内容	質問や発言に対し、それに適する応答を(A)(B)(C)の3つの選択肢から選ぶ問題です。問題文や選択肢は問題冊子には印刷されていません。英文が放送されるのは1度だけです。

問題用紙を見てみよう

PART 2
Part 2の指示文

指示文（約25秒）は全て英語です。
読む必要も聞く必要もありません。

7. Mark your answer on your answer sheet.
8. Mark your answer on your answer sheet.
9. Mark your answer on your answer sheet.
10. Mark your answer on your answer sheet.
11. Mark your answer on your answer sheet.
12. Mark your answer on your answer sheet.
13. Mark your answer on your answer sheet
14. Mark your answer on your answer sheet.
15. Mark your answer on your answer sheet.
16. Mark your answer on your answer sheet.
17. Mark your answer on your answer sheet.
18. Mark your answer on your answer sheet.
19. Mark your answer on your answer sheet.
20. Mark your answer on your answer sheet.
21. Mark your answer on your answer sheet.
22. Mark your answer on your answer sheet.
23. Mark your answer on your answer sheet.
24. Mark your answer on your answer sheet.
25. Mark your answer on your answer sheet.
26. Mark your answer on your answer sheet
27. Mark your answer on your answer sheet.
28. Mark your answer on your answer sheet.
29. Mark your answer on your answer sheet.
30. Mark your answer on your answer sheet.
31. Mark your answer on your answer sheet.

7.～31.まで、Mark your answer on your answer sheet.（解答用紙に答えをマークしなさい）と書かれているだけです。問題は冊子に印刷されていないので、放送される音声に集中しましょう！

解答の流れ

放送音声	時間	すること
Directions（指示文） Now let us begin with Question Number 7. （では7番から始めましょう）	約25秒	リラックスしながら1問目を待ちましょう。 **この放送が聞こえたら集中しましょう。**
▼▼▼		
1問目のスタート **010** **質問文と選択肢の音声** No.7 Who is in charge of closing the store tonight? (A) The other branch is closer. (B) Until ten o'clock. (C) Stan is doing that.	約15秒	質問文の前半が大事です。聞き取れた部分を頭の中で繰り返し、内容を忘れないようにしましょう。選択肢が聞こえたら、どの選択肢が正解かを判断します。
▼▼▼		
解答用のポーズ（無音）	5秒	正解をマークしましょう。
2問目のスタート No.8 ...	約15秒	**No.31まで、この流れを繰り返します。**

Part 2

No.7の質問文と選択肢の訳

今夜店を閉めるのは誰の担当ですか。
(A) もう1つの支店の方が近いです。
(B) 10時までです。
(C) Stanがやります。
正解 (C)

この質問文のタイプは「WH疑問文」です。タイプに応じて、適切な応答を選びましょう。これについては、P.40～41で詳しく解説します。

次のページから、「攻略ポイント」をチェック！

要点穴埋め

攻略ポイント

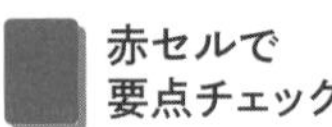

質問文の前半をしっかり聞き取ろう！

（質問文の前半）を聞き取れれば正解を選べる問題もあるため、まずは前半を聞き取れるように意識を集中しましょう。冒頭を聞き分け、質問文のタイプを判断します。

Part 2の質問文のタイプ（ここでは基礎的なものを紹介します）

❶ WH疑問文（詳細はP.46で解説します）

いつ（when）、どこで（where）、誰が・誰に（who）、何を（what）、なぜ（why）、どのように（how）などで始まる疑問文です。

❷依頼／提案・勧誘／許可／申し出（詳細はP.48で解説します）

（質問文の冒頭の表現）で、相手の意図を読み取りましょう。それによって、応答の仕方も変わってきます。

【依頼】**Would you ～?**（～していただけますか）など
例：**Would you** pass me the salt?（お塩を取っていただけますか）
— Sure.（もちろんです）

【提案・勧誘】**Why don't you ～?**（～したらどうですか）**/ How about ～?**（～しませんか）**/ Let's ～.**（～しましょう）など
提案例：**Why don't you** go out for lunch?（ランチに行ったらどうですか）
— Thanks, I will.（ありがとう、そうします）
勧誘例：**Let's** take a break.（休憩にしましょう）
— Sounds good.（いいですね）

【許可】**Can [May] I ～?**（～してもいいですか）など
例：**Can I** ask you a question?（質問してもいいですか）
— Go ahead.（どうぞ）

【申し出】**Shall I ～?**（私が～しましょうか）など
例：**Shall I** copy the documents?（私が書類をコピーしましょうか）
— It would be very helpful.（とても助かります）

❸ Yes/No 疑問文 **(詳細は P.50 で解説します)**

Do you ～?（～ですか）などで始まり、基本的に（Yes/No）で答えられますが、（Yes/No）がなくても返答として成り立ちます。

例：**Do you** have a reservation?（予約はございますか）
— Yes, I have a reservation at nine.
（はい、9時に予約があります）

❹否定疑問文・付加疑問文 **(詳細は P.52 で解説します)**

【否定疑問文】**Don't you ～?**（～ではないですか）などで始まります。
例：**Don't you** have a meeting today?（今日会議はないのですか）
— Yes, from 3 P.M.（いいえ、午後3時からあります）

【付加疑問文】**～, isn't it?**（～ですよね？）などで終わります。
例：That's your jacket, **isn't it?**（それはあなたのジャケットですよね）
— No, I didn't bring my jacket today.
（いいえ、今日ジャケットは持ってきませんでした）

2 WH 疑問文は、Yes/No では答えられない！

Part 2 で最も多く（10問程度）出題される**WH 疑問文は Yes/No で答えられないので、選択肢に（Yes/No）が入っている場合は、正解にはなりません。**（WH 疑問文の基本応答パターンは次ページの表で覚えましょう！）

3 音のワナに引っかからないように！

質問文にある単語と**似た音の単語**や**同じ単語**を使っている選択肢は**「不正解を選ばせようとする音のワナ」**の可能性があります。

How long was his **presentation**?（彼のプレゼンはどのくらいかかりましたか）
(A) It was about one hour.（1時間くらいでした）
→ 正解
(B) This is your **present**.（これはあなたのプレゼントです）
→ 質問文の presentation と似た音の単語を使用
(C) This book is very **long**.（この本はとても長いです）
→ 質問文と同じ long を使用

WH疑問文の基本応答パターン

WH疑問文には、それぞれの疑問詞に応じた基本的な応答パターンがあります。それらを覚えれば、正解を選びやすくなります。

疑問詞	応答の頻出単語	応答パターン
When（いつ）	①数字	At seven o'clock.（7時に）/ In two hours.（2時間後に）/ Three days later.（3日後に）
	②時	now（今）/ afternoon（午後）/ later（後で） tomorrow（明日）/ at night（夜に）
	③月や季節	At the beginning of July.（7月の初めに） At the end of summer.（夏の終わりに）
	④前置詞（日付の情報）	By tomorrow.（明日までに） Not until July.（7月まではない）
Where（どこで・どこに）	①場所	At the station.（駅で）/ At the bank.（銀行で）
	②道案内	Just down the street. （ちょうどその道を行ったところに）
	③前置詞（位置情報）	On the counter.（カウンターの上に） Under the desk.（机の下に）
Who（誰が・誰に）	①人の名前	I think Mary will be there. （Maryがそこにいるだろうと思います）
	②部署	someone in the accounting department （経理部の誰か） the human resources team（人事部チーム）
	③職業や役職	The accountant will.（会計士でしょう） I called a repairperson.（修理士を呼びました） You can check it with my supervisor. （私の上司にそれを確認するといいですよ）
Why（なぜ）	①Because（なぜなら～なので）	Because I need to finish the report. （レポートを終わらせる必要があるので）
	②To + 動詞の原形（～するため）	To meet my clients.（顧客に会うため）

※How（どのくらい）は、①How many（どのくらい多く）、②How long（どのくらい長く）、③How often（どのくらいの頻度で）などのフレーズで出題されます。

エクササイズ❶　WH疑問文の冒頭だけを見て応答パターンを選ぼう

1.〜**5.** のWH疑問文の適切な応答パターンを、(A)〜(E)の中からそれぞれ選びましょう。

1. When 〜?
2. How often 〜?
3. Who 〜?
4. Why 〜?
5. Where 〜?

(A) At the station.
(B) I believe Mr. Smith is.
(C) In July.
(D) Twice a year.
(E) To finish a report.

解答・解説

1. (C) 7月に。：When と「月：July」は抜群の相性です。
2. (D) 1年に2回です。：How often 〜? は頻度を尋ねる疑問文です。
3. (B) Smith さんだと思います。：Who に対しては「名前・部署・職業・役職」で応答するのが基本です。
4. (E) レポートを終わらせるためです。：Why で聞かれたら、〈To + 動詞の原形〉（〜するため）で答えられます。
5. (A) 駅で。：Where が冒頭に出てきたら、場所を意識しましょう。

Part 2

エクササイズ❷　依頼／提案・勧誘／許可／申し出を見分けよう

012

1.〜**5.** の質問文の冒頭を聞き取り、穴埋めをしましょう。また、依頼／提案・勧誘／許可／申し出のどれに当てはまるのか、○を書き込みましょう。

ディクテーション	依頼	提案・勧誘	許可	申し出
1. (　　) (　　) send me the brochure?				
2. (　　) (　　) place an order for copy paper?				
3. (　　) (　　) contact you by e-mail?				
4. (　　) (　　) (　　) invite our new employees?				
5. (　　) (　　) (　　) opening the window?				

解答

1. (Could) (you)　【依頼】　(そのパンフレットを私に送って下さいませんか)
2. (Shall) (I)　【申し出】　(コピー用紙を注文しましょうか)
3. (Can) (I)　【許可】　(Eメールであなたに連絡してもいいですか)
4. (Why) (don't) (you)　【提案・勧誘】　(新しい従業員を招待してはどうですか)
5. (Do) (you) (mind)　【依頼】　(窓を開けていただけますか)

ミニ講座① 相手の質問から逃げる場合の応答パターン

Part 2では、相手の質問の内容に直接答えないパターンも出題されます。何か質問をされても、この**「逃げの応答」**で対処できる場合も多いため、これが選択肢にあった場合、**正解になる確率が高い**です。

例

【質問文】When will the meeting be held?（いつ会議は開かれるのですか）
【逃げの応答】I don't know./I'm not sure./I have no idea.（分かりません）

【質問文】What is the agenda for the meeting?（会議の議題は何ですか）
【逃げの応答】Please ask Mary.（Maryに聞いてください）

【質問文】Can you attend the meeting tomorrow?
（明日会議に出席できますか）
【逃げの応答】Let me think about it.（考えさせてください）
Let me check my schedule.
（スケジュールを確認させてください）

練習問題

実際に、Part 2の問題を解いてみましょう。
音声を聞いて、最もふさわしい応答を、(A)〜(C)の中から1つ選んでください。

1. Mark your answer on your answer sheet.

2. Mark your answer on your answer sheet.

3. Mark your answer on your answer sheet.

4. Mark your answer on your answer sheet.

5. Mark your answer on your answer sheet.

6. Mark your answer on your answer sheet.

7. Mark your answer on your answer sheet.

次のページから、練習問題を使って
攻略ポイントの詳細を見ていきましょう!

攻略ポイント解説

❶ WH 疑問文

Part 2の中で最も難易度が低く取り組みやすいのがWH疑問文です。最初の疑問詞をしっかり聞き取り、それに対して適切な応答を選ぶことが重要です。WH疑問文はYes/Noで答えられないことも忘れてはいけません。それを踏まえた上で解答を見ていきましょう。

1. 013

Where should I put this folder?

(A) I'll go with you.
(B) I didn't see it arrive.
(C) In the file cabinet.

2. 014

When did Ms. Feng start working here?

(A) By bus, actually.
(B) A few years ago.
(C) Yes, we've met.

訳

1. このフォルダーはどこに置けばいいですか。
(A) 私も一緒に行きます。
(B) 私はそれが届くのは見ていません。
(C) ファイル棚の中です。

2. Fengさんがここで働き始めたのはいつですか。
(A) 実はバスでなんです。
(B) 数年前です。
(C) はい、お会いしたことがあります。

最初の疑問詞を頭にインプット！　P.40 ❶の❶をチェック！

大事なのは最初に聞こえた疑問詞を頭にインプットしておくことです。選択肢の音声が流れている間も、聞こえた疑問詞を忘れないように頭の中で繰り返しましょう。

基本応答パターンを思い出そう！　P.42をチェック！

聞こえた疑問詞に対する「基本応答パターン」を頭の中に準備して待ちましょう。準備をしておくと、余裕を持って正解を選べます。

1.の解答・解説

正解 (C)　WhereとWhenの聞き間違いに注意！

典型的なミスは**WhereとWhenの聞き間違い**。もしWhereをWhenと聞き間違えた場合は、応答を選ぶのに苦労したはずです。ここでは、**Where**をしっかり聞き取り、それに対する応答の**In the file cabinet.**を選びます。これは基本応答パターンの1つです。前置詞のIn（～の中）が場所を表しています。

2.の解答・解説

正解 (B)　WH疑問文はYes/Noでは答えられない！

冒頭のWhenを正確に聞き取ることがカギです。(A)「バスで」はHow（どのように）に対する応答だと分かれば、**すぐに正解候補から消去**できます。また、WH疑問文に対しては(C)のように**Yes/Noでは返答できません**。

ミニ講座② WH疑問文によくある聞き間違い！ Who'sとWhoseに注意！

WH疑問文の問題でよくあるミスは、Who isの短縮形Who'sをWhoseだと勘違いしてしまうことです。発音は同じですが、文法はどうでしょう。Who'sをWhoseに置き換えてしまうと、その後に動詞がないため、文が成立しません。動詞があるかないかでWho'sかWhoseかを判断しましょう。

Who's our new manager?（私たちの新しいマネージャーは**誰ですか**）
※Whoseに置き換えると動詞がない間違った文となり、意味も通じません。
Whose jacket is this?　（これは**誰の**ジャケットですか）
※Whoseの後ろには多くの場合、名詞がきます。

攻略ポイント解説

❷依頼／提案・勧誘／許可／申し出

日常英会話でもよく使われる、依頼（～してくれませんか）／提案・勧誘（～しませんか／～しましょう）／許可（～してもいいですか）／申し出（～しましょうか）の表現がPart 2には出ます。この4つの表現を聞き分けて、どの意味に当てはまるのかをスムーズに理解できるかが重要です。

3. 015

Let's schedule the management meeting for next week.
(A) It's next to the storage area.
(B) That's a good idea.
(C) They didn't, either.

4. 016

Could you plug in the projector for me?
(A) Sure, just a moment.
(B) Why didn't they come?
(C) No, it was later than that.

訳

3. 経営会議は来週の予定に入れることにしましょう。
(A) 収納場所の隣にあります。
(B) いいですね。
(C) 彼らもやっていません。

4. プロジェクターをコンセントにつないでくれますか。
(A) はい、ちょっと待ってください。
(B) なぜ彼らは来なかったのですか。
(C) いいえ、それより後のことでした。

文の冒頭をしっかりキャッチ！

P.40 ❶の❷をチェック！

まずは文頭にどんな表現が置かれているのか、確実にキャッチしましょう。聞き取った表現を頭の中でリピートし、「依頼／提案・勧誘／許可／申し出」のどの表現なのかを区別します。

応答文をイメージしながら待つ！

P.40 ❶の❷をチェック！

依頼文であれば、「その依頼を受けるのか、もしくは拒否するのか」など、それぞれの表現に対する応答の仕方を頭の中にイメージしながら選択肢を待ちましょう。

3. の解答・解説

正解 (B)　Let's ～は勧誘表現！

Let'sで文が始まっています。**Let's ～が「～しましょう」という相手への勧誘表現**だとすぐに判断できるかがカギ。その誘いに応じるときの表現として、(B) That's a good idea. が適切です。(A) は It's next to … を使って「～の隣にある」という、場所を示す表現になっています。

4. の解答・解説

正解 (A)　Could you ～? は依頼表現！

冒頭の Could you ～? をしっかり聞き取り、**「～してくれませんか」という依頼表現**だということを意識しましょう。この依頼表現と、**依頼を引き受けるときに使う Sure は非常に相性が良い**のでセットで覚えておきましょう。(C) の No から始まる応答は、依頼を拒否しているような応答ですが、後ろに続く it was later than that. は、依頼を拒否している理由になりません。

ミニ講座③ Could you ～? と Could I ～? の違いを理解しよう！

Could you ～?（～してくれませんか）と Could I ～?（～してもいいですか）の2つの意味を瞬時に区別するのが難しいと思っている人はいませんか。Could you ～? の**主語は You です。「相手が」行動してくれるように「依頼」**しているのです。一方、Could I ～? の**主語は I です。「私が」行動するために、「～してもいいですか」と「許可」**を求めているのです。このように主語に意識を向けると、意味の判別に役立ちます。

攻略ポイント解説

❸ Yes/No 疑問文

Yes/No疑問文とは、Is/Are/Do/Does/Did/Have/Hasなどから始まり、Yes/Noで答えられる質問です。しかし実際の問題では、**Yes/Noで始まらない応答が正解になることも多くあります。**疑問文に合う内容を答えているかを正確に聞き取り、正解を判断することが求められます。

5. 017

Was the training session useful?

(A) No, a bus would be cheaper.

(B) We learned a lot, actually.

(C) I didn't know that.

訳

5. 研修会は役に立ちましたか。

(A) いいえ、バスの方が安いでしょう。

(B) 実際のところ、多くのことを学びました。

(C) それは知りませんでした。

質問文の前半をしっかりキャッチ！ P.41 ❶ の❸をチェック！

「主語は何か／誰か」「動詞は何か」をしっかり聞き取ります。Yes/No疑問文では、文の前半の意味を正確に把握できるかが重要です。

状況をイメージしよう！ P.41 ❶ の❸をチェック！

質問の内容が把握できたら、その質問に対する応答を考えるだけではなく、質問されている状況をイメージしましょう。そうすることで、相手の質問の意図をもっと深く理解することが可能になります。

5. の解答・解説

正解 (B)　Yes/Noで答えるとは限らない！

ここでは、training sessionについて質問されています。(B)はYesとは明確に応答していませんが、多くのことを学んだという内容から、そのtraining sessionが「役に立った」と分かるため、正解となります。(A)を選んでしまった人は、training（訓練）を train（電車）と勘違いしてtrainから乗り物を連想し、busという単語の入った(A)を選んでしまったのかもしれませんね。(C)は何かを初めて知らされたときに使う表現です。例えば、Did you know our office is going to be closed tomorrow?（明日、オフィスが閉まると知っていましたか）という問いに対してI didn't know that.（それは知りませんでした）と答えることができます。

ミニ講座④ Yes/No疑問文に対する応答例を知ろう！

Yes/No疑問文にはさまざまな応答が可能です。Was the training session useful? という疑問文に対して、適切な応答を以下から全て選んでみましょう。

(A) It was really boring.
(B) No, it was raining a lot.
(C) Yes, it was very informative.
(D) Didn't you attend?
(E) I didn't get any new information.
(F) There is a new branch in Paris.
(G) It was put off till another day.

正解 (A), (C), (D), (E), (G)

訳 (A) とても退屈でした。(B) いいえ、たくさん雨が降っていました。(C) はい、とても有益でした。(D) 出席しなかったのですか。(E) 新しい情報は何も得られませんでした。(F) パリに新しい支店があります。(G) 他の日に延期になりました。

攻略ポイント解説

❹否定疑問文・付加疑問文

否定疑問文：Don't you ～?のように否定形で始まり、相手に「～ではないですか」と尋ねるのが否定疑問文です。普通の疑問文に変換すると、応答を理解しやすくなります。

付加疑問文：平叙文の文末にaren't you?などが付いているのが付加疑問文です。意味は文末に「～ですよね？」と付け加えるだけでOKです。

6. 018

Wasn't Henry in the office yesterday?

(A) He went on a business trip.

(B) In a few more minutes, probably.

(C) Yes, I'd be glad to.

7. 019

That hotel's new, **isn't it**?

(A) No, I don't know how to get there.

(B) It was a present from a customer.

(C) It was just built last year.

訳

6. Henryは昨日事務所にいたのではないですか。

(A) 彼は出張に行きました。

(B) 恐らくあと数分です。

(C) はい、喜んでします。

7. あのホテルは新しいですよね？

(A) いいえ、そこへの行き方は分かりません。

(B) それはお客さんからのプレゼントでした。

(C) 昨年建てられたばかりです。

否定疑問文は「〜ではないの？」に！

P.41 ❶ の❹をチェック！

否定疑問文は、「〜ではないの？」と理解しましょう。設問6はWasn't 〜と過去形で始まっているので「〜ではなかったの？」と解釈します。

付加疑問文は「〜だよね？」と付け足す！

P.41 ❶ の❹をチェック！

文末のisn't it? よりも、その前の文を冷静に理解することが大事です。文末にisn't it? と付いていても、慌てずに「〜だよね？」と対処しましょう。

6. の解答・解説

正解 (A) 「〜ではないの？」と理解しよう！

Wasn'tから始まる否定疑問文なので、「Henryは昨日事務所にいたのではないですか？」と理解しましょう。質問者はHenryが昨日事務所にいたと思って尋ねていますが、実際には不在だったので、その理由を述べた(A)が正解となります。

7. の解答・解説

正解 (C) 「〜だよね？」と付け足すだけ！

質問文自体はとてもシンプルですが、最後のisn't it? を聞いて混乱してしまった人はいませんか。ここでは、「あのホテルは新しいよね？」と理解しましょう。それに対し、「昨年建てられたばかりです」と返答し、間接的に「新しいホテルだ」と伝えている(C)が正解です。

ミニ講座⑤ 否定疑問文に対する「Yes/No」の応答、どう理解する？

日本語と英語では否定疑問文への「はい」「いいえ」の答えが逆なので混乱しがちです。英語の答え方を理解して、慣れましょう。

否定疑問文 Don't you like bananas?（バナナが好きではないですか）
応答 日本語：**はい**、好きではありません。 英語：**No**, I don't.
普通の疑問文 Do you like bananas?（バナナが好きですか）
応答 日本語：**いいえ**、好きではありません。 英語：**No**, I don't.

日本語の場合、疑問文のカタチによって「はい／いいえ」と、応答の仕方が変わるのに対し、英語の場合は肯定（好き）なら常にYesと答え、否定（好きではない）なら常にNoと答えるため、応答文が疑問文に影響されることはありません。そのため、否定疑問文を普通の疑問文に置き換えると応答を理解しやすくなります。

攻略ポイントを復習!
実践問題

学習した攻略ポイントを復習して、次の22問に挑戦してみましょう。

1. Mark your answer on your answer sheet.

2. Mark your answer on your answer sheet.

3. Mark your answer on your answer sheet.

4. Mark your answer on your answer sheet.

5. Mark your answer on your answer sheet.

6. Mark your answer on your answer sheet.

7. Mark your answer on your answer sheet.

8. Mark your answer on your answer sheet.

9. Mark your answer on your answer sheet.

10. Mark your answer on your answer sheet.

11. Mark your answer on your answer sheet.

12. Mark your answer on your answer sheet.

13. Mark your answer on your answer sheet.

14. Mark your answer on your answer sheet.

15. Mark your answer on your answer sheet.

16. Mark your answer on your answer sheet.

17. Mark your answer on your answer sheet.

18. Mark your answer on your answer sheet.

19. Mark your answer on your answer sheet.

20. Mark your answer on your answer sheet.

21. Mark your answer on your answer sheet.

22. Mark your answer on your answer sheet.

実践問題(Part 2)の解答・解説

1. 正解 (B)  020

When are the inspectors arriving?
(A) We don't expect any problems.
(B) By tomorrow morning.
(C) For a couple more weeks.

検査官たちはいつ到着しますか。
(A) 私たちはどんな問題も予測していません。
(B) 明日の朝までに。
(C) あと数週間です。

解説 Whenが聞こえたら「時を表す表現」を待つ！ P.42をチェック！

Whenで質問されています。**Whenに対する基本応答では、「時を表す表現」**が多く使われます。ここでは、(B)のtomorrow morningがそれにあたり、正解となります。**byは「～までに」という期限を表す前置詞**です。(A)は「どんな問題も予測していません」という内容で、inspector（検査官＝問題があるかどうかを調査する人）という単語から連想した応答にすぎず、適切な応答にはなっていません。(C)は期間を表す表現で、How long ～? と聞かれたときに使えます。

語句 □inspector 検査官　□expect ～を予期する

---

2. 正解 (C)  021

May I take a break for a few minutes?
(A) We couldn't find anything wrong.
(B) Would you take an extra one for me, too?
(C) Of course, let's start again at two fifteen.

何分か休憩を取ってもいいですか。
(A) 誤りを何も見つけられませんでした。
(B) 私のためにも余分に1つ取っておいてくれますか。
(C) もちろんです、2時15分にまた始めましょう。

解説 May I ～? は「許可」を求める表現！ P.40 ❶ の❷をチェック！

冒頭にMay I ～? という表現があります。これは**「～してもいいですか」と「許可」を得る**ときに使います。休憩を取ることへの許可を求める質問に対し、Of courseと答えている(C)が正解です。(A)は、「休憩を取っていいのかどうか」に対する応答として成り立たないため、不正解となります。(B)のoneは、すでに出た単語を指すときに使いますが、仮に質問文のbreakを指すとしても意味が通りません。

語句 □take a break 休憩を取る　□anything wrong 間違った点　□extra 余分な

3. 正解 (C) 022

What is Steve's presentation about?
(A) Yes, it was really informative.
(B) Around an hour or so.
(C) Some new safety regulations.

Steveのプレゼンは何についてですか。
(A) ええ、本当に有益でした。
(B) 1時間ほどです。
(C) 新しい安全規則です。

解説 WH疑問文はYes/Noでは答えられない！ **P.41 ❷ をチェック！**

Steveのプレゼンの内容について質問されています。絶対に選んではいけない選択肢は、(A)のYesから始まる応答文です。**WH疑問文はYes/Noでは答えられない**ということを思い出しましょう。(B)は時間の長さを答えているため不正解です。ただし、How long 〜? でプレゼンの長さを聞かれている場合は、(B)のように答えられます。この質問文のように、**Whatで質問された場合、名詞（もしくは名詞のカタマリ）で答えられる場合が多い**というのも特徴の1つです。(C) Some new safety regulations.は「新しい安全規則」という名詞のカタマリとなっており、内容も適切な応答であるため、正解です。

語句 □ informative 有益な　□ safety regulation 安全規則

---

4. 正解 (A) 023

Would you mind waiting for me in the lobby?
(A) Not at all—take your time.
(B) I have another one.
(C) Thanks for the reminder.

ロビーで私のことを待っていてくれませんか。
(A) いいですよ、ごゆっくりどうぞ。
(B) もう1つ持っています。
(C) 念押ししてくれてありがとうございます。

解説 Would you mind 〜? は「依頼」の表現！ **P.40 ❶ の❷をチェック！**

質問文はWould you mind 〜? で始まっています。これを「〜してもらえますか」と解釈すると、応答の仕方を間違えるので注意が必要です。**Would you mind 〜? は「あなたは〜するのは嫌ですか（嫌でなければお願いします）」**と理解するとよいでしょう。つまり、答えがNoの場合、「嫌ではないので引き受けます」となります。したがって(A)が正解です。Not at allはここでは、「(待つことは) 全く嫌じゃないですよ」という意味で、**Would you mind 〜? の質問文と非常に相性の良い応答**です。

語句 □ reminder 思い出させるもの、念押し

5. 正解 (B)  024

Who took the early shift on Friday?

(A) That's not what Mr. Tiller said.

(B) Karen said she'd do it.

(C) We can wait until Saturday.

金曜日に早番だったのは誰ですか。

(A) それはTillerさんが言っていたことではありません。

(B) Karenがそれをすると言っていました。

(C) 私たちは土曜日まで待つことができます。

解説 Whoが聞こえたら「名前」を待つ！ **P.42をチェック！**

Whoで始まる疑問文です。**Who「誰？」と聞かれる疑問文には、「名前」を含んだ応答が基本パターン**でしたね。(A)と(B)の応答に、それぞれMr. TillerとKarenという「名前」が含まれています。どちらが正解かを選ぶには、「内容を把握する」しかありません。よって、「Karenがそれ（金曜日の早番）をすると言っていた」と答えている(B)が正解です。金曜日のシフトについて聞いているにもかかわらず、(A)の「それはTillerさんが言っていたことではない」という応答では話のつじつまが合いません。

語句 □ early shift 早番

---

6. 正解 (A)  025

Shall I arrange a taxi to pick you up?

(A) That would be great.

(B) Yes, you can put it anywhere.

(C) Actually, the client chose the colors.

お迎えにタクシーを手配しましょうか。

(A) そうしてもらえるとありがたいです。

(B) ええ、どこに置いてもいいですよ。

(C) 実は顧客が色を選びました。

解説 Shall I ～?は「申し出」の表現！ **P.40 ❶ の❷をチェック！**

冒頭の**Shall I ～?は「～しましょうか」と申し出るときに使う表現**です。主語はI（私）になっているため、行動するのは相手ではなく「自分」だと意識しましょう。正解は、相手からの申し出を喜んで受け入れている(A)です。arrange a taxiは「タクシーを手配する」という意味です。arrangeには「並べる」という意味もありますが、**Part 1で「並べる」の意味で出てくる以外は、「手配する」という意味でよく使われます。**「並べる」と解釈してしまった人は、間違って(B)を選んでしまったかもしれませんね。

語句 □ arrange ～を手配する、並べる　□ anywhere どこにでも　□ client 顧客

7. 正解 (C)  026

Have you ever been to Portland?
(A) That's fine, we're not in a hurry.
(B) No, it only takes a few minutes.
(C) It's my hometown, actually.

Portlandに行ったことはありますか。
(A) 構いませんよ、急いでいませんから。
(B) いいえ、ほんの数分しかかかりません。
(C) 実はそこが私の生まれ故郷なんです。

解説 Yes/No疑問文に、Yes/Noで答えないことも多い！ P.50～51をチェック！
この質問文はHave you ～?で始まるYes/No疑問文です。YesかNoを使って答えられる疑問文ですが、**Yes/Noの理由だけを答える場合も多いです**。ここでは、Portlandに行ったことがあるかどうかという問いに対し、「そこ（Portland）が生まれ故郷だ」と答えることで、行ったことがある理由を伝えている(C)が正解です。(A)は話がかみ合わないので不正解です。(B)はNoの後が不適切です。**it takes ～ minutesは「～分（時間が）かかる」という表現**です。

語句 □in a hurry 急いで　□it takes ～ minutes ～分（時間が）かかる　□hometown 故郷

---

8. 正解 (B) 027

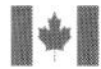

Where did Loni get that visitor's badge?
(A) Just to the airport and back.
(B) At the security office.
(C) The bridge is over there.

Loniはあの来客用バッジをどこで手に入れましたか。
(A) ちょっと空港に行って戻るだけです。
(B) 警備室です。
(C) 橋はあそこにあります。

解説 Whereと聞かれたら「場所」を待つ！ P.42をチェック！
Where ～?「どこで～？」と聞かれたら、「場所」を答えるのが基本応答パターンです。今回はこの基本パターン通りに場所を答えている(B)が正解です。**場所を表す前置詞にはatの他に、inやonなどがあることも覚えておきましょう。**Whereに対する応答を選ぶときのヒントとなります。(A)も場所を答えていますが、Where are you going?「どこに行くのですか」などの質問に対する応答なので不正解です。Just to the airport and back.のtoは前置詞で「～へ」という意味です。(C)は、質問文のbadgeに音が似ているbridgeを**音のワナ**として使用しています。聞き間違えて思わずこの選択肢を選んでしまわないように気を付けましょう。

語句 □security office 警備室

9. 正解 (A) 028

Didn't Ms. Chang say she'd be on vacation this week?

(A) **I didn't hear anything like that.**

(B) We're really looking forward to our trip.

(C) Yes, I've met her before.

Chang さんは今週休暇に入ると言っていませんでしたか。

(A) **そのようなことは何も聞いていませんでした。**

(B) 私たちは旅行をとても楽しみにしています。

(C) はい、以前彼女にお会いしたことがあります。

解説 否定疑問文は相手の意図をくみ取ろう！ P.41 ❶ の❹をチェック！

このDidn't ～?から始まる否定疑問文は、「～と言っていませんでしたか」と意味を取り、Changさんが今週休暇に入ると思っていた質問者の意図を感じましょう。それについて何も聞いていないと伝えている(A)が正解です。(B)を選んだ人は、質問文のvacation（休暇）から連想し、応答文の中にtrip（旅行）が入っているという理由で勘違いしてしまったかもしれません。しかし、(B)は質問文と内容がかみ合わないため不正解です。こういった間違いを多くする人は、単語単位で意味を拾っている傾向があります。単語だけではなく文単位の理解を意識しましょう。

語句 □be on vacation 休暇中である　□look forward to ～ ～を楽しみにしている

---

10. 正解 (B) 029

Should we ask our accountant to review the budget?

(A) It's easier to see now.

(B) **That's a good idea.**

(C) No more than fifteen.

会計士に予算を見直すのをお願いしましょうか。

(A) 今の方が見やすいです。

(B) **それは良い考えですね。**

(C) わずか15です。

解説 Should we ～?は「提案」の表現！ P.40 ❶ の❷をチェック！

冒頭の**Should we ～?は「～しましょうか」という提案の表現**です。ここでは、**〈ask + 人 (our accountant) + to *do*〉「人に～することを頼む」**という形を用いて、会計士に予算を見直してもらうことを提案しているので、その提案を受け入れている(B)が正解となります。(A)や(C)では、提案されたことに対する応答にはなりません。(C)は**no more than ～「わずか～」**を使い、数を答えています。これはHow many ～?（～はいくつですか）のような、数を問う質問に対して使える表現です。

語句 □accountant 会計士　□review ～を見直す、検討する　□budget 予算
□no more than ～ わずか～、たった～

11. 正解 (C) 030

How often do you work late?
(A) That's fine.
(B) I'll do it right away.
(C) Only a couple of times a month.

あなたはどれくらいの頻度で残業しますか。
(A) それで結構です。
(B) すぐに取り掛かります。
(C) 月に数回だけです。

解説 How often ～? は「頻度」を尋ねる疑問文！ **P.42をチェック！**

冒頭の**How often ～? は「どのくらいの頻度で～しますか」**と尋ねる表現です。それに対し「月に数回」と答えている(C)が正解です。他にも、**once a month [week / day]（月［週/1日］に1回）、twice a month [week / day]（月［週/1日］に2回）**などの答え方ができます。How often ～? と冒頭で聞こえたら、これらのフレーズを心の中で用意して待ちましょう。

語句 □right away すぐに □a couple of times 数回 □a month 1カ月につき

---

12. 正解 (C) 031

Our driver knows where to meet us, doesn't he?
(A) We're not allowed to use the pool.
(B) No, it's too far to walk.
(C) Yes, he said he had a map.

私たちの運転手はどこで落ち合えばいいのか知っていますよね。
(A) 私たちはプールの利用を認められていません。
(B) いいえ、歩いて行くには遠過ぎます。
(C) ええ、彼は地図を持っていると言っていました。

解説 目的語の where to ～ を理解しよう！ **P.41 ❶ の❹をチェック！**

質問文には、最後に**念押しのdoesn't he?「～だよね？」**が入っています。また、目的語の部分に**〈where to + 動詞の原形〉があり、「どこで（に）～したらいいのか」という意味**になります。ここでは、運転手が待ち合わせ場所を知っているかどうかを尋ねています。それに対し、「運転手が地図を持っている」と返答している(C)が正解です。(A)は話がかみ合わないので不正解です。(B)は**〈too ～ to + 動詞の原形〉「～過ぎて…できない」**という構文。「遠過ぎて歩けない」では返答になっていないため、不正解です。

語句 □where to *do* どこで～したらいいのか
□*be* not allowed to *do* ～することを許可されていない
□too ～ to *do* ～過ぎて…できない

13. 正解 (A) 032

Could you invite Mr. Ibo to the meeting?
(A) **OK, I'll ask him this afternoon.**
(B) I found the answer online.
(C) We just started using it.

Iboさんを会議に誘ってくれませんか。
(A) ええ、今日の午後、彼に聞いてみます。
(B) 答えをオンラインで見つけました。
(C) それをちょうど使い始めたところです。

解説 Could you ～?は「依頼」の表現！ P.40 ❶ の❷をチェック！

依頼の表現Could you ～?「～してくれませんか」で始まる疑問文です。〈invite + 人 (him) + to ～〉「人を～に招待する」という構文が文の中で使われています。つまり、Iboさんを会議に招待することを依頼している質問文です。その依頼に対し、OKと言って引き受けている(A)が正解です。OKの後の文にあるhimはMr. Iboを指し、「彼に今日の午後聞いてみます」と答えています。(B)は、the answerが何に対する回答かここでは分からず、質問文に対して適切な応答にならないため不正解です。また、(C)はitが何か不明確な上、質問文とかみ合いません。

語句 □invite ～を招待する　□online オンラインで

---

14. 正解 (B) 033

Why did Barbara move to Miami?
(A) Just move it to the front.
(B) **To be closer to her family.**
(C) She helped me type it.

BarbaraはなぜMiamiに引っ越したのですか。
(A) ただ前の方に動かしておいてください。
(B) 家族の近くに住むためです。
(C) それを打ち込むのを彼女が手伝ってくれました。

解説 Whyで始まる疑問文には不定詞で答えられる！ P.42をチェック！

Whyで始まる疑問文への基本応答パターンとして、because「なぜなら」と〈To + 動詞の原形〉「～するため」の2つを覚えておきましょう。ここでは、BarbaraがMiamiに引っ越した理由を問われ、to不定詞を使って「家族の近くに住むため」と理由を答えている(B)が正解です。(A)は、質問文でも使用されているmoveを使った**音のワナ**です。このmoveは「引っ越す」ではなく、「～を移動させる」の意味で使われています。(C)ではit（それ）が使われています。itは通常、会話にすでに出てきている単語を指し示しますが、ここではitが何を指すのか分からないので、不正解となります。

語句 □move to ～ ～へ引っ越す　□close 近い　□type ～を打ち込む

15. 正解 (C) 034

Will Sherri be able to translate these documents today?	Sherriは今日、これらの文書を翻訳できますか。
(A) No, we won't be late this time.	(A) いいえ、今回は遅れません。
(B) They're staying until tomorrow.	(B) 彼らは明日まで滞在します。
(C) She seems kind of busy now.	**(C) 彼女は今ちょっと忙しそうですよ。**

解説 Yes/No疑問文の応答選びは注意が必要！ P.50～51をチェック！

Will ～?から始まるYes/No疑問文で質問しています。ここでは、Sherriが今日、文書の翻訳ができるかどうかを尋ねています。(A)の応答の出だしはNoとなっており、Yes/No疑問文に対する応答だと勘違いして選んだ人もいるのではないでしょうか。この質問文はYes/Noでも答えられますが、ここではYes/Noではなく「彼女は今忙しそうですよ」と、暗に「恐らく翻訳ができない」と伝えている(C)が正解になります。**Yes/No疑問文の応答は最後まで文をしっかり聞くことが大事**なので、早とちりは禁物です。

語句 □translate ～を翻訳する □document 文書 □seem ～のように思われる
□kind of やや、いくらか

---

16. 正解 (A) 035

How about selling our swimwear at half price?	当社の水着を半額で販売するのはいかがですか。
(A) Yes, I think we should do that.	**(A) ええ、そうすべきだと思います。**
(B) There's a pool on the roof, I think.	(B) 屋上にプールがあると思います。
(C) The weather will be better this afternoon.	(C) 今日の午後は天気が回復するでしょう。

解説 How about ～?は「提案」の表現！ P.40 ❶ の❷をチェック！

How about ～?は「～しませんか」という「提案」の表現です。aboutの後ろに動詞が続く場合は動名詞にして続けます。この文では、商品である水着を半額で販売することを提案しています。それに対し、「そうすべきだと思います」と返答している(A)が正解です。(B)にはpoolとありますが、質問文のswimwear（水着）から連想して選んでしまった人はいませんか。(B)も(C)も質問文の応答としては全く意味が通りません。**単語単位で聞き取るのではなく、文の意味をキャッチしましょう。**

語句 □swimwear 水着 □at half price 半額で □roof 屋上

17. 正解 (A) 036

Haven't we registered for the Electronics Expo yet?

エレクトロニクス博覧会の登録はまだしてないのですか。

(A) **You'd better check with Mark about that.**
(B) Yes, it's close to the hotel.
(C) They were on sale when I bought them.

(A) それについてはMarkに確認した方がいいですよ。
(B) ええ、ホテルに近いです。
(C) それらを買ったときセール中でした。

解説 質問に答えない「逃げの応答」も正解になり得る！ P.44をチェック！

ここでは、「登録したのか、していないのか」が問われていますが、**聞かれた本人は直接答えずに、他の人（Mark）に聞いた方がいいと返答**している(A)が正解です。You'd betterはYou had betterの短縮形で、「あなたは～した方がいい」という意味になります。

語句 □register for ～ ～に登録する　□close 近い　□on sale セールで

---

18. 正解 (C) 037

What do you need from the supply closet?

備品棚から何が必要ですか。

(A) Thank you, we really appreciated it.
(B) This is one of the newer kinds, I think.
(C) **Just some copy paper, please.**

(A) ありがとうございます、とても助かりました。
(B) これは新しい方の種類のうちの1つだと思います。
(C) コピー用紙だけお願いします。

解説 Whatには「名詞（名詞のカタマリ）」で答えられる！

Whatで始まる疑問文には、**主語や動詞、前置詞を使って文にしなくても、名詞や名詞のカタマリで答えることもできるのが特徴の1つです。**ここでは「何が必要？」と聞かれているのに対し、some copy paperと名詞のカタマリで答えている(C)が正解です。(A)は、お礼を言うときの表現です。何を必要としているかを聞かれただけでは、お礼を言う理由にはならないため、不正解です。(B)はThis（これは）が具体的に何を指しているのか分からないため、正解にはなりません。

語句 □supply 備品　□appreciate ～を感謝する

19. 正解 (B) 038

Why don't you see if there's a bus to the airport?

(A) My suitcase is too heavy.

(B) I'll ask at the front desk.

(C) My flight arrived yesterday.

空港行きのバスがあるか調べてみたらどうですか。

(A) 私のスーツケースは重過ぎます。

(B) フロントで聞いてみます。

(C) 私のフライトは昨日到着しました。

解説 Why don't you ～? は「提案」の表現！ **P.40 ❶の❷をチェック！**

冒頭の**Why don't you ～?「～しませんか」は提案の表現**です。ここではif「～かどうか」を使って、「空港行きのバスがあるかどうか調べてみたら？」と提案しています。その提案を受け、「フロントで聞いてみます」と答えている(B)が正解です。(A)はスーツケースが重いと言及していますが、バスがあるかどうか調べることと、スーツケースの重さは関係ないため不正解です。(C)のflightは、質問文のairportから連想できる単語ですが、応答としてふさわしくないため不正解になります。

語句 □heavy 重い　□flight フライト

---

20. 正解 (A) 039

Melissa recommended you for this job, didn't she?

(A) Yes, she suggested that I apply.

(B) We've known each other for years.

(C) I'll take a day off then.

Melissaがあなたをこの仕事に推薦したのですよね？

(A) はい、応募するように彼女が提案してくれました。

(B) 私たちは何年もの間知り合いです。

(C) では1日お休みをいただきます。

解説 付加疑問文は文末に「～だよね？」と付け加える！ **P.52～53をチェック！**

この質問文は文末にdidn't she?とあり、付加疑問文になっています。**相手に確認や同意を求める表現**です。**「～だよね？」と付け加えるだけでよく、その前の文を聞き取ることが最も重要です。**ここでは「Melissaがあなたをこの仕事に推薦した」という文を「推薦したんだよね？」と解釈しましょう。それ対してYesで返答し、「応募するように彼女が提案してくれた」と説明している(A)が正解です。(B)はMelissaと知り合った期間を答えているように聞こえますが、質問とは無関係な内容なので不正解となります。

語句 □recommend ～を推薦する、勧める　□suggest ～を提案する
□each other お互いに　□take a day off 休暇を取る

21. 正解 (C) 040

Where's the entrance to the stairway?
(A) No, they'll try another way.
(B) Let's start in the afternoon instead.
(C) Down the hall and to the left.

階段の入口はどこですか。
(A) いや、彼らは別の方法を試すでしょう。
(B) そうではなく、午後に始めることにしましょう。
(C) 廊下を進んで左手です。

解説 Where と聞かれたら「道案内」も応答になる！ P.42 をチェック！

Where（どこ）と聞かれたら、場所や位置を伝える応答だけではなく、目的地までの道のりを説明する応答もあり得ます。この問題の場合、「階段の入口はどこですか」と聞かれ、「廊下を進んで左」と道案内をした (C) が正解です。(A) は WH 疑問文に対して No と答えているため、すぐに消去しましょう。また、Where を間違えて When と聞き取ったために、in the afternoon を手掛かりに (B) を選んでしまった人もいるかもしれません。**Where と When の聞き間違いには注意しましょう。**

語句 □ entrance 入口　□ stairway 階段　□ instead そうではなく、その代わりに
□ hall 廊下

---

22. 正解 (B) 041

Let's try that new restaurant down the street.
(A) That's a little too low, I'm afraid.
(B) Sure, let's do that.
(C) We set everything up yesterday.

通りの先にあるあの新しいレストランに行ってみましょう。
(A) 残念ですがそれはちょっと低過ぎます。
(B) いいですね、そうしましょう。
(C) 昨日全て設営を終えました。

解説 Let's ～は「勧誘」の表現！ P.40 ❶ の❷をチェック！

Let's ～は「～しましょう」という勧誘表現。ここでは、新しいレストランに行こうと誘っています。それに対し、Sure と応答している (B) が正解です。**Sure は相手の依頼や勧誘に応じるときによく使われる、Let's と相性の良い表現**です。断るときには、I'd love to, but ...（そうしたいですが…）や I wish I could, but ...（そうできたらいいんですが…）などの表現を用いて、but の後に断る理由を続けます。(A) は That が restaurant だとしても、too low（低過ぎる）という表現では意味が通らないため不正解です。(C) は誘いを受け入れる応答にも断る応答にもなっていないので、不正解となります。

語句 □ down the street 道を進んだところに　□ set ～ up ～を設置する

全パート攻略：リスニング編

Part 3
会話問題

「どこで・誰が・何を」に意識を集中して
会話の状況を頭の中でイメージしよう！

Part 3（会話問題）を見てみよう

問題形式

問題数	39問／13セット（テスト内の問題番号は、No.32～70）
試験時間	約18分（解答時間は1問あたり8秒、図表を見て答える問題は12秒）
目標正解数	26問（600点目標）
出題内容	2人または3人の人物の会話を聞き、その会話についての設問に答えます。質問文と選択肢は印刷されています。1つの問題につき設問は3つあります。設問ごとに最も適切な選択肢を(A)(B)(C)(D)の中から1つ選び、解答用紙にマークします。会話は問題冊子には印刷されていません。また、放送は1回だけです。

問題用紙を見てみよう

042

PART 3
Part 3の指示文

32. Where most likely does the woman work?
(A) At a recruiting agency
(B) At a dental clinic
(C) At a hospital
(D) At a cleaning company

33. What did the man forget to do?
(A) Contact a business
(B) Attend an appointment
(C) Notify his wife
(D) Make a payment

34. What will the woman do?
(A) Reschedule an appointment
(B) Correct an address
(C) Send the man a document
(D) Update some records

35.～37. の設問

38.～40. の設問

41.～43. の設問

32. Where most likely does the woman work?
(A) At a recruiting agency
(B) At a dental clinic
(C) At a hospital
(D) At a cleaning company

33. What did the man forget to do?
(A) Contact a business
(B) Attend an appointment
(C) Notify his wife
(D) Make a payment

34. What will the woman do?
(A) Reschedule an appointment
(B) Correct an address
(C) Send the man a document
(D) Update some records

指示文が読まれている約30秒の間に、問題用紙に印刷されている設問の質問文をできるだけ読んでおきましょう。

放送される会話の音声

Questions 32 through 34 refer to the following conversation.

W: Hello, Mr. Lu, I'm calling from Dr. Wellman's clinic. It's almost time for your next cleaning. Would you like to schedule an appointment this month?

M: Actually, I moved recently for my job and I've switched to a dentist closer to my new home.

W: Oh, I see. In that case, I guess your wife will also be going there.

M: That's right. I've been meaning to give you a call but it slipped my mind.

W: No problem. I'll go ahead and remove you both from our list of active patients.

音声の訳

設問32-34は次の会話に関するものです。

女性： もしもし、Lu様。こちらWellman医院です。次の歯のクリーニングの時期が近づいてまいりました。今月中にご予約をお取りになりますか。

男性： 実は仕事の関係で最近引っ越しをしまして、新居から近い歯科医院に移ったんですよ。

女性： そうでしたか。それでしたらきっと奥様もそちらの医院にかかられますよね。

男性： はい。電話しようと思っていたんですがうっかり忘れてしまいました。

女性： かしこまりました。それではお2人とも現在かかりつけの患者様のリストから外しておきます。

質問文と選択肢の訳

32. 女性はどこで働いていると考えられますか。
- (A) 人材派遣会社
- (B) 歯科医院
- (C) 病院
- (D) 清掃会社

33. 男性は何をするのを忘れましたか。
- (A) ある事業所に連絡をする
- (B) 約束の面会に行く
- (C) 妻に知らせる
- (D) 支払いをする

34. 女性は何をしますか。
- (A) 予約の日時を変更する
- (B) 住所を訂正する
- (C) 男性に書類を送付する
- (D) 登録を更新する

正解 32. (B)　**33.** (A)　**34.** (D)

出題パターン

会話の流れを読む問題

❶ 社会と生活

靴や洋服を購入する際の会話や、ホテルやジム、レストランでの会話が出題されます。日常生活に関連した内容です。

【会話の例】 洋服店で洋服を購入する場面。気に入った洋服を別のサイズで購入したい客と店員の会話。この場合、**在庫がなく、他の店舗に在庫を確認**したり、**次の入荷を待つ**流れがよくあります。

❷ 職場とビジネス

同僚同士の職場での会話や、販売戦略や売上についての会議での議論など、ビジネスに関連した内容です。

【会話の例】 会議の準備をしている場面。**コピー機が壊れる、プロジェクターが見つからないなどのトラブル**が発生し、それを**同僚同士が助け合って解決する**、もしくは**他の解決方法を見つける**という流れがよく出ます。

❸ 人事と研修

社員の採用、異動や退職など、人事に関連する会話や、新しい機器や制度の導入の際に必要とされる研修などの内容です。

【会話の例】 社員を採用するために履歴書を使って選考する場面。**どの候補者がどんな点で優れているのか**を話し合い、**次の面接に向けての準備**をするという流れがよく出題されます。

図表問題

Part 3の13セットの会話中、最後の2～3セットの会話の中に1問ずつ（計2～3問)、図表を見ながら解答する問題が出題されます。図表の種類は、料金表やメニューなどのリスト、部屋の見取り図や公園の地図などがあります。

【会話の例】 博物館の入場券を購入する場面。1日券や半日券、年間パスポートなどの料金表を見ながら、**どの種類の入場券を購入すべきか**について話し合うスタッフと客の会話。**どの入場券を購入したか**などが問われます。

ミニ講座① TOEICの世界に存在しない話

TOEICの世界では、政治や宗教、犯罪、動物愛護や環境問題の話は出ません。また、交通ルールを破る人や会社を解雇される人、部下を叱る上司などの話も一切なし。タバコを吸わず、お酒も飲まず、愚痴をこぼさず真面目に働き、物事を淡々と進めるタイプの人が多いのがTOEICの世界です。

解答の流れ

放送音声	時間	すること
Directions（指示文）	約30秒	1セット目の設問の質問文3つを「先読み」します。
▼		
1セット目のスタート 042 Questions 32 through 34 refer to the following conversation. （設問32から34は、次の会話に関するものです）	約5秒	設問を見ながら音声を待ちます。
会話の音声 Hello, Mr. Lu, I'm calling from Dr. Wellman's clinic. It's almost ...	約40秒	**音声を聞くことに集中！** 答えを選べたら、マークシートに印を付ける程度に軽くマークしておきましょう。
▼		
設問（No.32）の音声 No.32 Where most likely does the woman work?	約5秒	3つの設問が読み上げられます。 **2つ目の設問の音声が終わるまでに全ての解答をマークしましょう。** **3つ目の設問の音声が流れたら、次のセットの質問文の「先読み」**を開始しましょう。
解答用のポーズ（無音）	8秒*	
設問（No.33）の音声	約5秒	
解答用のポーズ（無音）	8秒	
設問（No.34）の音声	約5秒	
解答用のポーズ（無音）	8秒	
▼		
2セット目のスタート Questions 35 through 37 refer to the following conversation.	約5秒	**No.70まで、この流れを繰り返します。**

*「図表問題」では12秒になります。

次のページから、「攻略ポイント」をチェック！ ▶▶▶

要点穴埋め

攻略ポイント

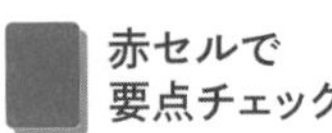

 1 設問を「先読み」しよう！

Part 3には、1つの会話に対して（3つ）の設問があります。問題用紙に印刷されている設問の質問文を「先読み」して、事前に問われている内容について、ポイントを絞って確認しておくことが大切です。それによって適切な情報を放送される音声の中からキャッチしましょう。

「先読み」のタイミング

①Part 3のDirections（指示文）が流れます（約30秒）

ここで1セット目の会話の3つの質問文を先読み！

②会話が流れます（約40秒）

③設問3つの音声が流れます

3つ目の設問の音声が聞こえたら次の会話の質問文の先読みを開始！

2 会話の流れを確認しよう！

各問題の会話の流れは、（3）段階になっています。3つの設問の内容は、下記の❶～❸について（1問ずつ順番）に問われることが多く、答えのヒントも、❶～❸の順で放送される会話の中に出てきます。

【会話の構成】	会話の流れ	設問の内容
M:＊＊＊＊＊＊＊ W:＊＊＊＊＊＊＊	❶概要・目的	**設問1**：概要・目的を問う （基本情報**問題**）
M:＊＊＊＊＊＊＊ W:＊＊＊＊＊＊＊	❷詳細	**設問2**：詳細を問う （ピンポイント**問題**）
M:＊＊＊＊＊＊＊ W:＊＊＊＊＊＊＊	❸まとめ・次の行動	**設問3**：まとめ・次の行動を問う （ピンポイント**問題**）

ヒントは順番

❶概要・目的【トピックの提示】
冒頭部分は、会話のトピックが分かる最も大事な部分です。

❷詳細【トピックの具体的な内容】
トピックについての細かい内容が展開されます。

❸まとめ・次の行動【会話のまとめ・次の行動の提示】
会話のまとめや登場人物の次の行動を示唆するようなセリフが入ります。

③ 設問の種類は2つ！

設問の種類は大きく分けて「基本情報**問題**」と「ピンポイント**問題**」の2つに分類できます。

基本情報問題

会話の概要や目的を問う設問なので、話全体を聞いていれば分かる問題です。会話の背景や流れを理解して解きましょう。このタイプの設問は（1）問目に出題されることが多いです。

❶会話のトピックを問う設問

What are the **speakers discussing**?

What are the **speakers talking about**?

（話し手たちは何について話していますか）

❷会話をしている場所を問う問題

Where most likely does the **conversation take place**?

（会話はどこで行われていると思われますか）

❸人物や職業を問うもの

Who most likely are the **speakers**?

（話し手たちは誰だと思われますか）

Where do the **speakers** most likely **work**?

（話し手たちはどこで働いていると思われますか）

ピンポイント問題

会話の詳細を問う設問です。**ヒントは話し手のセリフの中にピンポイントで出てきます。**（2）問目と（3）問目に出題されることが多いです。

❶依頼・質問の内容を問うもの

What does the **woman ask** the man to do?

（女性は男性に何をするように頼んでいますか）

What does the **woman ask** about?

（女性は何について質問していますか）

❷提案内容を問うもの

What does the **man suggest** the woman do?

（男性は女性に何をすることを提案していますか）

❸申し出の内容を問うもの

What does the woman offer to do?
(女性は何をすることを申し出ていますか)

❹問題を問うもの

What is the man concerned about? (男性は何を心配していますか)

❺次の行動を問うもの

What will the man do next? (男性は次に何をしますか)

4 設問の音声は聞かない！

会話の音声が流れた後に、3つの設問を読み上げる音声が流れます。設問は問題用紙に書いてあるため、音声を聞く必要はありません。設問の音声が流れている間に、解答用紙のマークシートに、3問分の解答をまとめて塗りましょう。

ミニ講座② 図表問題攻略法！ 図表の見方をマスターしよう

図表問題で最も大事なのは、「図表のどこを見ながら音声を聞くか」という点です。**鉄則は、図表の中の「選択肢にない方の情報に目を向けて音声を待ち伏せする」ことです。** まず、選択肢を確認します。下の設問だと、値段が書かれていますね。次に図表を見ると、選択肢にはない車の種類が書かれています。この情報を見ながら音声を聞きます。音声の中では、Compact/Mid-Size/Sedan/Van のどれかについて必ず説明します。この4つのうち、どれが聞こえるかに集中しましょう。ここでは、Sedan が聞こえたとして図表を見ると、$59 とあるので(C)が正解になります。

設問 Look at the graphic. How much will the woman pay for the car?
(図を見てください。女性は車のためにいくら支払いますか)

(A) $39 per day
(B) $49 per day
(C) $59 per day
(D) $79 per day

Herlihy Rentals: Rates per Day	
Compact	$39
Mid-Size	$49
Sedan	$59
Van	$79

選択肢にない方の情報を見て、音声を待ち伏せ！

選択肢にある情報

練習問題

043〜044

Part 3の問題を2セット解いてみましょう。
会話に続き、その内容に関する質問が読まれます。その質問について、最もふさわしい選択肢を、(A)〜(D)の中から1つ選んでください。

1. What are the speakers discussing?
   (A) Using a new supplier
   (B) Applying for a loan
   (C) Filling a job opening
   (D) Making a purchase

2. Which field does Olivia work in?
   (A) Banking
   (B) Textiles
   (C) Human resources
   (D) Shipping

3. What will the woman most likely do this afternoon?
   (A) Send a contract
   (B) Check on a delivery
   (C) Announce a promotion
   (D) Make telephone calls

Advanced Manufacturing Association Expo Registration Fees

Group discount (more than 5 people)	\$230
Early registration (until June 30)	\$250
Regular registration (July 1 - September 6)	\$270
Walk-in registration	\$300

4. What did the event organizers do?
   (A) Changed a deadline
   (B) Improved a registration process
   (C) Delayed an event
   (D) Announced a new venue

5. Look at the graphic. How much did the man pay to register?
   (A) \$230
   (B) \$250
   (C) \$270
   (D) \$300

6. What does the man recommend that the woman do?
   (A) Visit a factory
   (B) Travel by air
   (C) Become a member
   (D) Book a hotel room early

次のページから、練習問題を使って攻略ポイントの詳細を見ていきましょう！

Part 3

攻略ポイント解説

❶会話の流れを読む問題

ここでは図表問題以外の出題パターンについて説明します。Part 3の図表問題以外の問題は、会話の流れをしっかり追うことが重要です。以下の設問のポイント（青いマーカー部分）を先読みし、会話の中にあるヒントを待ち伏せできるようになりましょう。

043

1. What are the speakers discussing?
   (A) Using a new supplier
   (B) Applying for a loan
   (C) Filling a job opening
   (D) Making a purchase

2. Which field does Olivia work in?
   (A) Banking
   (B) Textiles
   (C) Human resources
   (D) Shipping

3. What will the woman most likely do this afternoon?
   (A) Send a contract
   (B) Check on a delivery
   (C) Announce a promotion
   (D) Make telephone calls

設問の訳

1. 話し手たちは何について話し合っていますか。
   (A) 新たな供給業者を利用すること
   (B) ローンを申し込むこと
   (C) 職場の欠員を埋めること
   (D) 買い物をすること

2. Oliviaはどの業界で働いていますか。
   (A) 銀行業
   (B) 繊維業
   (C) 人材サービス業
   (D) 運送業

3. 女性は今日の午後に何をすると考えられますか。
   (A) 契約書を送る
   (B) 配送について確認する
   (C) 昇進を通知する
   (D) 電話をかける

設問の質問文を先読みしよう！　P.72 ❶ をチェック！

問題用紙に印刷されている3つの設問の質問文を素早く読み、聞かれている内容を把握します。確認できたら、できるだけ簡単な言葉に要約して記憶しましょう。左ページの設問の青いマーカー部分がチェックするポイントです。そして、1.「何・話す？」2.「Olivia・どこで働く？」3.「女性・午後・何する？」といった形で要約しましょう。

設問のヒントを聞き取ろう！　P.72 ❷ をチェック！

設問のヒントは必ず会話の中に出てきます。会話の音声が始まったら、問題用紙の設問はもう読まず、音声の聞き取りに集中しましょう。質問文の先読みで得た情報と関連する内容を会話からキャッチし、解答を選びましょう。解答はマークシートにすぐ塗らずに、それと思う記号を軽く鉛筆でチェックしておきましょう。

マークシートを塗るタイミングに注意！　P.74 ❹ をチェック！

解答用紙のマークシートを塗るコツがあります。会話が終わり、1問目の設問の音声が聞こえたら、事前に軽くチェックをしておいた3つの設問の解答を一気に塗り始めましょう。2つ目の音声が流れている間に、全ての解答をマークシートに塗り終わるのが理想的なリズムです。

次の問題の先読みをしよう！　P.72 ❶ をチェック！

3つ目の設問の音声が始まったら、次の問題の「先読み」を開始します。

Part 3

設問の語句

1. □ supplier 供給業者　□ apply for ～ ～に申し込む　□ fill ～を埋める
□ job opening 就職口　□ make a purchase 購入する

3. □ contract 契約書　□ delivery 配達　□ promotion 昇進

会話文 M : W : 043

Questions 1 through 3 refer to the following conversation.

M: Chantal, ❶ did you get my friend Olivia's e-mail about applying for the shipping manager job?

W: I did. I looked over her résumé and I'm certainly interested in meeting her. I'm sure ❷ her background in the textile industry will help her in our field, too.

M: Actually, what I wanted to tell you is that she won't be applying after all. Her husband just got promoted at his bank, so they don't want to move to another city right now.

W: That's too bad. ❸ We're starting interviews in a couple of weeks, and I'm planning to start calling the candidates this afternoon. I was looking forward to talking with her.

訳 設問1-3は次の会話に関するものです。

男性：Chantal、❶出荷管理部長の仕事に応募したいという僕の友達のOliviaからのメールは届きましたか？

女性：ええ、届きました。履歴書に目を通してみたけど、ぜひとも会ってみたいわ。❷繊維産業での彼女の経歴は私たちの業界においても役に立つでしょうね。

男性：実は、言いたかったのは、結局彼女は応募しないことになったんです。ご主人が勤めている銀行で昇進したばかりなので、今は別の都市に引っ越したくないみたいなんですよ。

女性：それは残念ね。❸面接を数週間後には始めるから今日の午後には候補者たちに電話をかけ始める予定なの。彼女と話すのを楽しみにしていたのに。

1. の解答・解説

正解 (C) 全体像を冒頭のセリフから把握しよう！

冒頭のセリフでこれから展開される会話の内容が決まります。男性のセリフ❶から、男性の友人が男性の会社の空いている役職に応募したことが分かります。それに対し、女性はその友人が送った履歴書に目を通したと話しています。つまり、男性と女性のいる会社では、空いている役職があり、その役職を埋めようとしていることが分かります。よって、正解は(C)になります。

2. の解答・解説

正解 (B) 質問文に固有名詞がある場合は要チェック！

Oliviaという固有名詞が質問文に出てきています。**固有名詞は会話で言い換えられることなく、そのまま出てきます。そのため、それが重要なヒントになる場合があります。**ここでは、会話の冒頭❶でOliviaという名前をキャッチし、その後はOliviaの話をしていると認識することが重要です。女性は❷で「繊維業界での彼女の経歴は私たちの業界でも役立つ」と話しているため、Oliviaは繊維業界で働いていると分かり、正解は(B)になります。

3. の解答・解説

正解 (D) 未来の行動を示唆するセリフは最後！

この設問のように**「未来の行動（または次の行動）について問う問題」が出たときは、会話の最後にそれを示唆するセリフが必ず入ります。**そのため、会話の最後を注意深く聞きましょう。ここでは、女性が❸で「面接を数週間後には始めるから今日の午後には候補者たちに電話をかけ始める予定」と話しています。よって(D)が正解になります。

会話の語句
□ apply for ～ ～に応募する □ look over ～ ～に目を通す □ résumé 履歴書
□ textile industry 繊維業界 □ field 分野、業界 □ get promoted 昇進する
□ a couple of weeks 数週間 □ candidate 候補者
□ look forward to ～ ～を楽しみにする

攻略ポイント解説

❷図表問題

Part 3の最後の2〜3セットでは図表問題が1問ずつ出題されます。図表と選択肢を見比べて、選択肢にない情報を見ながら音声を聞くことが大事です。しっかりと解き方をマスターできれば、スコアを稼げるラッキーな問題です！

044

4. What did the event organizers do?
   (A) Changed a deadline
   (B) Improved a registration process
   (C) Delayed an event
   (D) Announced a new venue

5. Look at the graphic. How much did the man pay to register?
   (A) $230
   (B) $250
   (C) $270
   (D) $300

6. What does the man recommend that the woman do?
   (A) Visit a factory
   (B) Travel by air
   (C) Become a member
   (D) Book a hotel room early

図表のタイトルに注目！

Advanced Manufacturing Association Expo Registration Fees

Group discount (more than 5 people)	$230
Early registration (until June 30)	$250
Regular registration (July 1 - September 6)	$270
Walk-in registration	$300

選択肢にない情報を見て、音声を待ち伏せ！

設問の訳

4. イベントの主催者は何をしましたか。
   (A) 締切日を変更した
   (B) 登録方法を改善した
   (C) イベントを延期した
   (D) 新しい会場を発表した

5. 図を見てください。男性は登録にいくら支払いましたか。
   (A) 230ドル
   (B) 250ドル
   (C) 270ドル
   (D) 300ドル

6. 男性は女性に何をするよう勧めていますか。
   (A) 工場を訪れる
   (B) 飛行機に乗って行く
   (C) 会員になる
   (D) ホテルの部屋を早めに予約する

設問の質問文を先読みしよう！

P.72 ❶ をチェック！

問題用紙に印刷されている３つの設問の質問文を先読みをして、どんな内容が問われているのかを確認しましょう。図表問題の場合は、図表の中身を確認する時間も取る必要があるので、より「素早い先読み」が必要です。

図表の内容を確認！

P.74「ミニ講座②」をチェック！

何が書かれた図表なのかを把握します。図表のタイトルは、内容を端的に表しているので、あれば必ず目を通しましょう。左ページの図表ではAdvanced Manufacturing Association Expo Registration Fees（先進製造業協会の見本市登録料）とあります。

そして、設問の選択肢に並ぶ情報にない方の内容を確認します。左ページでは、設問５の選択肢に金額が並んでいるので、図表は左側の登録区分の内容に注目しましょう。

図表にある単語を聞き取ろう！

P.74「ミニ講座②」をチェック！

会話の中では、図表に書かれた内容が必ず出てきます。その内容は、図表の中の「選択肢にない方の情報」が中心です。図表を見ながら会話を聞き、図表の中のどの情報について話しているのか聞き取りましょう。それが正解を導く決め手となります。

設問の語句
4. □organizer 主催者　□deadline 期限　□improve ～を改善する
□registration process 登録方法　□delay ～を遅らせる　□venue 会場
5. □register 登録する
6. □factory 工場　□by air 飛行機で　□book ～を予約する

会話文 M：(flag) W：(flag) 044

Questions 4 through 6 refer to the following conversation and price list.

M: Maria, did you register for the Advanced Manufacturing Association Expo?

W: Not yet. I missed the deadline for the early registration discount on May 31, so there's no rush.

M: Actually, ❶ the organizers extended it until the end of June.

W: Oh, really?

M: Yes, ❷ I just registered today and got the early registration discount.

W: In that case, I'll definitely register before the end of June.

M: ❸ You should look into getting a membership, too. There are lots of benefits, like special rates on hotel rooms.

訳 設問4-6は次の会話と価格表に関するものです。

男性：Maria、先進製造業協会の見本市の登録はした？

女性：まだ。5月31日までだった早期登録割引の締め切りは逃してしまったから急がなくていいの。

男性：実は❶主催者が6月末まで延長したんだよ。

女性：そうなの？

男性：うん、❷今日ちょうど登録したところだけど、早期登録割引をしてもらったよ。

女性：それなら、絶対に6月末までに登録する。

男性：❸会員になることも検討するといいよ。ホテルの特別料金とか、多くの特典があるんだ。

先進製造業協会の見本市－登録料	
団体割引 (5人より多い場合)	230ドル
早期登録 (6月30日まで)	250ドル
通常登録 (7月1日～9月6日)	270ドル
事前登録なし	300ドル

4. の解答・解説

正解 (A) 「期限の延長」はよく話題になる！

見本市の登録について話しています。女性が早期登録割引を逃してしまったという話を受け、男性が❶で「主催者は（早期登録割引を）6月末まで延長した」と説明しています。**TOEIC L&R テストでは予定の変更や延期がよく話題になります。そのため extend（～を延期する）は絶対に覚えるべき単語です。**この会話では、主催者が早期登録割引の期限を5月31日までから6月末までに変えたことが分かるので、正解は(A)です。

Part 3

5. の解答・解説

正解 (B) 図表にある単語をキャッチしよう！

図表の中の4つの登録区分に注目しましょう。男性は❷で「今日ちょうど登録したところだけど、早期登録割引をしてもらったよ」と話しています。したがって、男性が支払ったのは早期登録割引を適用した料金の $250 だと分かるので、正解は(B)となります。**会話のセリフの中で、early registration（早期登録）という単語が出てきています。これは図表の単語と同じなので選びやすかったのではないでしょうか。**

6. の解答・解説

正解 (C) You should ～は提案表現！

設問の主語は男性で、かつ「何をするように勧めているか」という点に注目し、**男性のセリフの中で提案表現が出てくるのを待ちます。**ここでは You should ～（～するといいよ）という提案表現を使い、❸「会員になることも検討するといいよ」と、女性に勧めています。よって、正解は(C)です。**提案表現としては他に、Why don't you ～?（～したらどうですか）などもよく使われます。**

会話の語句
- □ register for ～ ～に登録する
- □ Expo（exposition の略）博覧会、見本市
- □ deadline 期限　□ organizer 主催者
- □ extend ～を延長する　□ definitely 間違いなく
- □ look into ～ ～を検討する　□ benefit 恩恵
- □ special rate 特別料金

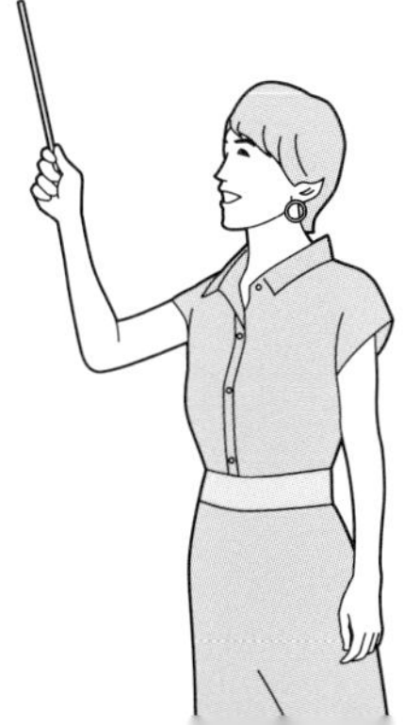

攻略ポイントを復習！
実践問題

解答・解説 ▶▶▶ P.86～

学習した攻略ポイントを復習して、次の問題4セットに挑戦してみましょう。

1. What did the women do last month?
   (A) They finished a project.
   (B) They scheduled an interview.
   (C) They attended a seminar.
   (D) They took a business trip.

2. What does the speakers' company have in Singapore?
   (A) A factory
   (B) A training facility
   (C) A new client
   (D) An office

3. What will the man most likely do next?
   (A) Reserve a larger room
   (B) Look at a schedule
   (C) Review a document
   (D) Send an e-mail to his team

---

4. How did the man learn about Northgate Athletics?
   (A) From a radio advertisement
   (B) From a promotional flyer
   (C) From a magazine article
   (D) From a colleague at work

5. According to the woman, how is Northgate Athletics different from its competitors?
   (A) It has better equipment.
   (B) Its membership fee is lower.
   (C) It is always open.
   (D) Its facilities are cleaner.

6. What does the woman offer to do for the man?
   (A) Introduce him to a personal trainer
   (B) Check some information
   (C) Show him around a facility
   (D) Reserve some equipment

---

7. According to the woman, what will take place in April?
   (A) A product launch
   (B) A renovation project
   (C) A management meeting
   (D) A promotional campaign

8. What does the woman suggest doing?
   (A) Renting a nearby space
   (B) Purchasing textiles online
   (C) Postponing a meeting
   (D) Revising a contract

9. What does the man ask to see?
   (A) A floor plan
   (B) A client's schedule
   (C) A list of expenses
   (D) An advertisement

***Cinephile* Magazine Subscription Rates**	
3 months	£24
6 months	£45
1 year	£80
2 years	£150

10. Look at the graphic. How much does the man want to be refunded?
   (A) £24
   (B) £45
   (C) £80
   (D) £150

11. What was the reason for the problem?
   (A) A canceled credit card
   (B) A changed process
   (C) A forgotten expiration date
   (D) A wrong address

12. What does the woman ask for?
   (A) Contact information
   (B) The length of a subscription
   (C) A mailing address
   (D) Credit card details

実践問題(Part 3)の解答・解説

1.～3. M : W1 : W2 : 045

Questions 1 through 3 refer to the following conversation with three speakers.

M: Rachel, Jennifer, ❶ did you take the seminar on international communication last month?

W1: ❷ Yes, our whole team attended the seminar. I found it more useful than I expected.

W2: ❸ Me, too. The content applies to a lot of different business situations.

W1: It's helped me communicate better with my clients and coworkers.

M: I'm thinking about having my team take the seminar next month. I thought it might be helpful, since ❹ we'll be dealing with the new Singapore office a lot in future.

W2: I'd definitely recommend it. It's popular, though, so make sure there are enough spaces left.

M: ❺ I'll check the schedule right now.

訳 設問1-3は3人の話し手による次の会話に関するものです。

男性： Rachel と Jennifer、❶先月、国際コミュニケーションについてのセミナーに参加した？

女性1：❷ええ、チームのみんながセミナーに行きましたよ。予想していたよりも有益でした。

女性2：❸私もそう思いました。その内容は数々の異なるビジネスの場面に当てはまります。

女性1：おかげで顧客や同僚とより上手にコミュニケーションがとれるようになりました。

男性： 僕のチームのみんなにも来月セミナーに参加してもらおうと思っているんだ。❹今後、シンガポールの新事務所とたくさんやりとりをすることになるから役に立つかもしれないと思ってね。

女性2：間違いなくお勧めしますよ。でも人気があるので、十分に空きがあるか確かめてくださいね。

男性： ❺これからすぐに予定表を確認するよ。

会話の語句 □international 国際的な　□whole 全体の　□attend ～に出席する
□expect ～を予期する　□content 内容　□apply to ～ ～に適用される
□deal with ～ ～とやりとりする　□in future 今後　□definitely 間違いなく
□recommend ～を勧める　□make sure 確認する

---

1. What did the women do last month?
(A) They finished a project.
(B) They scheduled an interview.
(C) They attended a seminar.
(D) They took a business trip.

訳 女性たちは先月何をしましたか。
(A) プロジェクトを完了させた。
(B) 面接の予定を組んだ。
(C) セミナーに参加した。
(D) 出張をした。

正解 (C)

解説 1問目は会話の冒頭に注目！ P.72 ❷ をチェック！

男性が会話の冒頭❶で「先月、国際コミュニケーションについてのセミナーに参加した？」と尋ねています。**この男性のセリフから、「セミナーの話をしている」と認識することがカギ**となります。それに対し、女性1は❷で参加したと答え、セミナーの感想を述べ、女性2も❸でMe, too.（私もそう思いました）と女性1に賛同する感想を述べています。よって、2人の女性は先月セミナーに参加したことが分かるので正解は(C)です。このように3人の会話の場合、1人が問題提起や話題提供をして、それに対する他の2人の意見が合致するという流れがよくあります。

---

2. What does the speakers' company have in Singapore?
   (A) A factory
   (B) A training facility
   (C) A new client
   (D) An office

訳 話し手たちの会社はシンガポールで何を所有していますか。
(A) 工場
(B) 研修施設
(C) 新規顧客
(D) 事務所

Part 3

正解 (D)

解説 固有名詞をキャッチしよう！ P.73 ❸ をチェック！

質問文に固有名詞がある場合、会話の中でもその固有名詞が必ず登場します。それが問題を解くヒントとなる場合も多いので、意識して会話を聞きましょう。ここでは男性が❹で、「今後、シンガポールの新事務所とたくさんやりとりすることになる」と述べています。その内容から、シンガポールには新しい事務所があると分かります。よって、正解は(D)です。

---

3. What will the man most likely do next?
   (A) Reserve a larger room
   (B) Look at a schedule
   (C) Review a document
   (D) Send an e-mail to his team

訳 男性は次に何をすると考えられますか。
(A) もっと広い部屋を予約する
(B) 予定表を見る
(C) 文書を見直す
(D) チームのメンバーにEメールを送る

正解 (B)

解説 後半の男性の発言に注目！ P.74 ❸ の❺をチェック！

この質問文の主語はthe manです。**多くの場合、質問文の主語となっている人がヒントとなるセリフを言います。**ここでは、会話後半で女性2がセミナーは人気なので空きがあるかどうか確認することを勧めています。それを受けて男性は❺で「これからすぐに予定表を確認するよ」と述べています。そのため、正解は(B)となります。**❺で使われているcheckという動詞が、選択肢ではLook atに置き換えられています。**

設問の語句 **1.** □ schedule ～を予定に組み込む　□ interview 面接　□ attend ～に出席する
3. □ reserve ～を予約する　□ review ～を見直す

4.〜6. M：🇺🇸 W：🇬🇧 046

Questions 4 through 6 refer to the following conversation.

M: Hi, ❶ I heard a commercial for this gym on the radio. Could you tell me a little more about it?

W: Sure. If you join Northgate Athletics, you'll be able to use state-of-the-art exercise equipment at all three of our locations. ❷ What also makes us stand out from our competitors is we're open 24 hours a day, every day.

M: Do you have a pool? I'm training for a triathlon and I'd like to be able to swim at night.

W: We do. ❸ Why don't I give you a tour? You can see for yourself the facilities and amenities we offer.

訳 設問4-6は次の会話に関するものです。

男性： こんにちは。❶ラジオでこのジムのコマーシャルを聞きました。もう少し詳しく聞かせていただけますか。

女性： もちろんです。Northgate Athleticsにご入会いただきますと、当社のジム3カ所全てにおいて最新のトレーニング器具をご利用いただけます。❷競合他社より当社が抜きんでているのは毎日24時間営業しているところにもあります。

男性： プールはありますか。トライアスロンのトレーニングをしていて、夜間に泳げたらと思うのです。

女性： ございます。❸ご案内いたしましょうか。当社の施設や設備をご自身の目でお確かめいただけます。

会話の語句 □state-of-the-art 最新の □exercise equipment トレーニング器具
□make *A* stand out from *B* AをBよりも際立たせる □competitor 競合他社
□facility 施設

---

4. How did the man learn about Northgate Athletics?
(A) **From a radio advertisement**
(B) From a promotional flyer
(C) From a magazine article
(D) From a colleague at work

訳 男性はどのようにしてNorthgate Athleticsについて知りましたか。
(A) ラジオの広告から
(B) 宣伝チラシから
(C) 雑誌の記事から
(D) 職場の同僚から

正解 (A)

解説 会話の冒頭で状況を推測しよう！ P.72 ❷ をチェック！

男性が❶で「ラジオでこのジムのコマーシャルを聞きました」と切り出しています。その後に話を詳しく聞かせてほしいと依頼していることから、**男性はジムに初めて来た客だと推測できます**。会話の冒頭にはこのように話者の状況が推測できる発言があるので注意して聞きましょう。そして女性の「Northgate Athleticsにご入会いただきますと」という発言から、ジムの名前はNorthgate Athleticsだと分かるので、正解は(A)となります。

5. According to the woman, how is Northgate Athletics different from its competitors?
(A) It has better equipment.
(B) Its membership fee is lower.
(C) It is always open.
(D) Its facilities are cleaner.

訳 女性によると、Northgate Athleticsは競合他社とどのように異なるのですか。
(A) 設備が勝っている。
(B) 会費が他より安い。
(C) 常に営業している。
(D) 施設が他より清潔である。

正解 (C)
解説 質問文のAccording to ～に注目しよう！
質問文にAccording to the woman（女性によると）とあり、必ず女性のセリフにヒントが出てくるので、注意して会話を聞きましょう。女性は、ジムの特徴を2つ挙げています。1つは3カ所のジムで最新の器具が使えることです。2つ目は❷「競合他社より当社が抜きんでているのは24時間営業しているところにもあります」と、他社との違いについて述べています。よって答えは(C)となります。

Part 3

---

6. What does the woman offer to do for the man?
(A) Introduce him to a personal trainer
(B) Check some information
(C) Show him around a facility
(D) Reserve some equipment

訳 女性は男性のために何をすると言っていますか。
(A) 個人トレーナーを紹介する
(B) 情報を確認する
(C) 施設の案内をする
(D) 機器の予約をする

正解 (C)
解説 申し出フレーズWhy don't I ～?をキャッチしよう！ P.73 ❸ をチェック！
質問文にoffer to doとあります。申し出の内容を問う問題のカギは、会話の中に出てくる、「～してあげますよ」「～しましょうか？」のような、手助けを申し出るフレーズを聞き取ることです。ここでは、ジムに初めて来た男性に対し、女性がWhy don't I give you a tour?（ご案内しましょうか）とジムの施設案内を申し出ています。よって(C)が正解です。会話中のgymが、選択肢ではfacility（施設）に言い換えられています。

設問の語句 **4.** □advertisement 広告 □promotional 宣伝用の □article 記事
□colleague 同僚 **5.** □fee 料金
6. □reserve ～を予約する □equipment 設備、機器

7.～9. W：M：047

Questions 7 through 9 refer to the following conversation.

W: The last item on the agenda is ❶ about the renovations next month. New flooring will be installed on the fifth floor on April fifth and sixth, so the meeting rooms will not be available on those days.

M: Oh, really? I was planning to meet Mr. Rashid from Birla Textiles on the sixth.

W: I see. Hmm. You know, ❷ I saw an advertisement in the newspaper for a business that rents out meeting rooms. It might be a good idea to rent the space. It's only a couple of blocks from here.

M: ❸ Could you show me the ad after we wrap up here? If their rates are reasonable, I'll call Mr. Rashid today and ask him to meet me there.

訳 設問7-9は次の会話に関するものです。

女性： 議題の最終項目は❶来月の改修工事についてです。4月5日と6日に5階に新しい床板が設置されるので、その期間は会議室が利用できません。

男性： そうなんですか。6日にBirla繊維会社のRashidさんと会う予定なんですが。

女性： なるほど。うーん。そうだ、❷会議室を貸し出している会社の広告を新聞で見ました。その場所を借りるのがいいと思います。ここからほんの数ブロックの所にあります。

男性： これが終わったら❸その広告を見せてくれますか。もし料金がそれほど高くなかったら、今日Rashidさんに電話をしてそこで会ってくれないか頼んでみます。

会話の語句 □agenda 議題　□renovation 改修　□available 利用可能な
□advertisement 広告　□ad 広告　□wrap up ～（仕事などを）終える
□rate 料金　□reasonable 手頃な

---

7. According to the woman, what will take place in April?
(A) A product launch
(B) A renovation project
(C) A management meeting
(D) A promotional campaign

訳 女性によると、4月に何が行われますか。
(A) 製品の発売
(B) 改修計画
(C) 経営会議
(D) 販売促進キャンペーン

正解 (B)

解説 会話で出てきた単語が大きなヒント！ P.73 ❸ をチェック！

質問文にAccording to the woman（女性によると）とあるので、女性のセリフに注目しましょう。女性は、❶で「来月の改修工事について」と話しています。その後、「4月5日と6日に新しい床板が設置される」と説明していることから、女性が冒頭で述べた「来月」というのは4月のことだと分かります。よって、正解は(B)です。**会話中のrenovationsという単語がそのまま選択肢でも使われていて大きなヒントとなります。**

8. What does the woman suggest doing?
(A) Renting a nearby space
(B) Purchasing textiles online
(C) Postponing a meeting
(D) Revising a contract

訳 女性は何をすることを勧めていますか。
(A) 近所にある場所を賃借すること
(B) 繊維をインターネットで購入すること
(C) 会議を延期すること
(D) 契約書を修正すること

正解 (A)

解説 「勧めている・提案している」内容を確実にキャッチ！ P.73 ❸ をチェック！

改修工事により、男性が他社とのミーティングで会議室が使えないと困惑しています。すると女性が❷で「会議室を貸し出している会社の広告を新聞で見た」と伝え、It might be a good idea to rent the space.（その場所を借りるのがいいと思います）と提案しているのが分かります。その場所は「ほんの数ブロックの所にある」ので、答えは(A)になります。

---

9. What does the man ask to see?
(A) A floor plan
(B) A client's schedule
(C) A list of expenses
(D) An advertisement

訳 男性は何を見せてほしいとお願いしていますか。
(A) 間取り図
(B) 顧客の予定表
(C) 経費のリスト
(D) 広告

正解 (D)

解説 依頼のフレーズCould you ～をキャッチしよう！ P.73 ❸ をチェック！

質問文にask（お願いする）があれば、「～してくれませんか」のような依頼のフレーズが会話に出てくる可能性が大きくなります。ここでは、会議室の広告を見たと話す女性に対し、男性が❸で、Could you show me the ad ～？と広告を見せてくれるように依頼しています。よって正解は(D)となります。**依頼のフレーズのCould you ～?（～してくれませんか）を聞き取ることがカギです。**advertisement（広告）はadと省略して使うこともあるので注意しましょう。

設問の語句
7. □ launch 発売　□ promotional 販売促進の
8. □ nearby 近くの　□ textile 織物　□ postpone ～を延期する
□ revise ～を修正する
9. □ expense 経費

10.～12. M : W : 048

Questions 10 through 12 refer to the following conversation and price list.

M: Hi, I'm calling about my subscription to *Cinephile* magazine. ❶ On last month's credit card bill, I was charged for an additional year, but I never asked for a renewal, so I'd like a refund.

W: Actually, ❷ the renewal procedure has changed. We now renew your subscription automatically if we don't receive an instruction to cancel 30 days before they expire.

M: Oh, I see. Well, I'd still like to cancel the subscription.

W: Of course, and I'm sorry about the confusion. I'll be happy to give you a refund. ❸ Could you give me your name and phone number?

訳 設問10-12は次の会話と価格表に関するものです。

男性： もしもし、Cinephile誌の定期購読についてお電話しています。❶先月のクレジットカードの請求書にさらに1年分の請求があったんですけど、更新はお願いしていないので返金してほしいのですが。

女性： 実は❷更新の手続き方法が変わったんです。定期購読期間が終了する30日前にキャンセルの依頼がない場合は自動的に更新されるようになりました。

男性： そうだったんですね。まあ、それでも定期購読をキャンセルしたいのですが。

女性： かしこまりました。混乱をさせてしまい申し訳ございませんでした。もちろん払い戻しをいたします。❸お名前とお電話番号をお願いできますか。

会話の語句 □subscription 定期購読 □charge ～を請求する □additional 追加の □renewal 更新 □expire 有効期限が切れる □confusion 混乱 □refund 返金

***Cinephile* Magazine Subscription Rates**	
3 months	£24
6 months	£45
1 year	£80
2 years	£150

Cinephile誌 定期購読料	
3カ月	24ポンド
6カ月	45ポンド
1年	80ポンド
2年	150ポンド

10. Look at the graphic. How much does the man want to be refunded?

(A) £24
(B) £45
(C) £80
(D) £150

訳 図を見てください。男性はいくら返金してほしいのですか。

(A) 24ポンド
(B) 45ポンド
(C) 80ポンド
(D) 150ポンド

正解 (C)

解説 図表は選択肢にない方の情報を見よう！ **P.74「ミニ講座②」をチェック！**

図表がある場合、選択肢の内容にない方の情報を見ながら音声を聞きます。選択肢を見ると料金が並んでいるので、図表の料金ではない方、つまり期間を見ながら音声を待ちましょう。❶で、「1年分の請求があったけど、更新はお願いしていないので返金してほしい」と話しているので、1年分の返金願いをしていると分かります。図表の1年分の行を見ると、定期購読の料金は80ポンドだと分かります。よって、正解は(C)となります。

---

11. What was the reason for the problem?
- (A) A canceled credit card
- **(B) A changed process**
- (C) A forgotten expiration date
- (D) A wrong address

訳 問題が起こった原因は何ですか。
- (A) 解約されたクレジットカード
- **(B) 変更された手続き方法**
- (C) 忘れられた有効期限
- (D) 間違った住所

正解 (B)

解説 詳細を的確に聞き取ろう！ **P.73 ❸ をチェック！**

この設問でのproblem（問題）とは、「更新していないのに1年分の請求があったこと」です。女性が❷で「更新の手続きが変わった」と言い、契約が自動更新に変更になったが、男性からキャンセル依頼がなかったので契約を更新した旨を説明しています。よって、問題が発生した理由は、(B)です。

---

12. What does the woman ask for?
- **(A) Contact information**
- (B) The length of a subscription
- (C) A mailing address
- (D) Credit card details

訳 女性は何を求めていますか。
- **(A) 連絡先情報**
- (B) 定期購読の期間の長さ
- (C) 郵送先住所
- (D) クレジットカードの詳細

正解 (A)

解説 3問目は後半のセリフを集中して聞こう！ **P.73 ❸ をチェック！**

質問文の主語はthe woman（女性）なので、後半の女性のセリフに集中して聞きましょう。女性は❸で**Could you ～?（～してくれませんか）という依頼のフレーズを使用**し、名前と電話番号を伝えるようにお願いしています。したがって答えは(A)となります。**名前や電話番号、メールアドレスなどは全てContact information（連絡先情報）と言い換えられ、TOEIC L&Rテストでは頻出です。**

設問の語句 **10.** □ refund ～を返金する **11.** □ expiration date 有効期限 **12.** □ length 長さ

Part 3

効果抜群！

学習に音読を取り入れよう！

絶対に取り入れてほしい学習法は「音読」です！ 私の授業でも何回も音読し、学生には毎日の習慣にするよう伝えています。ここではその効果を紹介します！

1. リスニング力アップ！

英語の音声を聞いてもサッパリ分からなかったのに、スクリプト（音声の原稿）を読むと知らない英単語は1つもなかったということはありませんか。それは、単語を「音」で記憶していないことが原因です。それではせっかくの単語の知識がリスニングで生かされませんね。音読をすれば「単語の音」も頭に入り、リスニング力が格段にアップします。

2. リーディング力アップ！

やってはいけない音読は「英文の意味を考えずにひたすら口を動かすだけの作業」です。音読しながら、きちんと前から順に意味を理解していく作業を繰り返します。すると、英文読解の際にも前から素早く意味を理解できる頭の仕組みになり、読解スピードが上がります。

3. 単語力アップ！

よく耳にするのは「単語が覚えられない」という話。単語は文脈の中で覚えると印象が強くなり覚えやすくなります。音読する素材の中に、TOEIC L&Rの重要単語が多く出てくるはずです。ストーリーの中に組み込まれた単語を、何回も何回も声に出して読むことで、単語の意味だけではなく、その単語を使ったコロケーション（語句の相性）や、英文の中での使い方もマスターできます。

これだけの効果がありながら「音読」をしないのは絶対に損！ 本書の別冊には、本冊の英文を利用して効果的な音読ができる、復習単語集を付けました。毎日毎日、「全ての内容を覚えてしまった」というくらい音読を繰り返しましょう！

第2部

全パート攻略：リスニング編

Part 4
説明文問題

トークは「あなた自身」に
話し掛けられていると思って聞こう！

Part 4（説明文問題）を見てみよう

問題形式

問題数	30問／10セット（テスト内の問題番号は、No.71～100）
試験時間	約15分（解答時間は1問あたり8秒、図表を見て答える問題は12秒）
目標正解数	20問（600点目標）
出題内容	1人の人物によるトークを聞き、設問ごとに最も適切な選択肢を(A)(B)(C)(D)の中から1つ選び、解答用紙にマークします。1つのトークにつき設問は3つあります。トークは問題用紙に印刷されていませんが、質問文と選択肢は問題用紙に印刷されています。また、放送は1回だけです。

問題用紙を見てみよう

PART 4
Part 4の指示文

71. Who is the speaker calling?
(A) A client
(B) A professor
(C) A job applicant
(D) A journalist

72. When does the speaker suggest meeting?
(A) Later today
(B) On Monday
(C) On Tuesday
(D) On Wednesday

73. What is the listener asked to do?
(A) Check a document
(B) Arrive early
(C) Send a copy of an article
(D) Confirm a schedule change

74.～76. の設問

77.～79. の設問

80.～82. の設問

設問の形式はPart 3によく似ています。

解答の流れ

放送音声	時間	すること
Directions（指示文）	約30秒	1セット目の設問の質問文3つを「先読み」します。
▼		
1セット目のスタート Questions 71 through 73 refer to the following telephone message. (設問71から73は、次の電話のメッセージに関するものです)	約5秒	設問を見ながら音声を待ちます。
トークの音声 Hi, Antonio, this is Karen Baumgartner from ...	約40秒	**音声を聞くことに集中！** 答えを選べたら、マークシートに印を付ける程度に軽くマークしておきましょう。
▼		
設問（No.71）の音声 No.71 Who is the speaker calling?	約5秒	3つの設問が読み上げられます。 **2つ目の設問の音声が終わるまでに全ての解答をマークしましょう。** **3つ目の設問の音声が流れたら、次のセットの質問文の「先読み」**を開始しましょう。
解答用のポーズ（無音）	8秒*	
設問（No.72）の音声	約5秒	
解答用のポーズ（無音）	8秒	
設問（No.73）の音声	約5秒	
解答用のポーズ（無音）	8秒	
▼		
2セット目のスタート Questions 74 through 76 refer to the following advertisement.	約5秒	**No.100まで、この流れを繰り返します。**

*「図表問題」では12秒になります。

Part 4

次のページから、
「攻略ポイント」をチェック！

要点穴埋め

攻略ポイント

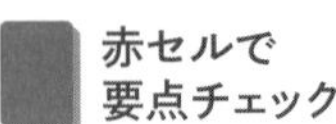
赤セルで
要点チェック

Part 4の攻略法は、基本的にはPart 3と同じです。

1 設問を「先読み」しよう！

問題用紙に印刷されている設問の質問文を「先読み」しましょう。「先読み」するタイミングはPart 3と同じです。ポイントは以下の3つです。

❶副詞などの単語は読み飛ばす！

質問文にあるmost likelyなどの修飾語句は読み飛ばして構いません。主語や述語など、問われている内容に関係する単語に注目しましょう。

❷簡単な日本語に置き換える！

質問文を完璧な日本語に訳す必要はありません。What is the speaker discussing?（話し手は何について話していますか）は「何話す？」と簡略化して頭にインプットしましょう。

❸余裕があれば選択肢に目を通す！

基本的には設問の質問文3つを「先読み」するのが優先です。しかし、時間に余裕ができたら、選択肢にも目を通しておきましょう。

2 トークのジャンルを見抜こう！

Part 4ではトークの音声が流れる前に、Questions 71 through 73 refer to the following advertisement.（設問71-73は次の広告に関するものです）と、どんな種類のトークが始まるかを言ってくれます。ここでトークのジャンルを判断すれば、どんな展開になるのか想像して音声を聞くことができ、内容の理解が一歩前進します。

3 設問の音声は聞かない！

設問は印刷されているので、聞く必要はありません。設問の音声が流れている間に、マークシートに3つの解答を塗り終えましょう。

トークのジャンル

Part 4でよく出題されるジャンルのトークには、それぞれ内容や流れに特徴があります。把握しておくことで音声が聞き取りやすくなります。ここでは、各ジャンルの主な内容とトークの流れを説明します。

❶ Telephone message（電話のメッセージ）

店の店員や職場の同僚からの電話のメッセージです。主な内容は何かの依頼や質問、または情報共有などです。

【名乗る→用件→詳細→聞き手への要望（折り返しの電話など）】

❷ Advertisement（広告／宣伝）

商品の宣伝やセールの案内です。主な内容はどんな商品がどんな理由で人気があり、いつまでセールをやっているかなどです。

【商品案内やセール情報→商品詳細→割引対象や割引率の案内、来店を促す】

❸ Radio broadcast（ラジオ放送）

ラジオ番組の放送です。内容は主に天気予報や交通情報、またはゲスト紹介です。ここでは交通情報のトークの流れを紹介します。

【ある地域の交通情報→道路状況の案内→イベントなどによる道路の封鎖や渋滞時の別の交通手段の提案→番組の次のコーナーのお知らせ】

❹ Award ceremony（授賞式）

最優秀社員賞などの授賞式でのアナウンス。受賞者の功績を話します。

【人物紹介→受賞者の経歴や功績→受賞者を壇上へと呼ぶ】

❺ Business meeting（会議）

会議中のプレゼンターによるトークです。販売戦略や売上報告、顧客によるアンケート結果報告など、内容はビジネスに関連したものです。

【会議のテーマ→現状報告やこれからの取り組み→この会議でこれから行うこと（資料を配る、動画を見るなど）】

❻ Guided tour（ガイドツアー）

観光ツアーや工場見学が始まる際のガイドによるトークです。その日に回る場所や見学時の注意事項などが内容に盛り込まれます。

【ガイドの自己紹介→見学場所についての詳細→禁止、注意事項など】

ミニ講座 図表問題「部屋レイアウト」の解き方

Part 4の図表問題には、建物などの位置関係から正解を特定する問題がよく出ます。最も大事な点は、Part 3の図表問題と同様、図表の中の**「選択肢には書かれていない情報を見ながら音声を聞く」**ことです。以下の例を見てください。

4th Floor

Store-room

Conference Room D

Conference Room A

Conference Room B

Conference Room C

Kitchen

例 Look at the graphic. Which room has the speaker already reserved?
(A) Conference Room A
(B) Conference Room B
(C) Conference Room C
(D) Conference Room D

図を見てください。話し手がすでに予約しているのはどの部屋ですか。
(A) 会議室A
(B) 会議室B
(C) 会議室C
(D) 会議室D

選択肢にはConference Room（会議室）とあるので、**書かれていないのはStore-room（倉庫）とKitchen（キッチン）**ですから、**図表のこの2つの場所に注目しながら音声を聞きましょう。**この2カ所を起点とした位置説明を音声の中で聞き取ることで、解答を導くことができます。上記の例を使った、位置を説明する表現を覚えておきましょう。

The conference room you booked is **next to** the storeroom.
(あなたが予約した会議室は倉庫の隣にあります)
→この場合の正解は、**Conference Room A**です。

The conference room you booked is **in front of** the kitchen.
(あなたが予約した会議室はキッチンの正面にあります)
→この場合の正解は、**Conference Room D**です。

The conference room you booked is **across from** the kitchen.
(あなたが予約した会議室はキッチンの真向かいにあります)
→この場合の正解は、**Conference Room D**です。

練習問題

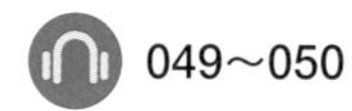

実際に、Part 4の問題を2セット解いてみましょう。
トークに続き、その内容に関する質問が3つ読まれます。その質問について、最も適切な選択肢を、(A)～(D)の中から1つ選んでください。

1. What is being advertised?
(A) Auto repairs
(B) Temporary shelters
(C) Winter tires
(D) Snow removal equipment

2. According to the speaker, what does McInnis offer?
(A) A money-back guarantee
(B) Vehicle rental
(C) Free memberships
(D) A variety of sizes

3. How can the listeners obtain a discount?
(A) By picking up an item in person
(B) By placing an order for multiple products
(C) By making a purchase in October
(D) By ordering a product online

---

4. What does the speaker say about the festival?
(A) It started today.
(B) It offers free parking.
(C) It is held in a park.
(D) It is well-attended.

5. What does the speaker suggest the listeners do?
(A) Ride a bus downtown
(B) Park near the festival site
(C) Be prepared for rain
(D) Vote in an online poll

6. What will the listeners hear next?
(A) A weather update
(B) Some music
(C) Traffic information
(D) An advertisement

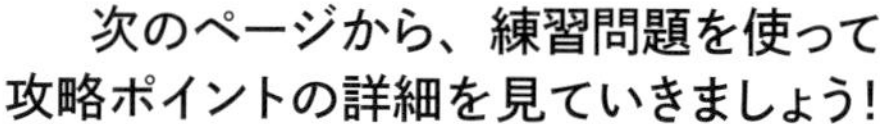

次のページから、練習問題を使って
攻略ポイントの詳細を見ていきましょう!

攻略ポイント解説

❶広告の流れを読む問題

P.99の❷をチェック！

W：🇺🇸 049

Questions 1 through 3 refer to the following advertisement.

Get ready for winter with the October Sale at McInnis! ❶ Protect your vehicle from snow and ice by setting up a car shelter in your driveway. ❷ These temporary, durable shelters come in a wide variety of sizes, and McInnis has them all. What's more, during the October Sale, we'll save you time and trouble by delivering and installing your shelter for only £10. ❸ Order your car shelter before the end of October to benefit from this limited-time discount! To view our selection, visit your nearest McInnis branch or check out our online store at www.mcinnis.com.

訳 設問1-3は次の広告に関するものです。

McInnisで行われる10月のセールで冬支度をしましょう！ ❶お宅の私道にカーシェルターを設置して車を雪や氷から守りましょう。❷これらの一時的に使用できる耐久性の高いカーシェルターにはさまざまなサイズがございますが、McInnisでは全てを取りそろえております。さらに、10月のセール中は、カーシェルターをたったの10ポンドで配達、設置してお客様の時間と手間を省きます。❸期間限定の割引で得をするために10月末日までにカーシェルターを注文してください！ 当店の品ぞろえをご覧になるには、お近くのMcInnis支店にご来店いただくかオンラインストアwww.mcinnis.comへどうぞ。

トークの語句 □vehicle 車　□set up ～ ～を設置する　□shelter シェルター　□temporary 一時的な　□durable 耐久性のある　□a wide variety of ～ さまざまな～　□install ～を設置する　□benefit from ～ ～から利益を受ける　□limited-time 期間限定の

1.の解答・解説

1. What is being advertised?
   (A) Auto repairs
   (B) Temporary shelters
   (C) Winter tires
   (D) Snow removal equipment

訳 何が宣伝されていますか。
(A) 自動車修理
(B) 一時的に設置するカーシェルター
(C) 冬用タイヤ
(D) 除雪機

正解 (B) トーク前半に商品に関する内容！

冒頭の一文で、このトークが**advertisement（広告）**だと、聞き取れましたか。次に、**設問で問われている「どんな商品を宣伝しているか」をキャッチ**します。**商品説明はトークの前半部分でされることが多いです。**❶に「お宅の私道にカーシェルターを設置して車を雪や氷から守りましょう」とあり、カーシェルターの設置を促しているのが分かります。よって、正解は(B)です。

2.の解答・解説

2. According to the speaker, what does McInnis offer?
   (A) A money-back guarantee
   (B) Vehicle rental
   (C) Free memberships
   (D) A variety of sizes

訳 話し手によると、McInnisは何を提供していますか。
(A) 返金保証
(B) レンタカー
(C) 無料会員権
(D) さまざまなサイズ

正解 (D) トーク中盤はより具体的な説明！

広告ジャンルのトークの流れを思い出しましょう。トーク中盤は、商品やその商品の販売店の特色など、より細かい説明が盛り込まれます。ここでは、❷で「カーシェルターにはさまざまなサイズがある」と説明した上で、「McInnisでは全て（のサイズ）を取りそろえている」と続けています。よって、正解は(D)です。**size（サイズ）という単語がトークと選択肢両方に出てくるので、キーワード**になっています。

3.の解答・解説

3. How can the listeners obtain a discount?
   (A) By picking up an item in person
   (B) By placing an order for multiple products
   (C) By making a purchase in October
   (D) By ordering a product online

訳 聞き手は割引をどのように得ることができますか。
(A) 直接商品を取りに行くことによって
(B) 複数の商品を注文することによって
(C) 10月中に買い物をすることによって
(D) インターネットで商品を注文することによって

正解 (C) 割引の話は後半に出てくる！

広告のトークでは、割引の話が後半によく出てきます。そして、「割引額」「割引を得る手段」「割引期間」についてよく問われます。ここでは、「割引を得る手段」について聞かれています。このトークの後半では、割引を得るには10月末までに注文するようにと言っているため、(C)が正解です。❸ではOrder your car shelter before the end of October（10月末までにカーシェルターを注文してください）とあり、選択肢の単語とは違う表現になっています。

設問の語句 **1.** □ repair 修理　□ removal 除去　**3.** □ multiple 複数の

攻略ポイント解説

❷ラジオ放送の流れを読む問題 P.99の❸をチェック！

M： 050

Questions 4 through 6 refer to the following broadcast.

This is your Radio 2 Traffic News update. It's the second day of the Taste of Spring Festival downtown. The rain kept a lot of people away yesterday, but it's sunny this morning and ❶ the festival site is already really crowded. If you're driving there, all of the parking lots downtown are already full. However, ❷ the city is running shuttle buses to the festival site from locations all around town. To find the shuttle stop nearest you, search online for "Taste of Spring Festival Shuttle." That's your Radio 2 Traffic News update—now, ❸ let's get back to our countdown of this week's hit songs.

訳 設問4-6は次の放送に関するものです。

ラジオ第2の最新交通情報です。今日は市内で行われている春の味覚祭りの２日目です。昨日は雨のため客足が遠のいていましたが、今朝は快晴で❶祭りの会場はすでににぎわいを見せています。車で向かう方にお知らせしますが、市内の駐車場はすでに全て満車となっています。しかし❷市は町のあらゆる場所から祭り会場までシャトルバスを運行しています。一番近くのシャトルバス停留所をお探しの場合は「春の味覚祭りシャトル」とインターネットで検索してください。以上、ラジオ第２の最新交通情報でした。それでは❸今週のヒットソングのカウントダウンに戻りましょう。

トークの語句 □traffic 交通　□keep ～ away ～を遠ざける　□crowded 混雑した
□parking lot 駐車場　□full いっぱいの　□search ～を検索する

4. の解答・解説

4. What does the speaker say about the festival?
(A) It started today.
(B) It offers free parking.
(C) It is held in a park.
(D) It is well-attended.

訳 話し手は祭りについて何と言っていますか。
(A) 今日始まった。
(B) 無料駐車場がある。
(C) 公園で開催されている。
(D) 来場者が多い。

正解 (D) 交通情報はイベントの話も出てくる！

トークの冒頭にRadio 2 Traffic Newsとあるので、ラジオの交通情報だと判断します。その場合、**その日の交通状況に影響するイベントや天候の話が出てくることが多いです。**ここでは、開催されている祭りについて問われています。❶の内容から、多くの人が祭りに来場していると分かります。よって、(D)が正解です。選択肢のwell-attendedは形容詞で「来場者の多い」という意味です。well-attended event（来場者の多いイベント）という形でも使えます。

5. の解答・解説

5. What does the speaker suggest the listeners do?
   (A) **Ride a bus downtown**
   (B) Park near the festival site
   (C) Be prepared for rain
   (D) Vote in an online poll

訳 話し手は聞き手に何をするよう提案していますか。
(A) **市内でバスに乗る**
(B) 祭り会場の近くに駐車する
(C) 雨に備える
(D) オンライン投票で一票を投じる

正解 (A) 他の交通手段の案内を聞き取ろう！

交通状況が混雑している場合や、道路が封鎖されている場合などは他の交通手段を提示することがよくあります。「市内の駐車場はすでに全て満車」と説明され、However（しかし）と続き、❷でシャトルバスを運行している旨を案内しています。よって、正解は(A)となります。**However（しかし）は話題を転換する大事な単語です。この問題のように、後ろに解答のカギとなる内容がくることがよくあります。**

Part 4

6. の解答・解説

6. What will the listeners hear next?
   (A) A weather update
   (B) **Some music**
   (C) Traffic information
   (D) An advertisement

訳 聞き手たちは次に何を聞きますか。
(A) 最新の天気予報
(B) **音楽**
(C) 交通情報
(D) 広告

正解 (B) 最後に次のコーナーを紹介！

トークの最後に次のコーナーについて簡単に案内するのは、ラジオ放送のトークの流れによくあるパターン。ここでは❸でlet's get back to our countdown of this week's hit songs.（今週のヒットソングのカウントダウンに戻りましょう）と、次に放送される内容を紹介しています。よって正解は(B)。**let's get back to ～（～に戻りましょう）というフレーズをキャッチするのが大事です。**

設問の語句 4. □offer ～を提供する　□well-attended 出席者の多い
5. □park（車を）停める　□vote in ～ ～に投票する　□poll 投票

攻略ポイントを復習！

実践問題

学習した攻略ポイントを復習して、次の問題5セットに挑戦してみましょう。

1. Where does the speaker work?
(A) At a bank
(B) At a hotel
(C) At a clothing store
(D) At a library

2. According to the speaker, which item was found in the room?
(A) A wallet
(B) A mobile phone
(C) A checkbook
(D) A passport

3. Why does the speaker ask Ms. Chow to call him?
(A) To schedule a pick-up time
(B) To identify an item's owner
(C) To confirm a reservation
(D) To arrange a delivery

4. Who is the speaker?
(A) A tour guide
(B) A history teacher
(C) A subway employee
(D) An architect

5. What is included in the fee?
(A) A subway pass
(B) A bottle of water
(C) A meal
(D) A map

6. What are the listeners asked to do?
(A) Listen to a safety announcement
(B) Drink enough water
(C) Make a purchase
(D) Stand in a line

7. What is the purpose of the talk?
   (A) To explain the results of a test
   (B) To introduce a new employee
   (C) To announce a new product
   (D) To recognize an achievement

8. Where does Ms. Abbott most likely work?
   (A) At an advertising agency
   (B) At a Web design company
   (C) At a software development firm
   (D) At a phone manufacturer

9. According to the speaker, what are customers able to do now?
   (A) See images more clearly
   (B) Speak with staff more easily
   (C) Receive orders more quickly
   (D) Understand a Web site better

10. Who most likely is the speaker?
   (A) A spokesperson
   (B) A truck driver
   (C) A department manager
   (D) A software developer

11. What does the speaker say about the new system?
   (A) It will be introduced tomorrow.
   (B) It is used at other branches.
   (C) It costs more than expected.
   (D) It will save a lot of time.

12. What will Dustin Briggs do in the next meeting?
   (A) Show a video
   (B) Present a training plan
   (C) Answer their questions
   (D) Hand out brochures

STORE LAYOUT

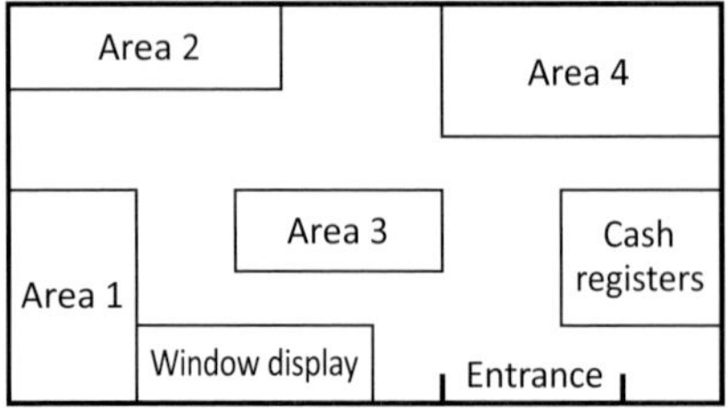

13. Where is the talk taking place?
(A) In a hardware store
(B) In a furniture store
(C) In a bookstore
(D) In a clothing store

14. Look at the graphic. Where will the event take place?
(A) In Area 1
(B) In Area 2
(C) In Area 3
(D) In Area 4

15. What will the listeners do this morning?
(A) Change a window display
(B) Set up a seating area
(C) Meet Andre Mason
(D) Receive a large shipment

実践問題(Part 4)の解答・解説

1.～3. M: 051

Questions 1 through 3 refer to the following telephone message.
Ms. Chow, ❶ this is Eduardo Janssen from the Laguna Inn. I'm calling about an item you left behind in your room. After you checked out today, ❷ our housekeeping staff found a checkbook from Alliance Bank with a brown leather cover on the floor of your room. If you're still in town, you can stop by the front desk at any time to pick it up. You'll need to show a piece of identification, such as a passport or driver's license. ❸ If you've already left, we can mail it to you instead. ❹ In that case, please call us to make the necessary arrangements at 304-555-1105. Thank you.

訳 設問1-3は次の電話のメッセージに関するものです。
Chowさん、❶こちらLaguna InnのEduardo Janssenです。お部屋にあった忘れ物についてお電話しています。本日チェックアウトされた後、❷客室係がお客様のお部屋の床に茶色い革製のカバーの付いたAlliance銀行の小切手帳を見つけました。もしまだ市内にいらっしゃるようでしたら、お受け取りのためにいつでもフロントにお越しください。パスポートや運転免許証などの身分証明書を提示していただく必要があります。❸もしもうご出発でしたら、代わりに郵送いたします。❹その場合は、しかるべき手配をするため304-555-1105までお電話ください。
よろしくお願いいたします。

トークの語句 □leave ～ behind ～を置き忘れる □housekeeping staff 客室係
□checkbook 小切手帳 □stop by ～ ～に立ち寄る □identification 身分証
□instead 代わりに □arrangement 手配

---

1. Where does the speaker work?
(A) At a bank
(B) At a hotel
(C) At a clothing store
(D) At a library

訳 話し手はどこで働いていますか。
(A) 銀行で
(B) ホテルで
(C) 衣料品店で
(D) 図書館で

正解 (B)
解説 会社名から業種が推測可能！ P.99❶をチェック！
電話のメッセージでは必ず話し手が自分の名前を名乗ります。そのときに、**名前と一緒に会社名を名乗ったら、その会社名からどんな業種なのか推測できることが多いです。**❶ではLaguna Innと名乗っており、Innは宿泊施設を意味することから、話し手はホテルで勤務していると推測できます。また、your room(あなたの部屋)、checked out(チェックアウト)という単語からも話し手の勤務先はホテルだと分かります。よって、正解は(B)となります。

2. According to the speaker, which item was found in the room?

(A) A wallet
(B) A mobile phone
(C) A checkbook
(D) A passport

訳 話し手によると、どのような物が部屋で見つかりましたか。

(A) 財布
(B) 携帯電話
(C) 小切手帳
(D) パスポート

正解 (C)

解説 ピンポイント問題は瞬時に単語を拾うことが大事！ **P.99 ❶をチェック！**

留守番電話では、話し手が名乗った後に、電話をかけた理由を話します。ここでは「部屋にあった忘れ物について電話している」と言い、その後、忘れ物についての詳細が説明されています。❷で「客室係が小切手帳を見つけた」と報告していることから、正解は(C)となります。Part 3同様、**詳細を問うピンポイント問題では、ヒントとなる単語が1度しか出てこないこともある**ので注意して音声を聞きましょう。**ここでは、checkbook（小切手帳）がこれに該当**します。

---

3. Why does the speaker ask Ms. Chow to call him?

(A) To schedule a pick-up time
(B) To identify an item's owner
(C) To confirm a reservation
(D) To arrange a delivery

訳 話し手はなぜChowさんに電話してほしいと言っているのですか。

(A) 迎えの時間を予定するため
(B) ある物の持ち主を特定するため
(C) 予約を確認するため
(D) 配達を手配するため

正解 (D)

解説 折り返しの電話を求めるのは後半のセリフ！ **P.99 ❶をチェック！**

留守番電話の後半に、折り返しの電話を相手に求める場合が多く、ここではその理由について問われています。忘れ物をホテルのフロントまで取りに来るよう伝える一方で、❸で「もしもうご出発でしたら、代わりに郵送いたします」と、忘れ物を送る提案もしています。続けて、折り返しの電話を求める理由を❹「しかるべき手配をするため」と話しています。「しかるべき手配」とは「配達の手配」を指すため、(D)が正解です。

設問の語句 **3.** □ schedule ～の予定を立てる　□ identify ～を特定する
□ confirm ～を確認する　□ arrange ～を手配する

Part 4

4.～6. W : 🇬🇧 052

Questions 4 through 6 refer to the following talk.

Hi, everyone. ❶ My name is Heather Farris and I'll be leading this tour of historic Brixton. We'll be taking Brixton's newly opened subway for part of the tour, so ❷ I've got a pass here for everyone. The cost is included in the fee, so you can keep it after the tour. It's good for 24 hours, and I hope you'll use it to explore other parts of the city on your own. When we're not on the subway, we'll be doing a lot of walking. Since it's hot today, ❸ you should drink plenty of water, and let me know if you need a rest.

訳 設問4-6は次の話に関するものです。

皆さん、こんにちは。❶私の名前はHeather Farrisで、歴史的町並みBrixtonを巡るこのツアーを担当いたします。ツアーの一環としてBrixtonに新たにできた地下鉄に乗りますので、❷ここに皆さんの分の乗車券を用意しました。代金はツアー料金に含まれていますので、ツアー終了後もお持ちください。24時間はご利用になれますので、ご自身で町の他の場所を散策されるときにお使いいただければと思います。地下鉄に乗っていない間はたくさん歩くことになります。今日は暑いので❸十分に水を飲んでいただき、休憩したいときはお知らせください。

トークの語句 □newly 新たに □subway 地下鉄 □pass 乗車券 □include ～を含む □fee 料金 □explore ～を探索する □plenty of ～ たくさんの～ □rest 休憩

---

4. Who is the speaker?

(A) A tour guide
(B) A history teacher
(C) A subway employee
(D) An architect

訳 話し手は誰ですか。

(A) ツアーガイド
(B) 歴史の教師
(C) 地下鉄の従業員
(D) 建築家

正解 (A)

解説 冒頭の自己紹介を集中して聞こう！ P.99❻をチェック！

冒頭の自己紹介を正確に聞き取ることができれば、これはラッキーな問題です。難なく解くことができるはずです。❶で、I'll be leading this tour（このツアーを担当いたします）と発言していることから、話し手はツアーガイドだと分かります。よって、正解は(A)です。**leadは「～を先導する、率いる」という意味で使われ、TOEIC L&Rテストではlead the tour（ツアーを担当する）やlead the meeting（ミーティングを進行する）のように使用されます。**

5. What is included in the fee?
(A) A subway pass
(B) A bottle of water
(C) A meal
(D) A map

訳 料金に含まれているのは何ですか。
(A) 地下鉄の乗車券
(B) ペットボトルの飲料水
(C) 食事
(D) 地図

正解 (A)

解説 内容をしっかり追って理解しよう！ P.99 ❻をチェック！

このトークでは、ツアーの一環として新しくできた地下鉄に乗ることが説明されています。❷に I've got a pass here for everyone. The cost is included in the fee（ここに皆さんの分の乗車券を用意しました。代金はツアー料金に含まれています）とあることから、地下鉄の乗車券代がツアー料金に含まれていると分かります。よって、(A)が正解です。**❷の2つの文の内容をしっかり追うことがカギ**になります。

---

6. What are the listeners asked to do?
(A) Listen to a safety announcement
(B) Drink enough water
(C) Make a purchase
(D) Stand in a line

訳 聞き手たちは何をするよう求められていますか。
(A) 安全に関するアナウンスを聞く
(B) 十分に水を飲む
(C) 買い物をする
(D) 列に並ぶ

正解 (B)

解説 注意事項・禁止事項・アドバイスは出題率が高い！ P.99 ❻をチェック！

ガイドツアーのトークには、注意事項や禁止事項、またはアドバイスが盛り込まれていることが多いです。ここでは、❸に you should drink plenty of water（十分に水を飲んでいただき）とあり、水分補給を促しています。よって、正解は(B)になります。**You should ～は「～するといいですよ」という提案表現**で、ここでの should に「～しなければならない」という義務を表す意味はありません。

設問の語句 4. □ employee 従業員 6. □ safety 安全 □ purchase 購入

7.～9. W: 053

Questions 7 through 9 refer to the following speech.

❶ This year's employee of the year is customer service manager Tracy Abbott. She's been with our company for about 20 years and she has been dedicating herself to improving customer services. ❷ To help our software users, Tracy decided to take a more personal approach than other companies in the software industry. Instead of using automated e-mail responses and Web pages with frequently asked questions, ❸ she has made it easier for customers to speak directly with our personnel using online voice communication. The response has been fantastic. ❹ Many customers have told us how beneficial it is to talk to our staff anytime. Let's give Tracy a big round of applause.

訳 設問7-9は次のスピーチに関するものです。

❶今年の年間最優秀社員賞は顧客サービス部長のTracy Abbottさんです。彼女は20年ほど当社に在籍し、顧客サービスの向上に貢献し続けています。❷当社のソフトウェアのユーザーのお役に立つように、Tracyさんはソフトウェア業界の他社よりも心のこもった対応を取ろうと決めたのです。メールの自動返信機能やウェブページの「よくある質問」を使うのではなく、❸インターネットの音声通信を利用して顧客がより簡単に当社のスタッフと直接話ができるようにしてくれました。その反響は大きなものとなっています。❹多くの顧客が、いつでもスタッフと話ができることがいかに有益か、私たちに伝えてくれています。Tracyさんに大きな拍手を送りましょう。

トークの語句 □employee of the year 年間最優秀社員 □industry 業界
□instead of ～ ～の代わりに □automated 自動化された □response 応答
□personnel 職員 □beneficial 有益な □applause 拍手

---

7. What is the purpose of the talk?
(A) To explain the results of a test
(B) To introduce a new employee
(C) To announce a new product
(D) To recognize an achievement

訳 話の目的は何ですか。
(A) 試験の結果について説明すること
(B) 新入社員を紹介すること
(C) 新製品を発表すること
(D) 功績を認めること

正解 (D)

解説 スピーチの冒頭で状況が分かる！ P.99❹をチェック！

冒頭の❶ This year's employee of the year is ...（今年の年間最優秀社員賞は…）で始まる発言をしっかり聞き取ることがカギです。この発言から１年で最も優秀な業績を挙げた社員に賞を与える場面でのスピーチだと分かります。よって、(D)が正解です。選択肢の中のrecognizeは、通常「～を認識する」という意味で使われることが多い単語ですが、TOEIC L&Rテストで出題される授賞式の場面では、「(功績・業績) を認める、評価する」という意味で使用されることが多いです。

8. Where does Ms. Abbott most likely work?
(A) At an advertising agency
(B) At a Web design company
(C) At a software development firm
(D) At a phone manufacturer

訳 Abbott さんはどこで働いていると考えられますか。
(A) 広告代理店で
(B) ウェブデザイン会社で
(C) ソフトウェア開発会社で
(D) 電話製造会社で

正解 (C)

解説 与えられた情報で受賞者が働く業界を推測しよう！ **P.99 ❹をチェック！**

スピーチの冒頭で、Tracy Abbott は customer service manager（顧客サービス部長）として紹介されています。しかし、これは肩書であり会社の業種ではありません。❷に「当社のソフトウェアのユーザーのお役に立つように…Tracy はソフトフェア業界の他社よりも心のこもった対応を取ろうと決めた」とあり、Tracy の勤務先はソフトフェアを開発している企業だと推測できます。よって、正解は (C) となります。

---

9. According to the speaker, what are customers able to do now?
(A) See images more clearly
(B) Speak with staff more easily
(C) Receive orders more quickly
(D) Understand a Web site better

訳 話し手によると、顧客は現在何ができるようになりましたか。
(A) 画像をよりはっきりと見る
(B) スタッフとより簡単に話す
(C) 注文品をより早く受け取る
(D) ウェブサイトをより深く理解する

Part 4

正解 (B)

解説 どんな功績を挙げたかを具体的に理解しよう！ **P.99 ❹をチェック！**

この設問では、**受賞者である Tracy が社内でどんな功績を挙げたのかを理解することが必要**となります。Tracy の功績はスピーチ中盤から後半で説明されています。❸で「顧客がスタッフと簡単に直接話ができるようにした」とあり、❹では「顧客がいつでもスタッフと話ができることがいかに有益か」について話しています。よって (B) が正解です。

設問の語句 7. □ result 結果 □ employee 従業員 □ announce ～を発表する
□ recognize（功績）を認める □ achievement 功績
9. □ image 画像 □ receive ～を受け取る □ order 注文品

10.～12. M：🇺🇸 054

Questions 10 through 12 refer to the following excerpt from a meeting.

Hello, everyone. ❶ As a manager of the shipping department, I'm happy to announce the new inventory-tracking system. As you know, our current system is not very efficient. The new one will allow us to keep better track of every product in our inventory, regardless of which branch or distribution center they're in. ❷ We expect the new system to save us lots of time. Dustin Briggs is currently taking a certification course with the inventory management system developer, and ❸ he'll be in charge of providing training on the system for our employees. He'll present his plan at our next meeting on June 9. Please double-check your schedule to ensure that you're available to attend that meeting.

訳 設問10-12は次の会議の一部に関するものです。

皆さん、こんにちは。❶配送部門の部長として、新しい在庫追跡システムをご案内することをうれしく思います。ご存じの通り、現行のシステムはあまり効率的ではありません。新しいシステムにより当社の在庫にある全商品を、どの支店あるいは流通センターにあるのかにかかわらず、より細かく追跡できるようになります。❷新システムでかなり時間が節約できるのではないかと見込んでいます。Dustin Briggsが在庫管理システムの開発者による認定講座を現在受講しており、❸彼が当社社員に対してシステムに関する研修を行う責任者となります。次の会議が行われる6月9日に彼から計画の発表があります。その会議に必ず出席できるように予定を再確認しておいてください。

トークの語句
- □ inventory 在庫　□ efficient 効率的な
- □ allow *A* to *do* Aが～することを可能にする　□ track 追跡　□ product 製品
- □ regardless of ～ ～にかかわらず　□ branch 支店　□ distribution 流通
- □ expect ～を期待する　□ certification 認定　□ management 管理
- □ developer 開発者　□ in charge of ～ ～を担当する　□ present ～を発表する
- □ double-check ～を再確認する　□ ensure ～を確かにする
- □ attend ～に出席する

---

10. Who most likely is the speaker?

(A) A spokesperson
(B) A truck driver
(C) A department manager
(D) A software developer

訳 話し手は誰だと考えられますか。

(A) 広報担当者
(B) トラック運転手
(C) 部長
(D) ソフトウェア開発者

正解 (C)

解説 トピックや自己紹介は冒頭で確認しよう！ P.99❺をチェック！

話し手は冒頭❶で、As a manager of the shipping department, I'm happy to announce the new inventory-tracking system.（配送部門の部長として、新しい在庫追跡システムをご案内することをうれしく思います）と述べていることから、正解は(C)となります。

11. What does the speaker say about the new system?
(A) It will be introduced tomorrow.
(B) It is used at other branches.
(C) It costs more than expected.
(D) It will save a lot of time.

訳 話し手は新しいシステムについて何と言っていますか。
(A) 明日導入される。
(B) 他の支店で利用されている。
(C) 予想以上に費用がかかる。
(D) かなりの時間の節約になる。

正解 (D)
解説 質問文の「先読み」で詳細のヒントを音声から探そう！ P.98 ❶ をチェック！
質問文を「先読み」して問われている内容を事前に把握し、音声の中にヒントが出てくるのを待つことがこの設問ではカギになります。❷でWe expect the new system to save us lots of time.（新システムでかなり時間が節約できるのではないかと見込んでいます）と述べられている部分をキャッチしましょう。**ヒントはこの部分のみのピンポイント問題**です。よって、(D)が正解です。〈expect + *A* + to *do*〉で、「Aが～することを見込む／期待する」という意味になります。

Part 4

12. What will Dustin Briggs do in the next meeting?
(A) Show a video
(B) Present a training plan
(C) Answer their questions
(D) Hand out brochures

訳 Dustin Briggsは次の会議で何をしますか。
(A) ビデオを見せる
(B) 研修計画を発表する
(C) 質問に答える
(D) パンフレットを配る

正解 (B)
解説 固有名詞はヒントの予告になり得る！
質問文ではDustin Briggsについて聞かれています。トークの中でDustin Briggsの名前が出てきたら、彼に関するヒントが出てくる合図です。Dustin Briggsは現在在庫管理システムの認定講座を受講していると説明があります。その後の❸で、彼が研修の責任者になると告げられた後、「次の会議が行われる6月9日に彼から計画の発表があります」と述べられています。よって、(B)が正解となります。

設問の語句 **11.** □branch 支店　□cost 費用がかかる
12. □hand out ～ ～を配る　□brochure パンフレット

13.～15. M：🇺🇸 055

Questions 13 through 15 refer to the following talk and floor plan.

Good morning, everyone. Just a reminder that ❶ Andre Mason will be here tonight for a reading and book signing. We expect this to be a popular event, so ❷ we'll use the large area in the corner near the cash registers, rather than the middle of the store. ❸ We'll need to set up a table for Mr. Mason and a display of his books, plus several rows of chairs for attendees. Let's get that done this morning while the store's not too busy. During the event, keep an eye on the display, and if you see we're running low on his new novel, put some more copies out.

訳 設問13-15は次の話と見取り図に関するものです。

皆さん、おはようございます。再度のお知らせになりますが、❶今夜ここにAndre Masonさんが来て朗読と本のサイン会を行います。きっと人気の高いイベントになるでしょうから、店の中央ではなく❷レジ付近の角の広いスペースを使います。❸Masonさん用のテーブルと、彼の著書の陳列、あとは参加者のために何列か椅子も設置しないといけません。お店があまり混み合っていない午前中のうちにそれは済ませてしまいましょう。イベント中は本の陳列をよく見て、彼の新刊小説の数が少なくなってきているのに気付いたら、さらに本を補充してください。

トークの語句 □reminder リマインダー、注意喚起 □expect ～を期待する
□cash register レジ □rather than ～ ～よりむしろ □set up ～ ～を設置する
□display 陳列 □rows of ～ ～の列 □attendee 参加者
□get ～ done ～を終わらせる □while ～する間に □during ～の間
□keep an eye on ～ ～から目を離さない □run low 足りなくなる
□put ～ out ～を出す

---

13. Where is the talk taking place?
(A) In a hardware store
(B) In a furniture store
(C) In a bookstore
(D) In a clothing store

訳 この話はどこで行われていますか。
(A) 金物店で
(B) 家具店で
(C) 書店で
(D) 衣料品店で

正解 (C)

解説 単語から場所を推測しよう！ **P.99❺をチェック！**

トークの冒頭❶で、「Andre Masonさんが来て朗読とサイン会を行います」と述べられています。朗読とサイン会が行われる場所としてふさわしいのは、(C)の書店です。**実際の試験では、「朗読とサイン会を衣料品店で行う」というような予想外の展開はあり得ません。ここではa reading and book signing（朗読と本のサイン会）がキャッチできるかがカギ**となります。

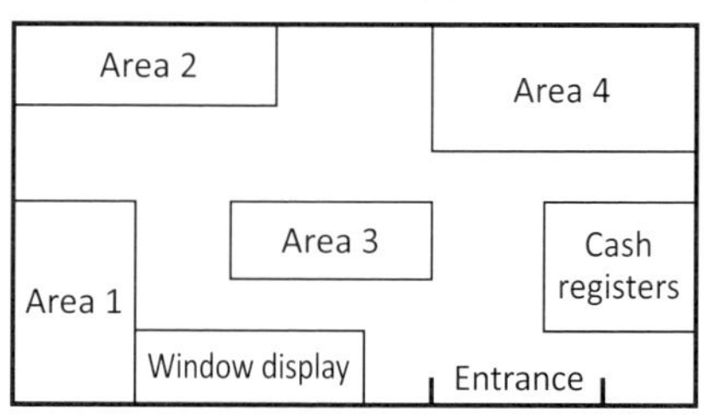

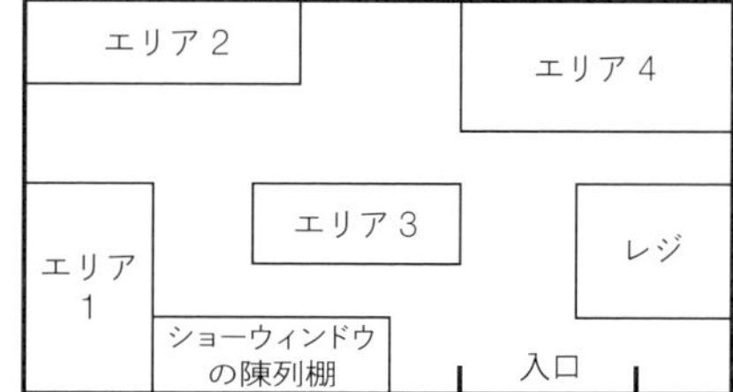

14. Look at the graphic. Where will the event take place?
(A) In Area 1
(B) In Area 2
(C) In Area 3
(D) In Area 4

訳 図を見てください。イベントはどこで行われますか。
(A) エリア1で
(B) エリア2で
(C) エリア3で
(D) エリア4で

正解 (D)

解説 見取り図は、選択肢に書かれた単語以外に注目！ P.100をチェック！

選択肢には、Area（エリア）が並んでいるので、見取り図は、それ以外のCash register（レジ）、Entrance（入口）、Window display（ショーウィンドウの陳列棚）に目を向けながらトークを聞きます。❷で、we'll use the large area in the corner near the cash registers（レジ付近の角の広いスペースを使います）と、cash registersを起点とした場所を説明しています。レジ付近の角のスペースはエリア4なので、正解は(D)となります。

---

15. What will the listeners do this morning?
(A) Change a window display
(B) Set up a seating area
(C) Meet Andre Mason
(D) Receive a large shipment

訳 聞き手たちは今日の午前中に何をしますか。
(A) ショーウィンドウの陳列を変更する
(B) 椅子を置く場所の設営をする
(C) Andre Masonに会う
(D) 大量の荷物を受け取る

正解 (B)

解説 トークの流れをしっかり把握しよう！ P.99❺をチェック！

トークの❸の後半にLet's get that done this morning（午前中にそれは済ませてしまいましょう）とありますが、この文だけ聞き取れても正解は導き出せません。that（それ）に当たる内容は、前半で述べられた「テーブルや椅子の設置」であり、答えは(B)になります。**トークの流れを追えているかどうかがカギとなります。**

設問の語句 **14.** □ display 陳列
15. □ set up ～ ～を設置する　□ receive ～を受け取る　□ shipment 荷物

知っている？

TOEIC L&Rの世界で活躍する人々

TOEIC L&Rの世界では、よく登場する会社や職業、部署があります。このコラムで紹介する内容を覚えておけば、TOEIC L&Rの世界で迷子になりません！

1. 会社

advertisement agency（広告代理店）、catering company*（仕出し会社）、construction company（建設会社）、law firm（法律事務所）、publishing company（出版会社）、real estate agent（不動産業者）、shipping company（輸送会社）

*retirement party（退職祝い）などのイベントやパーティー会場に料理や備品を運び、催しのセッティングまでを行う会社。

2. 職業

architect（建築家）、author（著者）、clerk（店員）、editor（編集者）、landlord（家主）、landscaper（造園家）、novelist（小説家）、sales representative（営業担当者）、server（給仕係）、receptionist（受付係）

3. 部署

accounting department（経理部）、human resources department / personnel department*1（人事部）、legal department（法務部）、marketing department*2（マーケティング部）、public relations department*3（広報部）、product development department（製品開発部）、sales department（営業部）

人事採用や面接業務は人事部、売上目標について話すのはマーケティング部、出張旅費の精算を行うのは経理部のような知識があると、試験の内容理解がスムーズにできます。

*1 従業員の採用（面接など）や異動などを扱う部署。
*2 市場調査や新商品の立案、販売戦略の策定などを行う部署。
*3「商品のPR」などと言うPRはPublic Relationsの略です。「広報活動」の意味で使われます。

第2部

全パート攻略：リーディング編

Part 5
短文穴埋め問題

文法知識を「増やす」ことから始めよう！

Part 5（短文穴埋め問題）を見てみよう

問題形式

問題数	30問（テスト内の問題番号は、No.101～130）
目標解答時間	10分（1問あたり20秒）
目標正解数	20問（600点目標）
出題内容	空所がある短文を読んで、その空所に入れるのに最も適切な語句を(A)(B)(C)(D)の4つの選択肢の中から選びます。

問題用紙を見てみよう

Part 5～7までのリーディングセクション全体の指示文です。「さまざまな種類の読解問題が出題されます。3つのパートを75分間で解答してください」という内容です。

Part 5の指示文です。「各文の空所に、下の選択肢から最も適切なものを選んで解答用紙にマークしてください」という内容です。毎回同じなので、読まずに問題を解き始めましょう！

問題文は1つの短文で、選択肢は4つです。空所が1カ所あり、そこに入る単語を、(A)～(D)の4つの選択肢から選びます。

READING TEST
リーディングテストの指示文

PART 5
Part 5の指示文

101. Dolores Saenz submitted an ------- design for the cookbook cover.
(A) attractively
(B) attraction
(C) attracts
(D) attractive

102. The ------- start of the joint venture between CyberShop and Millennium Holdings will take place on June 20.
(A) formality
(B) formal
(C) formally
(D) formalize

103. The express train ------- from Track 19 for the international airport in a few minutes.
(A) leaving
(B) will be left
(C) was left
(D) will be leaving

104. -------the renovations to the front entrance are completed, employees will need to use the back entrance.
(A) As
(B) During
(C) Until
(D) From

105. People who take art courses at the community center ------- choose classes online or visit the center to sign up in person.
(A) either
(B) both
(C) even if
(D) when

106. Sales representatives are given ------- time to submit expense reports if they travel more than seven business days per month.
(A) successful
(B) recent
(C) possible
(D) additional

107. 設問の英文
(A)～(D)の選択肢

108. 設問の英文
(A)～(D)の選択肢

Part 5

解答の流れ

ステップ1 選択肢を見て、問題タイプを見極めよう！

Part 5の問題タイプは大きく分けて2つです。選択肢に並んでいる語句で、どちらの問題タイプか判断しましょう。

1. 文法問題タイプ
（詳細はP.124～で解説します）
❶**品詞問題**、❷**動詞のカタチ問題**、❸**接続詞・前置詞問題**、❹**ペア接続詞問題**などがあります。

2. 文脈問題タイプ
（詳細はP.127で解説します）
❶**語彙問題**があります。

ステップ2 問題タイプに合わせて文を読み、解答しよう！

問題タイプによって、文の読み方が変わります。

1. 文法問題タイプ
空所の前後を見て、文法的に適切な品詞・カタチ・意味の選択肢を選びます。

2. 文脈問題タイプ
全文を読み、文脈に合う意味の選択肢を選びます。

No.130まで、この流れを繰り返します。

101. Dolores Saenz submitted an ------- design for the cookbook cover.
(A) attractively 副
(B) attraction 名
(C) attracts 動
(D) attractive 形

品詞がバラバラ ▶ 品詞問題

設問と選択肢の訳
Dolores Saenzは料理本の表紙に魅力的なデザインを提出した。
(A) 魅力的に
(B) 魅力
(C) 引きつける
(D) 魅力的な
正解 (D)

この問題は1. 文法問題タイプの❶**品詞問題**です。空所の前後に目を通し、「空所にどの品詞が入るか」が分かれば解けます。品詞問題については、P.124で詳しく解説します。

次のページから、「攻略ポイント」をチェック！

要点穴埋め

攻略ポイント

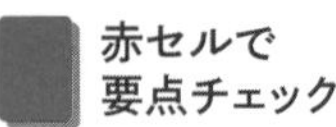

選択肢を見て、2つの（問題タイプ）を見抜こう！

問題タイプによって解き方が異なります。
選択肢を見て、どちらの問題タイプか判断しましょう！

1 文法問題タイプ→文法力があれば解ける！

❶（品詞）問題、❷（動詞のカタチ）問題、❸（接続詞・前置詞）問題、❹（ペア接続詞）問題が**文法問題タイプ**に属します。**空所の前後**を見てヒントを探し、文法的視点で空所に入る語句を決定します。
→全文を読まずに済むので、解答時間の短縮が可能！

2 文脈問題タイプ→語彙力があれば解ける！

❶（語彙）問題のみが文脈問題タイプに属します。**全文を読み**、文脈に合う意味の単語を選びます。
→単語が分からなければ、悩まず次へ進むことが大事！

1．文法問題タイプの攻略法

本書では、文法問題タイプの中から４種類の問題の攻略法を紹介します。

❶ 品詞問題（実際の試験では、30問中７問程度出題）

□選択肢には異なる品詞の語が並ぶ
□空所の前後を見て正解を判断する

The ------- start of the joint venture between CyberShop and Millennium Holdings will take place on June 20.

(A) formality 名「正式であること」
(B) formal 形「正式な」
(C) formally 副「正式に」
(D) formalize 動「～を正式なものにする」

品詞がバラバラ ▶ 品詞問題

（訳 CyberShop と Millennium Holdings の共同事業の正式な開始は６月 20 日となります）

異なる品詞の語が選択肢に並んでいるのが「品詞問題」です。前ページのように、選択肢の語尾だけが -ity/-al/-ly/-ize のように変化していたら、異なる品詞が並んでいる証拠です。**空所の前後にある単語の品詞を確認**し、空所に当てはまる品詞を選べれば解答できるため、全文を読む必要はありません。ここでは、空所の後ろに名詞の start があるので、名詞を修飾できる形容詞の (B) が正解です。

❷ 動詞のカタチ問題（実際の試験では、30 問中 3 問程度出題）

□選択肢には動詞の変化形が並ぶ
□主語、時制、能動態か受動態かを見て正解を判断する

The express train ------- from Track 19 for the international airport in a few minutes.

(A) leaving （現在分詞・動名詞）
(B) will be left （未来形 + 受動態）
(C) was left （過去形 + 受動態）
(D) will be leaving （未来形 + 進行形）

（訳 国際空港に向かう急行列車は、数分後に 19 番線から出発します）

動詞の変化形が並ぶ
▼
動詞のカタチ問題

異なる形の動詞が選択肢に並ぶのが「動詞のカタチ問題」です。選択肢には、動詞 leave の変化形が並んでいます。ポイントは、**主語が単数か複数か、時制が過去・現在・未来のどれか、能動態か受動態かを判断できるキーワードを文中で探し、それに対応する動詞のカタチを選ぶことです**。ここでは、in a few minutes（数分後に）という未来を示す表現がキーワードなので、選択肢を (B)(D) に絞ります。The express train（急行列車）は「出発する」ものなので、「出発される」という受動態ではなく、(D) の未来形 + 進行形が正解だと分かります。

❸ 接続詞・前置詞問題（実際の試験では、30 問中 2 問程度出題）

□選択肢には接続詞・前置詞が並ぶ
□空所の後ろが「文なら接続詞」、「名詞なら前置詞」

------- the renovations to the front entrance are completed, employees will need to use the back entrance.

(A) As 接「～なので」 前「～として」
(B) During 前「～の間」
(C) Until 前 接「～まで」
(D) From 前「～から」

（訳 正面入口の改装が終わるまで、従業員は裏口を利用する必要があります）

接続詞・前置詞が並ぶ
▼
接続詞・前置詞問題

選択肢には接続詞や前置詞が並んでいます。**空所の後ろが、S（主語）+ V（動詞）+ C（補語）のような文になっていれば接続詞を選びます。**一方、**空所の後ろが名詞や名詞を含む単語のカタマリ（名詞句）になっていれば前置詞を選びます。**この例文の空所の後ろは the renovations（主語）+ are completed（〈be動詞 + 過去分詞〉の受動態）でS + Vの文になっているため、解答を接続詞に絞ります。すると、(A)と(C)が残ります。この場合は(C)のUntilを入れ、「正面入口の改装が終わるまで」とすると文意が通るため、**(C)**が正解となります。

❹ ペア接続詞問題（実際の試験では、30問中1問程度出題）

□選択肢にペア接続詞となる一方の単語がある

□ペア接続詞が使われているかどうか問題文を確認する

People who take art courses at the community center ------- choose classes online or visit the center to sign up in person.

(A) either 「どちらか一方の」

(B) both 「両方の」

(C) even if 「たとえ〜だとしても」

(D) when 「〜のとき」

(訳 コミュニティーセンターで美術コースを受ける人たちは、オンラインでクラスを選ぶか、直接申し込みするためにセンターを訪れます)

選択肢には問題文中の表現と対になるペア接続詞の一部が並んでいます（ペア接続詞の一覧はP.136参照）。ペア接続詞の一方が選択肢にあった場合、まず、もう一方の単語が問題文にあるかを確認します。もしペアとなる単語があれば、その選択肢が正解となります。ここでは空所の後ろにeitherとペアになるorがあるので、**(A)**が正解です。

2. 文脈問題タイプの攻略法

❶ 語彙問題（実際の試験では、30問中15問程度出題）

□選択肢には同じ品詞の異なる単語が並ぶ
□全文を読み、適切な意味を選ぶ
□空所前後を見て、語句の相性（コロケーション）で選ぶ

Sales representatives are given ------- time to submit expense reports if they travel more than seven business days per month.

(A) successful 形「成功した」
(B) recent 形「最近の」
(C) possible 形「可能な」
(D) additional 形「追加の」

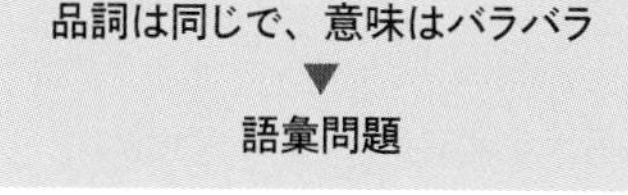

品詞は同じで、意味はバラバラ
▼
語彙問題

（訳 もし月に7日より多く出張する場合、営業担当者は経費報告書を提出するために追加の時間が与えられる）

選択肢には、同じ品詞で異なる意味の単語が並んでいます。文の意味を把握し、空所にどの単語を入れれば意味が通じるかを判断して正解を選びます。**選択肢の単語の意味が分からない場合、時間をかけても意味はありません。**考え込まず、割り切って次の問題に進むことが大事です。この問題では、空所に(D)のadditionalを入れて、「経費報告書を提出するのに追加の時間が与えられる」とすると意味が通るため、(D)が正解です。

エクササイズ❶　品詞の使い方をマスターしよう

(　　　) の前後にある単語の品詞に注意して、(　　　) にはどの品詞が入るのか「名詞（名)」「形容詞（形)」「副詞（副)」から選びましょう。

1. My sister works (名・形・副).
2. She is a beautiful (名・形・副).
3. He plays (名・形・副).
4. She (名・形・副) solved the problem.
5. The book was really (名・形・副).
6. We are in the (名・形・副).
7. She speaks English (名・形・副).
8. The man is a very (名・形・副) doctor.
9. The window was (名・形・副) broken.
10. He can (名・形・副) speak English.
11. He is a (名・形・副).
12. The man has (名・形・副) fixed my PC.
13. The man is (名・形・副).

正解	ポイントとなる品詞の組み合わせ	正解の品詞を使った例文
名詞 2, 3, 6, 11	2. 〈形容詞 + 名詞〉	She is a beautiful teacher.
	3. 〈他動詞 + 名詞〉	He plays soccer.
	6. 〈前置詞 + 冠詞 + 名詞〉	We are in the museum.
	11. 〈be 動詞 + 冠詞 + 名詞〉	He is a musician.
形容詞 5, 8, 13	5. 〈副詞 + 形容詞〉	The book was really nice.
	8. 〈副詞 + 形容詞 + 名詞〉	The man is a very kind doctor.
	13. 〈be 動詞 + 形容詞〉	The man is tall.
副詞 1, 4, 7, 9, 10, 12	1. 〈自動詞 + 副詞〉	My sister works hard.
	4. 〈主語 + 副詞 + 動詞〉	She finally solved the problem.
	7. 〈完全文 + 副詞〉	She speaks English fluently.
	9. 〈be 動詞 + 副詞 + 過去分詞〉	The window was completely broken.
	10. 〈助動詞 + 副詞 + 動詞の原形〉	He can hardly speak English.
	12. 〈have/has/had + 副詞 + 過去分詞〉	The man has easily fixed my PC.

練習問題

実際に、Part 5の問題を解いてみましょう。英文の空所に入る最も適切な選択肢を、(A)～(D)の中から1つ選んでください。

1. Your rent payment is due ------- on the first of each month.
(A) prompt
(B) promptly
(C) promptness
(D) prompting

2. Drinks in the break room are available to ------- free of charge.
(A) employ
(B) employed
(C) employment
(D) employees

3. Porticus Automotive's assembly plant in Mexico ------- cars and trucks for the North American market since it opened last year.
(A) has manufactured
(B) was manufactured
(C) to manufacture
(D) will manufacture

4. Travel guidebooks about Kawana Island ------- the hotels located north of the main road for families with young children.
(A) be recommended
(B) recommend
(C) recommends
(D) recommending

5. ------- his long experience as a manager, Frank Chang was not selected to lead the company's newest project.
(A) Because
(B) However
(C) Despite
(D) Even though

6. The passport renewal process may be carried out ------- by mailing the necessary documents or filling out the forms online.
(A) either
(B) which
(C) whether
(D) instead

7. For employees who are ambitious and hardworking, Volara Corporation offers many ------- for advancement.
(A) considerations
(B) decisions
(C) opportunities
(D) candidates

次のページから、練習問題を使って攻略ポイントの詳細を見ていきましょう! 

攻略ポイント解説　1. 文法問題タイプ

❶品詞問題

空所の前後を見て、正しい品詞を選ぶことが大事です。空所にどんな品詞が入るのかは、前後に置かれた単語の品詞や文構造から判断しましょう。

1. Your rent payment (S) is (V) due (C) ------- (M) on the first (M) of each month (M).

※S + V + C で文が完成しているため、残りの要素は全て修飾語句 (M)

(A) prompt 形
(B) promptly 副
(C) promptness 名
(D) prompting 現在分詞 動名詞

2. Drinks (S) in the break room (M) are (V) available (C) to ------- (M) free of charge (M).

(A) employ 動
(B) employed 過去形 過去分詞
(C) employment 名
(D) employees 名

訳

1. 賃料の支払いは毎月1日きっかりが期日である。
(A) 素早い
(B) きっかり
(C) 迅速さ
(D) 促進している・促すこと

2. 休憩室にある飲み物は、従業員は無料で飲める。
(A) ～を雇う
(B) 雇った・雇われた
(C) 雇用
(D) 従業員

ミニ講座① 完成した文とは？

完成した文とは、文法的に必要な要素を含んだ文のことを指し、主語と動詞（SとV）を含んでいることが最低条件になります。

①S + V 【例】He runs.
②S + V + C 【例】He is tall.
③S + V + O 【例】She speaks English.
④S + V + O + O 【例】She gave me a book.
⑤S + V + O + C 【例】The movie makes me sad.

選択肢をチェック！

P.124 ❶をチェック！

選択肢を見ると、**語尾だけが異なっている**のが分かります。つまり「異なる品詞が並んでいる」ので、**品詞問題**だと判断できます。

空所の前後で入る品詞を判断しよう！

P.124 ❶をチェック！

品詞問題は「文法力があれば解ける問題」です。空所の前と後ろに置かれた単語の品詞、または文構造（SVOC）を見て、空所に入る品詞を判断します。

1.の解答・解説

正解 (B) 完成した文に付け足せるのは副詞！

空所の前がdueという形容詞になっています。形容詞の後ろには名詞を置けますが、今回は形容詞の前に冠詞がないため、後ろに名詞はこないと判断できます。**文の構造に目を向ける**と、主語（Your rent payment)、動詞（is)、形容詞（due）とあり、S + V + Cという文が成り立っているのが分かります。このような**完成した文に修飾語として付け足せるのは副詞です**。そのため、副詞の接尾辞 -ly の付いた (B) が正解です。

2.の解答・解説

正解 (D) 前置詞の後ろに置けるのは名詞！

空所の前の**toは、前置詞かto不定詞のto**です。**前置詞の場合は後ろに名詞、to不定詞の場合は後ろに動詞の原形**を置きます。toをto不定詞と見なした場合、(A) employ（動詞の原形）が入りますが、employは他動詞であるため、後ろに目的語となる名詞を置く必要があります。しかし、空所の後ろには、free of charge「無料で」という修飾語句があるので、このtoは前置詞だと判断できます。**前置詞の後ろには名詞がくる**ため、(C) か (D) に正解を絞ります。あとは文脈から判断しましょう。すると、「休憩室の飲み物は<u>従業員</u>が飲める」とした方が自然であるため、(D) employeesが正解となります。

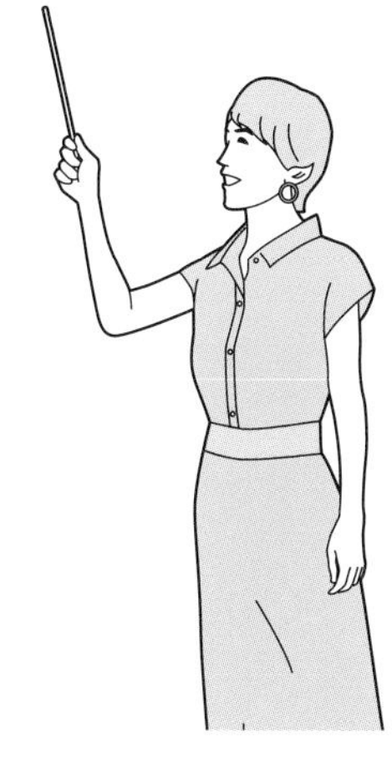

攻略ポイント解説　1. 文法問題タイプ

❷動詞のカタチ問題

「主語・時制・能動態か受動態か」に注目し、適切な動詞のカタチを選ぶことがカギとなります。

3. Porticus Automotive's assembly plant in Mexico ------- cars and trucks for the North American market since it opened last year.

(A) **has manufactured**
(B) was manufactured
(C) to manufacture
(D) will manufacture

4. Travel guidebooks about Kawana Island ------- the hotels located north of the main road for families with young children.

(A) be recommended
(B) **recommend**
(C) recommends
(D) recommending

訳

3. Porticus Automotive社のメキシコにある組み立て工場は昨年設立されて以来、北米市場向けに自動車やトラックを製造してきた。

(A) **(現在完了形)**
(B) (受動態の過去形)
(C) (to不定詞)
(D) (未来形)

4. Kawana島に関する旅行ガイドブックは、小さな子ども連れの家族には大通りの北側にあるホテルを勧める。

(A) (受動態の原形)
(B) **(動詞の原形)**
(C) (動詞の３人称単数現在形)
(D) (動詞の現在分詞・動名詞)

選択肢をチェック！ P.125 ❷をチェック！

Part 5は必ず最初に選択肢を確認しましょう。今回の選択肢には**動詞の異なる形が並んでいます**。つまり、これは**動詞のカタチ問題**だと分かります。

主語・時制・態から正解を導く！

P.125 ❷をチェック！

次の３つに注目して、適切な動詞を選択しましょう。

①主語が単数か複数か
②時制は現在・過去・未来のどれか
③能動態にすべきか受動態にすべきか

3. の解答・解説

正解 (A)　sinceがあれば、現在完了形！

問題文中の**since（～以来）は､〈時のキーワード〉です。**「ある過去の出来事以来」という意味で、現在完了形と一緒に使います。よって、現在完了形の(A)が正解です。

4. の解答・解説

正解 (B)　主語が単数か複数か見極めが大事！

主語を確認すると、Travel guidebooksと複数形になっています。about Kawana IslandはTravel guidebooksを修飾する修飾語句なので、主語ではない点に注意しましょう。よって、**複数形に呼応する動詞**である(B)が正解です。(A)は原形なので空所の前に助動詞などが必要です。(C)は三単現のsがあるため、主語が単数形のときに使用します。(D)はV（述語動詞）として機能しません。

エクササイズ❷　現在完了と相性の良い〈時のキーワード〉

現在完了と相性の良い〈時のキーワード〉はfor（～の間）/ over（～の間）/ since（～以来）の３つです。以下の1～3の文に、これら３つのうち当てはまるものを全て選びましょう。

1. The restaurant has been very popular ------- it has opened.
2. He has lived in Tokyo ------- a period of 20 years.
3. Sales figures have increased ------- the last 3 years.

解答・解説

1. since　時点を表す前置詞・接続詞（そのレストランはオープン以来とても人気だ）
2. for / over　期間を表す前置詞（彼は20年間東京に住み続けている）
3. for / over　期間を表す前置詞（売上はここ３年間伸び続けている）

攻略ポイント解説　1. 文法問題タイプ

❸接続詞・前置詞問題

空所の後ろが「文なら接続詞」、「名詞なら前置詞」というポイントをおさえて選択肢を選びます。

●接続詞 + S + V（文）

【例】**When** you played tennis, … / **Although** we changed the topic, …
（you = S, played = V / we = S, changed = V）

●前置詞 + 名詞（または名詞を含んだ単語のカタマリである名詞句）

【例】**During** your trip … / **At** school, … / **By** the end of this month …
（your trip = 名詞句 / school = 名詞 / the end of this month = 名詞句）

5. ------- his long experience as a manager, Frank Chang was not selected to lead the company's newest project.

(A) Because 接
(B) However 副
(C) Despite 前
(D) Even though 接

訳

5. 部長として長年の経験があるにもかかわらず、Frank Changは会社の最新プロジェクトを率いるために選ばれなかった。

(A) 〜だから
(B) しかし
(C) 〜にもかかわらず
(D) たとえ〜としても

選択肢をチェック！　P.125 ❸をチェック！

選択肢を見ると、**接続詞・前置詞が並んでいる**ので**接続詞・前置詞問題**だと判断しましょう。今回のように、副詞が並ぶこともあります。

空所の後ろが文か、名詞かをチェック！

P.125 ❸をチェック！

空所の後ろに「**主語＋動詞**」と続くのか、「**名詞、もしくは名詞を含んだ単語のカタマリ（名詞句）**」が続くのかを判断しましょう。**空所の後ろが文であれば「接続詞」、名詞であれば「前置詞」**を選びます。

5. の解答・解説

正解 (C)　空所の後ろが名詞なら前置詞！

空所の後ろはhis long experienceとあり、名詞のカタマリ（名詞句）が続いています。そのため、空所に入るのは前置詞です。選択肢を見ると、前置詞はDespiteしかないため、(C)が正解となります。

ミニ講座② 接続詞・前置詞を学ぼう！

接続詞か前置詞かを覚えて、正解を見極められるようにしましょう！

接続詞・前置詞一覧

意味	接続詞・前置詞	例文
～だから／ ～のために	接 **because** 接 **since**	He is popular **because** he is kind. （彼は優しいので人気がある）
	前 **because of ～** 前 **due to ～**	She was late **due to** heavy rain. （強い雨のため、彼女は遅れた）
～の間	接 **while**	**While** it was raining, I was at home. （雨が降っている間、私は家にいた）
	前 **during**	**During** my vacation, I was in Paris. （休暇中、私はパリにいた）
～だけれども／ ～にもかかわらず	接 **although** 接 **though**	**Although** I've never been abroad, I can speak English. （私は海外に行ったことがないけれども、英語を話せる）
	前 **despite** 前 **in spite of ～**	**Despite** our tight schedule, we submitted the financial report in time. （きついスケジュールにもかかわらず、私たちは財務報告書を期限通りに提出した）

攻略ポイント解説　1. 文法問題タイプ

❹ペア接続詞問題

ペア接続詞問題は、よく出題される接続詞の組み合わせをしっかり覚え、問題文の中でその存在に気付くことができれば正解できる問題です。

6. The passport renewal process may be carried out ------- by mailing the necessary documents or filling out the forms online.

(A) either
(B) which
(C) whether
(D) instead

訳

6. パスポートの更新手続きは必要書類を郵送するかインターネットで必要事項を入力することでできる。

(A) ～かまたは～か（どちらでも）
(B) どちら
(C) ～かどうか
(D) 代わりに

ペア接続詞一覧

よく出題されるペア接続詞です。

ペア接続詞	意味	例文
both *A* and *B*	AとBの両方	He can both read and write Spanish. （彼はスペイン語を読むことも書くこともできる）
either *A* or *B*	AかBのどちらか	I want to eat either rice or bread. （私はご飯かパンが食べたい）
neither *A* nor *B*	AもBも～ない	It is neither hot nor cold.（暑くも寒くもない）
not only *A* but also *B*	AだけではなくBも	She is not only a writer but also an architect. （彼女は作家であるのみならず、建築家でもある）

選択肢をチェック！

P.126 ❹をチェック！

まずは選択肢を確認します。ペア接続詞となりそうな単語が選択肢にあれば、そのペア接続詞を考えてみましょう。例えば、選択肢にeitherがあればeither *A* or *B*、bothがあればboth *A* and *B*、というように、セットとなるようにペア接続詞を思い浮かべましょう。

ペアの一方を問題文中に探そう！

P.126 ❹をチェック！

次に、問題文中に選択肢とペアとなる語を探します。左の問題のように、選択肢にeitherがあれば、そのペアであるorが問題文中にあるか探します。ペア接続詞の一方が見つかった場合、完成する文の内容を確認しましょう。以下の例文のように、下線のペア接続詞に挟まれた単語は文法的に並列関係にあり、意味が対等になります。確認して意味が通れば、選択肢にあるペア接続詞の一方が正解になります。

【例文】

①I want to drink either **tea** or **coffee**.（私は**紅茶**か**コーヒー**かを飲みたい）
　→ペア接続詞が**名詞**と**名詞**を対等につないでいます。

②It is neither **rainy** nor **cloudy**.（**雨**でも**曇り**でもない）
　→ペア接続詞が**形容詞**と**形容詞**を対等につないでいます。

③He can both **read** and **speak** Arabic.
　（彼はアラビア語を**読む**ことも**話す**こともできる）
　→ペア接続詞が**動詞**と**動詞**を対等につないでいます。

6. の解答・解説

正解 (A)　ペア接続詞の一方を問題文中に探そう！

選択肢の中にペア接続詞の一方があったら、その**ペアとなる単語が問題文中にあるか確認**しましょう。ここでは、選択肢にeitherがあるため、そのペアorが問題文中にあるか探します。問題文中にはorがあるので、〈either *A* or *B*（AかBかどちらか）〉のペア接続詞が成立します。Aにはmailing the necessary documents（必要書類を郵送する）、Bにはfilling out the forms online（インターネットで必要事項を入力する）が入り、文意も通るため、正解は(A)になります。

❶語彙問題

選択肢には同じ品詞で意味の異なる単語が並びます。問題文を読み、文脈に最も合う語を選ぶのが語彙問題です。読解力だけではなく、問題文にある前後の語句との相性（コロケーション）を見極める力が求められます。

7. For employees who are ambitious and hardworking, Volara Corporation offers many ------- for advancement.

(A) considerations
(B) decisions
(C) opportunities
(D) candidates

訳

7. Volara社は意欲的で勤勉な社員には昇進の機会を数多く与えている。

(A) 考慮
(B) 決定
(C) 機会
(D) 候補者

選択肢をチェック！

P.127 ❶をチェック！

まず、選択肢を確認します。**選択肢の品詞が全て同じで、意味の異なる単語が並んでいる**場合は、単語の意味を問う**語彙問題**です。問題文を読み、空所がどのような意味になるか確認します。

文脈と語句の相性をチェック！

P.127 ❶をチェック！

文全体を読んで文脈を確認し、空所に選択肢の単語をそれぞれ当てはめ、どの意味の単語が文脈に適するかを判断しましょう。また、空所の前後を見て、語句の相性（コロケーション）も確認します。語彙問題では選択肢全ての意味が分かる、かつ、文全体の意味が分かる文法力と語彙力が求められます。

7. の解答・解説

正解 (C) offersとの相性で解ける！

選択肢には名詞が並んでいます。空所には、動詞offers（～を提供する）の目的語を入れる必要があります。文脈を考えると、空所に入れられる単語は(C) opportunities（機会）のみです。この問題は、動詞と目的語の語句の相性（コロケーション）で解ける問題です。Volara ～ advancementの意味は、「Volara社は昇進の機会を数多く与える」となり、文意が成立します。(A)はgive consideration（配慮する）、(B)はmake decisions（決定を下す）のように使います。(D)のcandidates（候補者）をofferと共に用いる場合は、offer candidates many opportunities（候補者に多くの機会を与える）などとなります。

頻出の「語句の相性（コロケーション）」一覧

語彙問題は、語句の相性（コロケーション）を多く知っているほど解きやすくなります。例えば、動詞place（～を置く）が空所で、後ろにan order（注文）があれば、place an order（注文する）というフレーズを作ることができます。このように、語句の相性（コロケーション）で選択肢を選べる場合、文意も通り、正解となることが多いです。以下に、頻出する語句の相性（コロケーション）の良いフレーズを紹介します。

フレーズ	例文
apply for ～ （～に申し込む）	I applied for a job as a writer. （私はライターの仕事に申し込んだ）
be responsible for ～ （～の担当をしている）	He is responsible for the new project. （彼は新しいプロジェクトを担当している）
be supposed to *do* （～することになっている）	You are supposed to make a presentation on October 12. （あなたは10月12日にプレゼンを行うことになっている）
be promoted to ～ （～に昇格する）	She was promoted to a managerial position. （彼女は管理職へ昇格した）
conduct a survey （調査を行う）	We will conduct a survey about a new ad. （私たちは新しい広告についての調査を実施する）
fill out an application （申込書に記入する）	Please fill out an application here. （ここで申込書にご記入ください）

攻略ポイントを復習！
実践問題

解答・解説 ▶▶▶ P.143～

学習した攻略ポイントを復習して、次の22問に挑戦してみましょう。
解答時間は、7分30秒以内を目標にしましょう。

1. After Mr. Miles retired, June Lee was selected as the ------- of the company's assembly plant.
(A) supervising
(B) supervisor
(C) supervised
(D) supervisory

2. Due to the marathon, the Clifton Bridge ------- to automobile traffic from 6:00 A.M. to noon next Sunday.
(A) had closed
(B) has been closing
(C) was closing
(D) will be closed

3. ------- promoting its new smartphone extensively, KDB Tech did not reach its sales targets.
(A) Over
(B) Even
(C) However
(D) Despite

4. Several ------- candidates were interviewed for the sales representative position at Wharton Tires' Hillside Heights branch.
(A) excellent
(B) excellence
(C) excellently
(D) excel

5. The harbor district is ------- a major tourist attraction and a popular spot for local residents.
(A) whereas
(B) each
(C) both
(D) not only

6. Ms. Kidd will ------- a workshop on developing customer relations at the conference next month.
(A) appear
(B) lead
(C) travel
(D) occur

7. Several items in Ms. Layver's dry cleaning order ------- accidentally given to another customer.
(A) were
(B) was
(C) have
(D) has

8. WellSpring Web Storage employees are encouraged to recommend candidates for any ------- the company may have.
(A) opens
(B) opener
(C) openings
(D) openly

9. The advanced watercolor course is intended not for beginners ------- for experienced painters.
(A) neither
(B) unless
(C) although
(D) but

10. If we receive your order by the end of the day, it ------- 48 hours to process.
(A) has been taken
(B) will take
(C) was taken
(D) took

11. The research firm will submit a detailed report ------- the survey has been completed.
(A) by
(B) following
(C) once
(D) so that

12. Rosamund Tower's central location gives its residents ------- access to the most popular shopping and entertainment districts in the city.
(A) convenient
(B) convenience
(C) conveniently
(D) conveniences

13. Vertu Accounting's staff ------- a training course yesterday to learn about upcoming changes to tax laws.
(A) attend
(B) attends
(C) attended
(D) attending

14. Melville & Barker Architecture's bid for the new public library project was rejected because of ------- about the cost.
(A) designs
(B) agreements
(C) concerns
(D) directions

15. Maya Katagiri has written ------- about technology and software during her career as a journalist.
(A) extension
(B) extensively
(C) extended
(D) extensive

16. Wilshire Furniture ------- the best selection of furniture in town since it opened ten years ago.
(A) offers
(B) is offering
(C) is offered
(D) has offered

17. Clover Enterprises has pushed back the completion date of its new headquarters ------- unexpected delays in construction.
(A) so that
(B) due to
(C) therefore
(D) because

18. A representative from Neo Sportswear described the company's upcoming ------- for its new running shoes.
(A) promotion
(B) promoting
(C) promotional
(D) promotionally

19. A number of guests at the Belhaven Hotel ------- about noise from the construction site across the street.
(A) complains
(B) have complained
(C) is complaining
(D) complaining

20. The annual Finsbury Folk Festival was a tremendous success ------- the weather was unusually cold.
(A) otherwise
(B) in case of
(C) regardless of
(D) even though

21. Prospective business owners may contact Sidney Burgers's corporate headquarters ------- to inquire about franchising opportunities in your area.
(A) direct
(B) direction
(C) directly
(D) directed

22. The town of Holt ------- mainly for coal mining until about one hundred years ago.
(A) was known
(B) knew
(C) knows
(D) has known

実践問題(Part 5)の解答・解説

1. 正解 (B)

After Mr. Miles retired, June Lee was selected as the ------- of the company's assembly plant.

(A) supervising 現在分詞 動名詞
(B) supervisor 名
(C) supervised 過去形 過去分詞
(D) supervisory 形

Milesさんの退職後、June Leeが会社の組み立て工場の管理者として選ばれた。

(A) 管理している・管理すること
(B) 管理者
(C) 管理した・管理された
(D) 管理の

解説 前置詞as（～として）の後ろは「役割」が入る！ **P.124 ❶をチェック！**

文法問題タイプ❶品詞問題　空所の前には冠詞the、空所の後ろには前置詞ofがあります。**〈冠詞 ------- 前置詞〉の空所に入れることができる品詞は名詞です。**よって(B)が正解になります。(A) supervisingは動詞supervise（～を管理する）の現在分詞もしくは動名詞です。動名詞は名詞ですが動作を表すので、ここには入りません。この文で使われている**前置詞as（～として）の後ろには役職や職業を表す名詞が入ります。**ここでは、「管理者として」となります。

語句 □retire 退職する　□assembly plant 組み立て工場

---

2. 正解 (D)

Due to the marathon, the Clifton Bridge ------- to automobile traffic from 6:00 A.M. to noon next Sunday.

(A) had closed
(B) has been closing
(C) was closing
(D) will be closed

次の日曜日の午前6時から正午まで、Clifton橋はマラソンのため車両通行止めとなる。

(A) (過去完了形)
(B) (現在完了進行形)
(C) (過去進行形)
(D) (受動態の未来形)

解説 時のキーワードを見つけよう！ **P.125 ❷をチェック！**

文法問題タイプ❷動詞のカタチ問題　選択肢にはさまざまな時制の動詞が並びます。動詞選びに時制が決め手となるときは、**〈時のキーワード〉**を探しましょう。今回は、文末に**next Sundayという未来を表す〈時のキーワード〉があります。**そのため、過去完了形の(A)、現在完了形の(B)、過去形の(C)は削除でき、未来形の(D)が正解となります。ここでは、Clifton橋は「閉められる側」であるため、be closedと受動態になっています。

語句 □due to ～ ～のため　□automobile traffic 自動車の交通

3. 正解 (D)

------- promoting its new smartphone extensively, KDB Tech did not reach its sales targets.

(A) Over 前 副
(B) Even 副
(C) However 副
(D) **Despite** 前

新しいスマートフォンを広範囲で宣伝したにもかかわらず、KDB Tech社は売上目標に届かなかった。

(A) ～の上方に
(B) ～でさえも
(C) しかしながら
(D) ～にもかかわらず

解説 前置詞の後ろには名詞（名詞のカタマリ）！ **P.125 ❸をチェック！**

文法問題タイプ❸接続詞・前置詞問題　空所の後ろには**動名詞を含む名詞のカタマリがあるため、空所には前置詞が入ります。**選択肢のうち前置詞は(A)と(D)です。文の内容を見て、「新しいスマートフォンを広範囲で宣伝した」と「売上目標に届かなかった」をつなげて意味の通る前置詞は、(D) Despite（～にもかかわらず）になります。despiteは逆接的な内容をつなげる前置詞です。

語句 □promote ～を宣伝する　□extensively 広範囲にわたって
□reach（目標値）に達する

---

4. 正解 (A)

Several ------- candidates were interviewed for the sales representative position at Wharton Tires' Hillside Heights branch.

(A) **excellent** 形
(B) excellence 名
(C) excellently 副
(D) excel 動

数人の非常に優れた候補者がWharton Tires社のHillside Heights支店における営業担当者職の面接を受けた。

(A) 非常に優れた
(B) 優秀さ
(C) 見事に
(D) ～に勝る

解説 名詞を修飾するのは形容詞！ **P.124 ❶をチェック！**

文法問題タイプ❶品詞問題　空所前のSeveralは数を表す形容詞、空所の後ろは名詞のcandidates（候補者）になっています。**〈形容詞＋名詞〉の品詞の語順のルール**を思い出しましょう。正解は形容詞の(A)です。この問題のように、形容詞は名詞の前に複数並べることが可能です。

語句 □candidate 候補者　□interview ～を面接する　□representative 担当者
□branch 支店

5. 正解 (C)

The harbor district is ------- a major tourist attraction and a popular spot for local residents.

(A) whereas
(B) each
(C) both
(D) not only

港湾地区は主要な観光名所であり、地元住民の間で人気のある場所でもある。

(A) ～であるのに
(B) それぞれ
(C) (*A* and *B* で) AもBも両方とも
(D) ～だけでなく

解説 both *A* and *B* のペアを見抜こう！ P.126 ❹をチェック！

文法問題タイプ❹ペア接続詞問題　選択肢に目を通し、ペア接続詞の一方が選択肢にある場合、そのペアのもう一方が問題文中にあるか確認しましょう。ここでは、(C) both と (D) not only がペア接続詞の一部です。問題文に目を通すと、and があり、**both *A* and *B* が成り立つことが分かります。** AとBには、それぞれ a major tourist attraction と a popular spot が入り、名詞のカタマリが並びます。

語句 □district 地区　□tourist attraction 観光名所　□resident 居住者

---

6. 正解 (B)

Ms. Kidd will ------- a workshop on developing customer relations at the conference next month.

(A) appear
(B) lead
(C) travel
(D) occur

来月の会議でKiddさんは顧客関係の発展に関するワークショップの進行をする。

(A) 現れる
(B) ～を率いる
(C) ～を旅行する
(D) 起こる

解説 自動詞・他動詞も語彙選びの大きなヒントになる！ P.127 ❶をチェック！

文脈問題タイプ❶語彙問題　選択肢には意味の異なる動詞が並んでいます。空所の後ろに a workshop とあるので、この **workshop を目的語とした場合に意味の通る他動詞を選びます。** 正解は (B) lead です。lead a workshop で「ワークショップを進行する」となります。(A)(D) は自動詞なので空所の位置には置けません。(C) は自動詞と他動詞両方の機能を持ちますが、目的語 workshop と意味が合わないので、不正解です。

語句 □workshop ワークショップ、講習会　□customer relations 顧客関係
□conference 会議

7. 正解 (A)

Several items in Ms. Layver's dry cleaning order ------- accidentally given to another customer.

(A) were
(B) was
(C) have
(D) has

Layverさんのクリーニング伝票にあるいくつかの品目が誤って別の客に渡されてしまった。

(A) (be動詞の過去形)
(B) (be動詞の過去形)
(C) (動詞の原形)
(D) (動詞の3人称単数現在形)

解説 能動態か受動態かを見極めよう！ P.125 ❷をチェック！

文法問題タイプ❷動詞のカタチ問題　文の主語Several itemsに対応する動詞を選びます。in ～ orderまでは主語を修飾する修飾語句です。主語は複数形であるため、単数形と呼応する(B)(D)は削除します。**Several items（いくつかの品目）は「与えられる」側なので、受動態を作ります。**よって、be動詞の(A)が正解です。(C)のhaveは現在完了形を作りますが、後ろにbeenがなく、受動態が作れないため不正解です。

語句 □item 品物、商品　□accidentally 誤って、偶然に　□another 他の

---

8. 正解 (C)

WellSpring Web Storage employees are encouraged to recommend candidates for any ------- the company may have.

(A) opens 動
(B) opener 名
(C) openings 名
(D) openly 副

WellSpring Web Storage社の社員は自社に職の空きがあった場合は候補者を推薦することを奨励されている。

(A) ～を開ける
(B) 栓抜き
(C) 職の空き
(D) 率直に

解説 最後は意味が通るかどうかで答えを導こう！ P.124 ❶をチェック！

文法問題タイプ❶品詞問題　形容詞anyの後ろに置けるのは名詞です。この時点で、正解は名詞の(B)(C)に絞れます。**文法上のルールに当てはめて品詞を絞った上で選択肢が複数残った場合は文を読み、内容に合う単語を選びます。**ここでは、「～に対する候補者を推薦する」とあるため、(C) openingsを選ぶと文意が通ります。(B) opener（栓抜き）では意味が通らないので不正解です。the company may haveは空所に入る名詞を後ろから修飾します。

語句 □employee 従業員　□encourage *A* to *do* Aに～することを促す
□recommend ～を勧める　□candidate 候補者

9. 正解 (D)

The advanced watercolor course is intended not for beginners ------- for experienced painters.

(A) neither
(B) unless
(C) although
(D) but

上級水彩画講座は初心者ではなく経験豊富な画家を対象としている。

(A) どちらも～ない
(B) ～でない限り
(C) ～であるが
(D) ～ではなくて

解説 not *A* but *B* のペアを見抜こう！ P.126 ❹をチェック！

文法問題タイプ❹ペア接続詞問題　選択肢を見ると、(A) と (D) にはペア接続詞の一方が並んでいます。まずは、ペア接続詞が完成できるかどうかに着目し、問題文中にペアとなる単語があるか探します。すると not があり、**not *A* but *B* の組み合わせが作れます。**文意も通じるので (D) が正解になります。for beginners と for experienced painters がそれぞれ A と B に入ります。**ペア接続詞は、組み合わせを知っていれば、とても簡単でラッキーな問題です。**

語句 □ advanced 上級の　□ watercolor 水彩画
□ intend *A* for *B* A を B に提供するように意図する　□ experienced 経験のある

---

10. 正解 (B)

If we receive your order by the end of the day, it ------- 48 hours to process.

(A) has been taken
(B) will take
(C) was taken
(D) took

今日中に注文を受けた場合、その処理に 48 時間かかる。

(A) (受動態の現在完了形)
(B) (未来形)
(C) (受動態の過去形)
(D) (動詞の過去形)

解説 If ～の文をマスターしよう！ P.125 ❷をチェック！

文法問題タイプ❷動詞のカタチ問題　文全体を見ると、If で始まる文と it で始まる文の 2 つがあります。まず、If から始まる文から目を通します。すると、If we receive ～と、現在形になっています。そのため、**もう一方の it の文を未来形にすると、「もし～ならば、～でしょう」という意味の文ができます。**したがって正解は未来形の (B) です。**〈If + 現在形の文, 未来形の文〉の形を覚えておきましょう。**

語句 □ order 注文　□ it takes ～ ～(時間) かかる　□ process ～を処理する

11. 正解 (C)

The research firm will submit a detailed report ------- the survey has been completed.

(A) by 前
(B) following 前
(C) **once** 接
(D) so that 接

その調査会社はひとたび調査が終了したら詳細な報告書を提出する。

(A) ～までに
(B) ～に続いて
(C) **ひとたび～すると**
(D) ～するように

解説 接続詞は文と文をつなぐことができる！ P.125 ❸をチェック！

文法問題タイプ❸接続詞・前置詞問題　空所の前と後ろには、それぞれ文があるため、**文をつなぐことができる接続詞を入れます。**接続詞は(C)と(D)の２つですが、(D)は「～するように」という意味で、文脈に合わないため、(C)が正解です。この問題の場合、The research firmを主語とする文と、the survey以降の文をつなげています。(A)(B)は前置詞のため、後ろには名詞（もしくは名詞のカタマリ）しか置けないので不正解です。

語句 □detailed 詳細な　□survey 調査　□complete ～を完成させる

---

12. 正解 (A)

Rosamund Tower's central location gives its residents ------- access to the most popular shopping and entertainment districts in the city.

(A) **convenient** 形
(B) convenience 名
(C) conveniently 副
(D) conveniences 名

Rosamund Towerは市の中心部に位置するため居住者は市内で一番人気の商店街や歓楽街に行く際に便利である。

(A) **便利な**
(B) 便利
(C) 好都合に
(D) 便利な物

解説 convenient accessは頻出フレーズ！ P.124 ❶をチェック！

文法問題タイプ❶品詞問題　空所には、名詞accessを修飾する形容詞が入ります。よって、(A)が正解です。convenient accessは頻出なので、覚えておきましょう。ちなみに、形容詞の前に副詞を置く**〈副詞＋形容詞＋名詞（例：very beautiful flower）〉の並びも頻出**です。また、文中には**〈give＋目的語A＋目的語B（AにBを提供する）〉の形**があります。今回は目的語Aにはits residentsが、目的語Bにはconvenient accessが置かれています。

語句 □resident 居住者　□access 交通の便　□district 地区

13. 正解 (C)

Vertu Accounting's staff ------- a training course yesterday to learn about upcoming changes to tax laws.

(A) attend
(B) attends
(C) attended
(D) attending

Vertu Accounting社の社員は昨日、今後行われる税法の改正について学ぶため講習会に出席した。

(A) (動詞の原形)
(B) (動詞の3人称単数現在形)
(C) (動詞の過去形・過去分詞)
(D) (動詞の現在分詞・動名詞)

解説 時のキーワードを見抜いて、素早く解答！ **P.125 ❷をチェック！**

文法問題タイプ❷動詞のカタチ問題　全文を見ると、述語動詞がないので空所には述語動詞が入ります。(D)は述語動詞の働きをしないので、不正解です。ここでは、**yesterdayという過去を表す〈時のキーワード〉があるため、過去形の(C)が正解**となります。(A)(B)は現在形なので時制が合いません。**選択肢に現在形・過去形・未来形と異なる時制の単語が並んだときは、必ず〈時のキーワード〉を確認しましょう。**

語句 □upcoming 来たる　□tax law 税法

---

14. 正解 (C)

Melville & Barker Architecture's bid for the new public library project was rejected because of ------- about the cost.

(A) designs
(B) agreements
(C) concerns
(D) directions

新しい公立図書館建設計画へのMelville & Barker Architecture社の入札はコストの懸念があったため拒否された。

(A) 計画
(B) 合意
(C) 懸念
(D) 方向

解説 concern about ～は頻出フレーズ！ **P.127 ❶をチェック！**

文脈問題タイプ❶語彙問題　語彙問題では、問題文を読み、文意が通る語彙を選択肢から選びます。ここでは、「入札が拒否された原因」となる内容を選択肢から選びます。最もふさわしい意味となるのは「費用に対する懸念」です。よって正解は(C)です。他の選択肢では、入札が拒否される原因にはなりません。また、**concernはconcern about ～(～に対する懸念）というフレーズでよく使用されます。**覚えておきましょう。

語句 □bid 入札　□public library 公立図書館　□reject ～を拒否する

15. 正解 (B)

Maya Katagiri has written ------- about technology and software during her career as a journalist.

(A) extension 名
(B) **extensively** 副
(C) extended 過去形 過去分詞
(D) extensive 形

Maya Katagiriはジャーナリストとして働いている間に広くテクノロジーやソフトウェアについての記事を書いてきた。

(A) 拡張
(B) 広範囲に
(C) 拡張した・拡張された
(D) 広範囲にわたる

解説 副詞は完成した文に付け足せる！ **P.124 ❶をチェック！**

文法問題タイプ❶品詞問題　空所を抜くと、Maya Katagiri has written about technology and software（Maya Katagiriはテクノロジーとソフトウェアについて書いた）となり、空所がなくても文が成り立ちます。このように**すでに完成している文に付け足すことができる品詞は、修飾語の副詞**なので、正解は(B)になります。extensivelyが動詞has writtenを修飾しています。

語句 □during ～の間　□as ～として

---

16. 正解 (D)

Wilshire Furniture ------- the best selection of furniture in town since it opened ten years ago.

(A) offers
(B) is offering
(C) is offered
(D) **has offered**

Wilshire Furniture社は10年前の設立以来、町内一番の品ぞろえの家具を提供してきた。

(A)（動詞の３人称単数現在形）
(B)（現在進行形）
(C)（受動態の現在形）
(D)（現在完了形）

解説 sinceは現在完了形と一緒に使う！ **P.125 ❷をチェック！**

文法問題タイプ❷動詞のカタチ問題　文末を見ると、since it opened ten years ago（それが10年前に開店して以来）とあります。**sinceは現在完了形と一緒に使う〈時のキーワード〉です。**よって正解は(D)です。〈since＋過去のある時点〉と表現し、since 1980（1980年以来）やsince I was a child（子どもの頃から）のように使います。**現在完了形と使うキーワードで頻出するのは、since/for/overの3つです**（P.133参照）。

語句 □the best selection of ～ ～の最高の品ぞろえ　□since ～以来

17. 正解 (B)

Clover Enterprises has pushed back the completion date of its new headquarters ------- unexpected delays in construction.

(A) so that 接
(B) due to 前
(C) therefore 副
(D) because 接

Clover Enterprises社は建設工事に予想外の遅れが出てしまったため新本社ビルの完成日を延ばした。

(A) ～するように
(B) ～のため
(C) したがって
(D) なぜなら

解説 接続詞・前置詞問題は空所の後ろをチェック！ **P.125 ❸をチェック！**

文法問題タイプ❸接続詞・前置詞問題　空所の後ろには、名詞のカタマリ unexpected delays（予期せぬ遅延）があります。つまり、**後ろに文をつなげることしかできない接続詞句の(A) so thatや接続詞(D) becauseは空所には入れられません。**(C) thereforeは接続副詞です。接続副詞も後ろに名詞のカタマリを置けません。よって正解は前置詞の(B)です。**due to ～（～のため）は頻出の前置詞句です。**because of ～も同じ使い方ができる前置詞句です（P.135参照）。

語句 □push back ～ ～を延期する □completion date 完成日 □headquarters 本社 □unexpected delay 予期せぬ遅延 □construction 建設工事

---

18. 正解 (A)

A representative from Neo Sportswear described the company's upcoming ------- for its new running shoes.

(A) promotion 名
(B) promoting 現在分詞 動名詞
(C) promotional 形
(D) promotionally 副

Neo Sportswear社の担当者は今後行われる新ランニングシューズの販売促進について説明した。

(A) 販売促進
(B) 促進している・促すこと
(C) 促進の
(D) 宣伝的に

解説 目的語には名詞を置こう！ **P.124 ❶をチェック！**

文法問題タイプ❶品詞問題　形容詞upcomingと前置詞forの間に入る品詞を問われています。空所を含むthe company's upcoming -------の部分は動詞describedの目的語に当たることも確認しておきましょう。**形容詞の後ろに置くことができるのは名詞**です。そして、**動詞の目的語としても名詞が必要**となります。よって(A)が正解です。語尾の-tionから名詞だと判断できます。promotionは「宣伝」と「昇進」の2つの意味でTOEIC L&Rテストでは頻出です。

語句 □representative 代表、担当者 □describe ～を説明する □upcoming 来るべき

19. 正解 (B)

A number of guests at the Belhaven Hotel ------- about noise from the construction site across the street.

(A) complains
(B) have complained
(C) is complaining
(D) complaining

Belhavenホテルの多くの宿泊客が通りの向かいの建設現場の騒音について苦情を言っている。

(A) (動詞の3人称単数現在形)
(B) (現在完了形)
(C) (現在進行形)
(D) (動詞の現在分詞・動名詞)

解説 主語がどれかを見極めよう！ P.125 ❷をチェック！

文法問題タイプ❷動詞のカタチ問題　問題文中に述語動詞が1つもないので、空所には述語動詞が入ります。現在分詞もしくは動名詞である(D) complainingは述語動詞の働きはできないので削除します。動詞のカタチ問題は主語との一致がポイントなので、主語を確認すると、**主語はA number of guestsで複数形です。**選択肢を見ると、複数形に対応する動詞は(B)のみなので、(B)が正解になります。at the Belhaven Hotelは主語ではなく、修飾語句であることに注意してください。

語句 □a number of ～ 多くの～　□noise 騒音　□construction site 建設現場

---

20. 正解 (D)

The annual Finsbury Folk Festival was a tremendous success ------- the weather was unusually cold.

(A) otherwise 副
(B) in case of 前
(C) regardless of 前
(D) even though 接

年1回のFinsbury Folk Festivalは気候が珍しく寒かったにもかかわらず大成功を収めた。

(A) さもなければ～
(B) ～の場合
(C) ～にもかかわらず
(D) ～にもかかわらず

解説 前後の文の内容を把握して接続詞を選ぼう！ P.125 ❸をチェック！

文法問題タイプ❸接続詞・前置詞問題　空所の前後は両方とも文です。そのため、空所には2つの文をつなげる接続詞が必要になります。よって、接続副詞の(A)と前置詞句の(B)(C)は削除でき、(D)が正解となります。**空所前の文は「年1回の祭りは成功した」とあり、空所後は「気候が珍しく寒かった」とあるので、逆接的な内容が展開されています。**

語句 □annual 年1回の　□tremendous とても大きい

21. 正解 (C)

Prospective business owners may contact Sidney Burgers's corporate headquarters ------- to inquire about franchising opportunities in your area.

(A) direct 形
(B) direction 名
(C) directly 副
(D) directed 過去分詞

事業主希望者は、お住まいの地域におけるフランチャイズの機会についてお問い合わせの場合、直接Sidney Burgers本社にご連絡ください。

(A) 直接の
(B) 方向
(C) 直接に
(D) 向けられた

解説 文構造を把握し、入る品詞を見極めよう！ P.124 ❶をチェック！

文法問題タイプ❶品詞問題　文構造を見ると、Prospective ～ ownersが主語、contactが動詞でその後ろには目的語である名詞のカタマリSidney ～ headquartersがあり、**SVOの文が完成しています。よって、空所に入れられる品詞は修飾語のみになります。**この場合、動詞を修飾する副詞(C)と、名詞を後ろから修飾できる過去分詞(D)が候補に残ります。文の意味を考えると、「直接連絡を取る」とすると文意が通るため(C)が正解です。

語句 □prospective 有望な、予想される　□headquarters 本社　□inquire about ～ ～について質問する　□franchising opportunity フランチャイズの機会

---

22. 正解 (A)

The town of Holt ------- mainly for coal mining until about one hundred years ago.

(A) was known
(B) knew
(C) knows
(D) has known

Holtという町は100年ほど前までは主に石炭鉱業で知られていた。

(A) (受動態の過去形)
(B) (動詞の過去形)
(C) (動詞の3人称単数現在形)
(D) (現在完了形)

解説 現在完了形と過去を表す語は一緒には使わない！ P.125 ❷をチェック！

文法問題タイプ❷動詞のカタチ問題　選択肢には過去形と現在形、現在完了形の動詞が並びます。文末にはone hundred years agoとあり、過去を表す〈時のキーワード〉があるため、現在形の(C)と現在完了形の(D)は削除します。**現在完了形は過去を表すキーワードと一緒に使うことはできません。**正解は*be* known for ～（～で知られている）のフレーズを使用した(A)です。空所の後ろに他動詞knowの目的語がないことも、受動態を選ぶ手掛かりになります。

語句 □coal mining 石炭鉱業　□until ～まで

次のステップへ！

実力アップに必要なこと

学習する上で、ぜひ皆さんに知っておいてほしいことをまとめました。ぜひ下記の情報を参考に学習を進めてくださいね！

1. 教材はコレだけに絞る

まずは１冊を使い切ることがとても大事です。色々な本が手元にあると学習方法に迷いが出てきます。１冊をトコトンやり込むことで、英語の実力をワンランクアップさせることができます。迷わず全力で、この１冊を使い倒してください！

2. 効果的な学習ステップ

１度問題を解いて、問題形式や解き方が分かっただけでは、英語力は上がりません。以下の手順に沿って、実力アップを図りましょう！

①問題を解く（問題形式や出題傾向を知る）

不正解でも気にする必要はありません。実力を付けた後に正解できれば大丈夫。まずは問題に慣れるつもりで気持ちをラクにして解きましょう。時間制限も書かれていますが、あくまでも目安なので、最初は気にし過ぎる必要はありません。

②解いたら確認して学ぶ（知識を高める）

理解できなかった単語や聞き取れなかった英文は「なるほど！」「分かった！」と、理解できるまで確認しましょう。自分が間違った内容を１冊のノートにまとめておくと、自分の弱点を一覧できるのでオススメです。

③学んだらトレーニングを繰り返す（スキルを高める）

単語、文法、構文を確認して「知識」を身に付けたら、「英文が聞ける、読める＝英語が使える状態」にまでスキルアップしましょう。別冊の復習単語集で何度も音読し、「この文ならスラスラ言える」「この内容は暗記できちゃった」となれば、頻出フレーズがしっかり頭に入っているので、問題を解くのが非常にラクになります。

第2部

全パート攻略：リーディング編

Part 6
長文穴埋め問題

「文法力と読解力」の合わせ技で攻略しよう!

Part 6（長文穴埋め問題）を見てみよう

問題形式

問題数	4セット**16**問（テスト内の問題番号は、No.131〜146）
目標解答時間	10分（1セットあたり2分30秒）
目標正解数	10問（600点目標）
出題内容	空所がある長文を読んで、その空所に入れるのに最も適切な語句もしくは文を(A)(B)(C)(D)の4つの選択肢の中から選びます。

問題用紙を見てみよう

Part 6の指示文は「以下に空所のある文章があります。空所に最適な語句や文を(A)(B)(C)(D)の中から選びなさい」という内容です。毎回同じなので、読まずに問題を解き始めましょう！

PART 6
Part 6の指示文

Questions 131-134 refer to the following advertisement.

The BikeRyder company begins operations in North Valley today! -------(131.). More than 150 of the company's bicycles are now available at fifteen bicycle-share stations throughout the city. -------(132.), more bicycles and five new stations will be added by the end of the year. Currently, BikeRyder's bicycle-share stations are -------(133.) located near the city's two train stops, North Valley Community College, and larger shopping centers. After creating a BikeRyder account and registering a payment method, riders -------(134.) the BikeRyder mobile app to pick up and drop off bicycles at any station in the area. For more details, visit www.bikeryderbikeshare.com/northvalley.

131. (A) Its new factory will provide jobs to area residents.
(B) The number of bicycle lanes downtown will soon double.
(C) Several competitors have also lowered their prices.
(D) The city now has its own local bicycle-sharing program.

132. (A) Therefore
(B) In addition
(C) However
(D) For example

133. (A) conveniently
(B) convenience
(C) conveniences
(D) convenient

134. (A) using
(B) were using
(C) can use
(D) could have used

（詳しい解説は、P.159でします）

解答の流れ

ステップ1 選択肢を見て、問題タイプを見極めよう！

Part 6も問題タイプは大きく分けて2つです。Part 5で学習した解き方を応用し、「文法問題タイプ」か「文脈問題タイプ」かを判断しましょう。
(問題タイプの判別方法は次ページで解説します)

ステップ2 問題タイプに合わせて文を読み、解答しよう！

1. 文法問題タイプ

Part 5の文法問題タイプと同じです。空所の前後を見て、文法の知識を使って解きましょう。

2. 文脈問題タイプ

空所を含む文だけでは正解を選べない問題が多いです。前後の文脈から判断して、空所を埋めましょう。

No.146まで、この流れを繰り返します。

次のページから、
「攻略ポイント」をチェック！ ▶▶▶

要点穴埋め

攻略ポイント

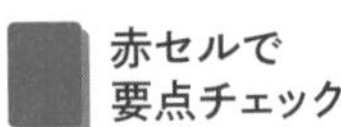

Part 5を応用して、(問題タイプ) を見抜こう！

Part 6もPart 5同様、選択肢から問題を見抜き、解答します。長文だと身構えず、Part 5が少し長くなったパートだと考えましょう。

1 文法問題タイプ→Part 5と同じプロセスで解ける！

(空所の前後) を見て、**文法力**で解く問題です。文法問題タイプの種類と選択肢に並ぶ語句は以下の通りです。

❶ (品詞) 問題：異なる品詞
❷ (動詞のカタチ) 問題：動詞の変化形
❸ (接続詞・前置詞) 問題：although/if/during/because of など
❹ (ペア接続詞) 問題：either *A* or *B*/both *A* and *B* など
❺ (関係詞) 問題：which/who/where など
→空所前後をヒントに解答できるので、解答時間の短縮が可能！

2 文脈問題タイプ→空所周辺の文を読んで文脈理解！

(文書全体) の**内容を把握**し、流れに合う選択肢を選びます。文脈問題タイプの種類と選択肢に並ぶ語句は以下の通りです。

❶ (代名詞) 問題：they/those/that など
❷ (接続副詞) 問題：therefore/however/on the other hand など
❸ (文選択) 問題：文
❹ (語彙) 問題：同じ品詞で異なる意味の単語
→難問もあるので、時間に余裕がなければ後回し！

次のページから、例題を使って
攻略法を見ていきましょう！

Questions 131-134 refer to the following advertisement.

The BikeRyder company begins operations in North Valley today! --131.--. More than 150 of the company's bicycles are now available at fifteen bicycle-share stations throughout the city.

131. (A) Its new factory will provide jobs to area residents.
(B) The number of bicycle lanes downtown will soon double.
(C) Several competitors have also lowered their prices.
(D) The city now has its own local bicycle-sharing program.

文脈問題タイプ（文選択問題）

--132.--, more bicycles and five new stations will be added by the end of the year.

132. (A) Therefore
(B) In addition
(C) However
(D) For example

文脈問題タイプ（接続副詞問題）

Currently, BikeRyder's bicycle-share stations are --133.-- located near the city's two train stops, North Valley Community College, and larger shopping centers.

133. **(A) conveniently**
(B) convenience
(C) conveniences
(D) convenient

文法問題タイプ（品詞問題）

After creating a BikeRyder account and registering a payment method, riders --134.-- the BikeRyder mobile app to pick up and drop off bicycles at any station in the area. For more details, visit www.bikeryderbikeshare.com/northvalley.

134. (A) using
(B) were using
(C) can use
(D) could have used

文法問題タイプ（動詞のカタチ問題）

Part 6の攻略法

131. 正解 (D)　文脈問題タイプ ❸文選択問題

文選択問題では、まず、前後の文の意味を理解しましょう。空所の前の文では、「BikeRyder社が営業を始める」とあります。後ろの文では、「15の自転車シェアステーションで150台以上の自転車が利用可能」とあるので、BikeRyder社は自転車のシェア事業を行うことが分かります。よって、「市には、自転車シェアプログラムがある」と書かれた(D)を選ぶと、「自転車のシェア事業」という前後の内容に合致します。また、(D)の文中のThe cityが、前の文にあるNorth Valleyを指していると分かれば、ヒントとなります。

132. 正解 (B)　文脈問題タイプ ❷接続副詞問題

選択肢に**接続副詞が並ぶ、文脈問題タイプの問題**です。**空所のある文、そしてその前の文との話のつながりを意識します**。前の文では、「15の自転車シェアステーションで150台以上の自転車が利用可能」とあり、空所のある文では、「今年中により多くの自転車と5つの新しいステーションが追加される」とあるので、自転車とステーションの数がさらに増えると読み取れます。よって、(B) In addition（さらに）が正解です。

133. 正解 (A)　文法問題タイプ ❶品詞問題

選択肢を見ると、異なる品詞の単語が並んでいるので、品詞問題だと分かります。**注目すべき点は、文の内容よりも空所の前後関係です**。ここでは、受動態に挟まれた形で空所があります。**受動態のbe動詞と過去分詞の間に入る品詞は副詞なので**、(A) conveniently（便利に）が正解となります。

134. 正解 (C)　文法問題タイプ ❷動詞のカタチ問題

選択肢を見ると、動詞のさまざまな変化形が並んでいます。ここではridersが主語となり、その述語動詞（V）となるものを選びます。(A)は現在分詞であり、be動詞と一緒に使い、進行形を作ることができますが、現在分詞だけでは述語動詞（V）として機能せず不正解です。その他の選択肢は**全て述語動詞（V）になり得るので、時制を文中で確認**します。ここではアプリを使用するための登録方法を説明しており、**過去を表す単語はどこにも使用されていません**。よって、現在形の(C) can use（使える）が正解です。

文書の訳

設問131-134は次の広告に関するものです。

> BikeRyder社が本日よりNorth Valleyにて営業を開始いたします！今ではこの市には独自の地域自転車シェアプログラムがあります。社が所有する150台以上の自転車が市内にある15の自転車シェアステーションにて現在利用できます。さらに、今年中により多くの自転車と5つの新しいステーションが加わる予定です。
> 現在BikeRyder社の自転車シェアステーションは市内の2つの駅、North Valleyコミュニティーカレッジと大規模ショッピングセンターの近くという便利な立地にあります。BikeRyder社のアカウントを作成し支払い方法を登録したら、利用者はエリア内のどのステーションでも自転車に乗り降りするために、BikeRyderモバイルアプリを使うことができます。詳しい情報はwww.bikeryderbikeshare.com/northvalleyをご覧ください。

選択肢の訳

131. (A) 社の新工場は地域住民に雇用の機会を提供するでしょう。
(B) 繁華街にある自転車専用レーンの数は近いうちに倍増するでしょう。
(C) いくつかの競合他社も価格を下げました。
(D) 今ではこの市には独自の地域自転車シェアプログラムがあります。

132. (A) したがって (B) さらに (C) しかしながら (D) 例えば

133. (A) 副 便利に (B) 名 便利 (C) 名 便利な物 (D) 形 便利な

134. (A) (動詞の現在分詞・動名詞) (B) (過去進行形) (C) (助動詞＋動詞の原形) (D) (助動詞の過去形＋完了形)

正解 **131.** (D) **132.** (B) **133.** (A) **134.** (C)

エクササイズ　接続副詞を徹底的に練習しよう！

1～5の日本語の文を読み、前後の文をつないで意味の通る接続副詞を考え、空所に当てはまる〈接続副詞のグループ〉を(A)～(E)の中からそれぞれ選びましょう。

1. 会社の収益が大幅に増えた。(　　　　)、新しい工場を設立する予定だ。
2. 来月新製品が発売される予定だ。(　　　　)、具体的な日付は未定だ。
3. 今週中に出張の準備をしなければならない。(　　　　)、宿泊先を手配する必要がある。
4. 今月中は全商品が半額になる。(　　　　)、送料が無料になる。
5. 8時までの飛行機に乗る必要がある。(　　　　)、会議に遅れるだろう。

〈接続副詞のグループ〉
A【逆接】however/nevertheless/on the contrary/in contrast
B【逆接の仮定】otherwise/if not
C【例示】for example/for instance
D【追加】in addition/furthermore/moreover/additionally/besides
E【結果】therefore/consequently/as a result

解答
1. E だから　**2.** A しかし　**3.** C 例えば　**4.** D さらに　**5.** B さもなければ

練習問題

実際に、Part 6の問題を２セット解いてみましょう。
次の英文の空所に入る最も適切な選択肢を(A)~(D)から選んでください。
解答時間は、５分以内を目標にしましょう。

Questions 1-4 refer to the following Web page.

http://www.fastrakrailway.com/operations

Operations: Announcements & Updates

Please be aware of changes to some ---1.--- throughout August. During this time, Fastrak Railway will be making improvements to the Green Line, which will cause some delays while the work is under way. Before making travel plans, check Fastrak Railway's Operations page for the Green Line's current timetable. ---2.---.

This project will replace old sections of the track ---3.--- upgrade the Green Line's electrical system. Once these improvements are ---4.---, train operations will be more reliable and safer.

1. (A) schedules
(B) promotions
(C) fares
(D) stations

2. (A) Many passengers say they are happy with the results.
(B) This offer is valid for any purchase during August.
(C) Service along other routes will be unchanged.
(D) Refunds will be processed within five business days.

3. (A) after
(B) since
(C) although
(D) as well as

4. (A) completion
(B) complete
(C) completely
(D) completing

Questions 5-8 refer to the following e-mail.

From: Anjala Gupta <agupta@tamashamedia.com>
To: Mikko Rask <mikko@raskdesign.com>
Date: November 3
Subject: Outsourcing System
Attachment: Questionnaire

Dear Mikko,

In January, we will introduce a new outsourcing system, which ---5.--- our employees to contact suppliers like you directly with requests, rather than having me assign all the work. To do this, we are creating profiles of regular suppliers, which our ---6.--- will be able to access on an internal database. Therefore, I ask you to complete and return the attached questionnaire by November 14. ---7.---. The new system will streamline the outsourcing process ---8.--- and make everyone's work easier. Please let me know if you have any questions.

Sincerely,

Anjala Gupta
Graphics Coordinator
Tamasha Media

5. (A) allow
(B) allowing
(C) will allow
(D) allowed

6. (A) personnel
(B) readers
(C) customers
(D) applicants

7. (A) We will provide you with an answer shortly.
(B) It will be used as the basis for your profile.
(C) Do not forget to include the other documents as well.
(D) Your business is very important to us.

8. (A) signifies
(B) significant
(C) significance
(D) significantly

次のページから、練習問題を使って
攻略ポイントの詳細を見ていきましょう！

攻略ポイント解説

文法問題タイプ

ここでは、「文法問題タイプ」に焦点を当てて解説します。空所の前後にヒントがあるので、「文書全体を読まなくても解ける」問題タイプです。以下の**設問1-4**のうち、**3**と**4**がそれに該当します。空所前後をしっかり読み、文の構成を把握したら、文法の知識を使って素早く解きましょう。

Questions 1-4 refer to the following Web page.

http://www.fastrakrailway.com/operations

Operations: Announcements & Updates

Please be aware of changes to some -------(1.) throughout August. During this time, Fastrak Railway will be making improvements to the Green Line, which will cause some delays while the work is under way. Before making travel plans, check Fastrak Railway's Operations page for the Green Line's current timetable. -------(2.).

This project will replace old sections of the track -------(3.) upgrade the Green Line's electrical system. Once these improvements are -------(4.), train operations will be more reliable and safer.

1. **(A) schedules**
   (B) promotions
   (C) fares
   (D) stations

2. (A) Many passengers say they are happy with the results.
   (B) This offer is valid for any purchase during August.
   (C) Service along other routes will be unchanged.
   (D) Refunds will be processed within five business days.

3. (A) after
   (B) since
   (C) although
   (D) as well as

文法問題タイプ（接続詞・前置詞問題）

4. (A) completion
   (B) complete
   (C) completely
   (D) completing

文法問題タイプ（品詞問題）

「問題タイプ」を見極めよう！　P.158をチェック！

まずは選択肢を見て「問題のタイプ」を見極めます。それぞれの設問の選択肢を見てみましょう。設問1は同じ品詞で意味の異なる単語が並ぶ「語彙問題」、設問2は文が並ぶ「文選択問題」です。設問3は接続詞・前置詞が並んでいるので、「接続詞・前置詞問題」で、設問4は異なる品詞が並ぶ「品詞問題」です。

空所の前後からヒントを見つけ出そう！　P.159～160をチェック！

設問1-4を大別すると、設問1、2が「文脈問題タイプ」、3、4が「文法問題タイプ」です。「文法問題タイプ」は空所前後の品詞の組み合わせや意味のつながりで正解を選べることが多いので、空所前後にヒントを探しましょう。

ミニ講座① 文法問題タイプ「動詞のカタチ問題」の例外に注意！

Part 6の「動詞のカタチ問題」の解き方は、基本的にはPart 5と同じです。空所のある文の前後にヒントを探し、主語、時制、能動態か受動態かなどを見て、適切な動詞のカタチを判断するのでしたね。

しかし、**空所のある文ではなく、他の文にヒントがある例外**に注意が必要です。見るべきヒントがどこにあるかを見極め、適切な動詞のカタチを選びましょう。

例題 (　　) 内には、どちらの動詞のカタチが入るでしょうか。
The meeting to learn about new products **(will be held/was held)** in the head office. Unfortunately, half of the attendees **didn't show up** because of the train delay. (新しい製品について学ぶミーティングが本社で開かれました。残念なことに、出席者の半分は電車の遅延により姿を現しませんでした)

解説 2つの文が並んでいます。1つ目の文の中には、動詞のカタチを選ぶヒントはありません。この場合、ヒントを探すために次の文にも目を通す必要があります。2つ目の文では、didn't show upと過去形が使われ、ミーティングが行われたのは過去のことだと分かるので、適切な動詞のカタチは**was held**となります。

文書の訳

設問1-4は次のウェブページに関するものです。

http://www.fastrakrailway.com/operations

運行に関して：告知と最新情報

8月中は一部のダイヤに変更があることをご承知おきください。この期間中Fastrak鉄道ではGreen線の改良工事を予定しており、作業中は多少の遅延があるでしょう。お出掛けの計画前にFastrak鉄道の運行ページにてGreen線の最新時刻表をご確認ください。他の路線の運行には変更はございません。

この工事計画により老朽化した区画の線路が交換され、さらにGreen線の電気系統が改良されます。これらの改良工事を終えたら、鉄道の運行はより確実かつ安全になるでしょう。

選択肢の訳

1. **(A) ダイヤ** (B) 昇進 (C) 運賃 (D) 駅

2. (A) 多くのお客様が結果に満足しているとおっしゃっています。
(B) この割引価格は8月中のいかなるお買い物にも有効です。
(C) 他の路線の運行には変更はございません。
(D) 返金は5営業日以内に処理されます。

3. (A) 接 前 ～の後に (C) 接 ～であるが
(B) 接 前 ～以来 **(D) 接 ～および…も**

4. (A) 名 終了 (C) 副 完全に
(B) 形 完了した (D) 現在分詞 動名詞 ～を終えている・終えること

1. の解答・解説

正解 (A) 語彙選びのヒントは他の文を探ろう！

文脈問題タイプ❹語彙問題 一見、どれも入りそうな語彙が選択肢に並んでいますね。しかし、空所のある1文だけを読んでも答えは選べません。語彙を選ぶ設問では、必ずその語彙と関連性のある内容がどこかに書かれているはずです。ここでは、空所以降の文で電車の遅延の可能性を説明し、さらに、最新の時刻表を確認するよう促しています。こうした内容から、(A) scheduleが正解だと判断できます。

語句 □ schedule ダイヤ

2. の解答・解説

正解 (C) 文選択問題は、前後の「流れ」を把握！

文脈問題タイプ❸文選択問題　文選択問題の特徴は、適切な内容が選択できるような「ストーリーの流れ」になっている点です。いきなり突拍子もない内容を盛り込んだりはしません。つまり、前後を読んで「内容の流れ」を把握すれば答えられるようになっています。空所の前の文では、電車の遅延の可能性や運行状況の変更について書かれているため、その流れのまま、「運行状況」について説明している (C) が正解になります。ここでの Service は電車の運行のことです。

語句 □passenger 乗客　□result 結果　□offer 割引価格　□valid 有効な
□refund 返金

3. の解答・解説

正解 (D) 接続詞と前置詞の使い方で選ぼう！

文法問題タイプ❸接続詞・前置詞問題　空所の後ろには動詞（upgrade）と目的語（the Green ～ system）が並んでいることを確認し、品詞を選びます。通常、動詞の前に接続詞や前置詞を置くことはできません。しかし、この選択肢の中で、as well as（接続詞）だけは、〈*A* as well as *B*（Bだけではなく A も)〉の形で、前後の A と B の部分に**〈動詞 + 目的語〉**を置くことができます。ここでは A に replace old sections of the track が入り、B に upgrade the Green Line's electrical system が入ります。よって、(D) が正解となります。

語句 □as well as および

4. の解答・解説

正解 (B) be 動詞の後ろに置ける品詞を選ぼう！

文法問題タイプ❶品詞問題　空所の後ろのカンマは文の区切りなので、空所の前の be 動詞に注目しましょう。be 動詞に続けられる品詞を選ぶと、答えは名詞の (A) completion、形容詞の (B) complete、現在分詞もしくは動名詞の (D) completing に絞ることができます。しかし、現在分詞もしくは動名詞の completing は原形の complete が他動詞なので、後ろに目的語がないと置くことができません。ここでは「これらの改良工事を終えた状態になったら」と be 動詞の後ろに置き、状態を説明できる形容詞の (B) が正解です。(A) の名詞は主語の状態を説明できないため、不正解です。

攻略ポイント解説
文脈問題タイプ

ここでは「文脈問題タイプ」に焦点を当てて解説します。以下の**設問5-8**のうち、**6**と**7**がそれに該当します。文書全体の内容を把握していないと解けません。

Questions 5-8 refer to the following e-mail.

From: Anjala Gupta <agupta@tamashamedia.com>
To: Mikko Rask <mikko@raskdesign.com>
Date: November 3
Subject: Outsourcing System
Attachment: Questionnaire

Dear Mikko,

In January, we will introduce a new outsourcing system, which ---5.--- our employees to contact suppliers like you directly with requests, rather than having me assign all the work. To do this, we are creating profiles of regular suppliers, which our ---6.--- will be able to access on an internal database. Therefore, I ask you to complete and return the attached questionnaire by November 14. ---7.---. The new system will streamline the outsourcing process ---8.--- and make everyone's work easier. Please let me know if you have any questions.

Sincerely,

Anjala Gupta
Graphics Coordinator
Tamasha Media

5. (A) allow
(B) allowing
(C) will allow
(D) allowed

6. **(A) personnel**
(B) readers
(C) customers
(D) applicants

文脈問題タイプ（語彙問題）

7. (A) We will provide you with an answer shortly.
(B) It will be used as the basis for your profile.
(C) Do not forget to include the other documents as well.
(D) Your business is very important to us.

文脈問題タイプ（文選択問題）

8. (A) signifies
(B) significant
(C) significance
(D) significantly

「問題の種類」と「問題タイプ」を見極めよう！

P.158 ❶をチェック！

まず、選択肢を見て「問題の種類」を判別します。左の問題の設問6は選択肢に異なる意味を持つ名詞が並んでいるので「語彙問題」、設問7は選択肢に文が並んでいるので「文選択問題」だと分かります。よって、これらの問題は、文書全体を読み内容をきちんと把握する必要のある「文脈問題タイプ」だと判断することができます。「文脈問題タイプ」は空所の前後を読むだけでは解答できないため難易度が高く、時間もかかるため、時間がなければ後回しにしましょう。

文書全体からヒントを見つけ出そう！

P.158 ❷をチェック！

解答のヒントは、空所のある文だけを読んでも見つからないことが多いです。文書全体を読み、内容把握に努めましょう。正解の根拠や手掛かりが必ず書かれています。設問6は冒頭から空所直前までを読んで内容を把握します。設問7は、空所直前のTherefore, I ask ～ November 14.までを読み、解答を導きます。

ミニ講座② 文脈問題タイプ❸文選択問題の２つの解答ポイント

1. 最後に解こう！

設問の何問目に出てきても最後に解きましょう。文書全体の内容を把握してから取り組んだ方が解きやすいからです。文書の途中に文選択問題があっても、まずはそれを通過して読み進めましょう。

2. 代名詞（this/that/he/sheなど）を確認しよう！

正解かもしれないと思う文の選択肢に代名詞があれば、それが何を指しているのか確認しましょう。ここまでに読んできた文の中に該当する単語が見つからなければ、選んだ文は前の文とつながらず、不正解の可能性が高いです。例えば、He sent us **some drafts** for his speech. We have to revise **those** documents as soon as possible.（彼はスピーチ案をいくつか送ってきた。私たちはそれらの資料を早急に校正する必要がある）という文があり、下線部の文を挿入するとしましょう。挿入する文には代名詞thoseがあります。この場合はthoseが何を指すのか、前の文から探し、挿入する文として正しいのか確認します。この例では下線部の前の文に**those**を指す**some drafts**が見つかります。前の文と後ろの文がうまくつながり、下線部の文は正しい挿入文だと分かります。

文書の訳

設問5-8は次のEメールに関するものです。

送信者：Anjala Gupta <agupta@tamashamedia.com>
宛先：Mikko Rask <mikko@raskdesign.com>
日付：11月3日
件名：外部委託システム
添付：アンケート用紙

Mikkoさん

1月より当社は新たな外部委託システムを導入します。これにより全ての業務を私が割り当てるのではなく、当社の従業員は依頼の際に御社をはじめとする供給業者に直接ご連絡できるようになります。これを実行するため、当社が通常利用させていただいている供給業者のプロフィールを作成しており、当社の従業員は社内データベースでこれにアクセスできるようになります。したがいまして11月14日までに添付のアンケート用紙にご記入・ご返送いただきますようお願いいたします。その内容をプロフィールの基とさせていただきます。新システムにより外部委託の過程が著しく効率化され皆が仕事をしやすくなるでしょう。何かご質問がありましたらご連絡ください。

敬具

Anjala Gupta
グラフィックコーディネーター
Tamasha Media社

選択肢の訳

5. (A) (動詞の原形) **(C) (助動詞＋動詞の原形)**
(B) (動詞の現在分詞・動名詞) (D) (動詞の過去形・過去分詞)

6. **(A) 従業員** (B) 読者 (C) 顧客 (D) 申請者

7. (A) 近いうちにお返事いたします。
(B) その内容をプロフィールの基とさせていただきます。
(C) 他の文書も同様に加えるのをお忘れなく。
(D) あなたの事業は我々にとって非常に重要です。

8. (A) 動 ～を意味する (B) 形 重要な (C) 名 重要性 **(D) 副 著しく**

5. の解答・解説

正解 (C) 時制を判断するヒントを探そう！

文法問題タイプ❷動詞のカタチ問題　設問5の直前にある関係代名詞whichの先行詞は、a new outsourcing systemです。空所には、この先行詞を主語とした述語動詞（V）が入ります。述語動詞となれるのは(A)(C)(D)ですが、空所前にwe will introduce a new outsourcing systemと書かれているため、「新しい外部委託システムの導入」は、未来の話だと分かります。よって、未来を表す(C) will allowが正解となります。allow *A* to *do*で「Aが～するのを可能にする」の意味になります。

Part 6

6. の解答・解説

正解 (A) 語彙を選ぶときは、文書の内容から判断！

文脈問題タイプ❹語彙問題　空所の後ろを見ると、「(供給業者のプロフィールに)社内データベースでアクセスできる」とあるので、その動作主を選択肢から選びます。本文冒頭で、「外部委託システム導入により、従業員が直接供給業者に連絡が取れるようになる」と書いてあるため、供給業者のプロフィールにアクセスできるのは、従業員だと判断できます。よって、(A) personnelが正解です。

7. の解答・解説

正解 (B) 文選択問題の代名詞がヒントになる！

文脈問題タイプ❸文選択問題　空所の前で書き手は、アンケートの記入を読み手に依頼しています。冒頭から文書を読んでいくと、そのアンケートは供給業者のプロフィールを作成するためのものだと分かります。よって、「それ（アンケートの内容）がプロフィールの基として利用される」と続く(B)が正解です。

語句 □provide ～を提供する　□basis 土台　□include ～を含む

8. の解答・解説

正解 (D) 完成した文に付け足せるのは副詞！

文法問題タイプ❶品詞問題　選択肢に異なる品詞が並び、どの品詞が適切かを問う問題です。空所の前を見ると、The new system will streamline the outsourcing processとあり、S + V + Oを構成し、文が完成しています。ここに付け足せる品詞は修飾語の副詞しかありません。よって(D) significantlyが正解です。

攻略ポイントを復習！

実践問題

解答・解説 ▶▶▶ P.174～

学習した攻略ポイントを復習して、次の問題2セットに挑戦してみましょう。
解答時間は5分以内を目標にしましょう。

Questions 1-4 refer to the following notice.

IMPORTANT NOTICE

New ticket gates will be installed at Kilburn Station in July. The North Entrance will be closed for installation and testing from July 3 to 6. -------(1.), the South Entrance will be closed from July 10 to 13. Services at the station will not be -------(2.) during the work. However, the entrances may be more crowded than usual at peak times, resulting in lines and longer waits for the elevator to the platform. -------(3.). The new facilities are required for Warbeck Transit's ticketing system to be launched later this year. This will allow -------(4.) to travel using prepaid debit and credit cards and personal electronic devices, along with Warbeck Transit's usual IC cards and tickets.

1. (A) Nevertheless
(B) Similarly
(C) Otherwise
(D) Accordingly

2. (A) renovated
(B) transported
(C) occurred
(D) interrupted

3. (A) When planning your journey, please allow more time than usual.
(B) We are working to resolve this issue with the system.
(C) A sign has been posted by the entrance.
(D) The updated timetables will be available at all stations.

4. (A) us
(B) them
(C) you
(D) it

Questions 5-8 refer to the following e-mail.

To: Emily Johannes <ejohannes@mymail.com>
From: Rebecca Mills <rmills@trekandtravel.com>
Date: October 5
Subject: Staff writer position

Dear Ms. Johannes,

We have received your ---5.--- for the position of staff writer at *Trek and Travel* magazine. In addition, we would also like you to ---6.--- a list of publications. If any pieces you have written are available online, please include the URLs for those as well. We hope you can send that information by Friday at the ---7.---. ---8.---. Our human resources department will contact you if you are selected for an interview.

Sincerely,

Rebecca Mills
Editor in Chief

5. (A) apply
(B) applying
(C) applied
(D) application

6. (A) submit
(B) review
(C) consult
(D) correct

7. (A) lately
(B) lateness
(C) latest
(D) late

8. (A) We hope you will strongly consider joining our team.
(B) We will begin conducting interviews in three weeks.
(C) We would like to publish something in the next edition.
(D) It was a pleasure meeting you and discussing your work.

実践問題(Part 6)の解答・解説

文書の訳

設問1-4 は次のお知らせに関するものです。

重要なお知らせ
7月に新しい改札口がKilburn駅に設置されます。7月3日から6日の間、設置および試験運転のため北口が閉鎖されます。同様に、南口は7月10日から13日の間、閉鎖されます。工事中に当駅におけるサービスが中断されることはありません。しかし、ピーク時は通常よりも入口が混雑し、結果として列に並んでお待ちいただくことやホーム行きのエレベーターを長くお待ちいただくことがあるかもしれません。お出掛けを計画の際は、通常よりも時間に余裕をお持ちください。新しい(改札口の)設備は、今年中に導入されるWarbeck Transit社の発券システムの実施に必要となります。これによりお客様はWarbeck Transit社の通常のICカードや乗車券に加え、前払い式のデビットカードやクレジットカード、個人用電子機器を利用して移動できるようになります。

選択肢と訳

1. (A) Nevertheless (A) それにもかかわらず
   (B) Similarly **(B) 同様に**
   (C) Otherwise (C) さもなければ
   (D) Accordingly (D) それゆえに

2. (A) renovated (A) 改修された
   (B) transported (B) 輸送された
   (C) occurred (C) 起こった
   (D) interrupted **(D) 中断された**

3. **(A) When planning your journey, please allow more time than usual.** **(A) お出掛けを計画の際は、通常よりも時間に余裕をお持ちください。**
   (B) We are working to resolve this issue with the system. (B) システムに関するこの問題の解決に取り組んでおります。
   (C) A sign has been posted by the entrance. (C) 入口付近に標識が掲示されています。
   (D) The updated timetables will be available at all stations. (D) 最新の時刻表は全駅でご覧いただけます。

4. (A) us (A) 私たちに
   (B) them (B) 彼らに
   (C) you **(C) あなたに**
   (D) it (D) それに

語句 □ticket gate 改札　□installation 設置　□result in ～ ～をもたらす　□facility 設備
□require ～を必要とする　□launch ～を始める
□allow *A* to *do* Aが～するのを可能にする　□prepaid 前払いの　□electronic 電子の

1. 正解 (B)

解説 接続副詞問題は、前後の文の「流れ」で選ぶ！　P.158 ❷ の❷をチェック！

文脈問題タイプ❷接続副詞問題　空所の前の文は、北口の閉鎖について書かれています。また、空所を含む文にも南口の閉鎖について書かれていて、北口と**同様の状況**だと分かります。よって、正解は(B)です。(A)は、後に続く内容が、前の内容と逆接的である場合に使うため、ここでは不正解です。(C)(D)は因果関係を表す選択肢ですが、北口の閉鎖が理由で南口が閉鎖されるわけではないので、不正解です。

---

2. 正解 (D)

解説 語彙問題は関連する語彙との相性でも選べる！　P.158 ❷ の❹をチェック！

文脈問題タイプ❹語彙問題　ここでは、どの意味の動詞が適切かが問われています。**動詞の主語はServicesなので、「サービスは○○されない」の○○に当てはまる語を選びます。**ここでは(D)を入れると、「サービスは中断されない」となり、意味が通ります。語彙問題は基本的には文脈問題タイプですが、この問題は**空所の前後の語の相性（コロケーション）でも解ける**ケースです。**後ろの文を見ると、「サービスは中断されないが混雑するかもしれない」となるので、内容的にもうまくつながり**ます。

---

3. 正解 (A)

解説 前後の文の内容に関連性のある文を選ぶ！　P.158 ❷ の❸をチェック！

文脈問題タイプ❸文選択問題　空所の前の文には、入口での混雑が見込まれ、ホームへ行くのに時間がかかることへの懸念が書かれています。それゆえ、「時間に余裕を持って」と伝えている(A)が正解になります。**文選択問題では、前後の文と関連性のある内容を選ぶのが鉄則です。**他の選択肢の文では、前後の内容や流れに合いません。

---

4. 正解 (C)

解説 人称代名詞は文書中の登場人物に目を向ける！　P.158 ❷ の❶をチェック！

文脈問題タイプ❶代名詞問題　**〈This will allow *A* to *do*（これによりAは～することが可能になる）〉という構文**に注目したうえで、Aに当てはまる語を選択肢から選びましょう。ここでは、「誰が」前払い式のデビッドカードなどを使って移動できるようになるかを考えます。この文書は、**改札口設置工事について「駅の利用客」に知らせる内容**です。つまり、相手（駅の利用客）を指す(C) youが正解となります。

文書の訳

設問 5-8 は次のEメールに関するものです。

宛先：Emily Johannes <ejohannes@mymail.com>
送信者：Rebecca Mills <rmills@trekandtravel.com>
日付：10月5日
件名：専属記者の職

Johannes様

Trek and Travel誌の専属記者の職への応募書類を受領しました。加えて、出版物の一覧をご提出いただきたいと思います。ご執筆の記事がオンラインで見られる場合はそれらのURLも併せてお送りください。遅くとも金曜日までにそれらの情報をお送りいただければ幸いです。面接は3週間後に行い始める予定です。面接に選ばれた場合は当社人事部よりご連絡いたします。

敬具

Rebecca Mills
編集長

選択肢と訳

5. (A) apply 動 — (A) 応募する
(B) applying 現在分詞 動名詞 — (B) 応募して・応募すること
(C) applied 過去形 過去分詞 — (C) 応募した・応募された
(D) application 名 — **(D) 応募書類**

6. **(A) submit** — **(A) ～を提出する**
(B) review — (B) ～を再調査する
(C) consult — (C) ～に意見を求める
(D) correct — (D) ～を訂正する

7. (A) lately 副 — (A) 近頃
(B) lateness 名 — (B) 遅れること
(C) latest 形 — **(C) 最も遅い**
(D) late 形 — (D) 遅れた

8. (A) We hope you will strongly consider joining our team. — (A) 我々のチームに加わることを前向きに検討していただければ幸いです。
(B) We will begin conducting interviews in three weeks. — **(B) 面接は3週間後に行い始める予定です。**
(C) We would like to publish something in the next edition. — (C) 次号に何らかの記事を載せたいと思います。
(D) It was a pleasure meeting you and discussing your work. — (D) お会いしてお仕事について伺うことができてうれしく思いました。

語句 □in addition 加えて □publication 出版物 □piece 記事 □available 利用可能な □include ～を含む □human resources department 人事部

5. 正解 (D)

解説 所有格の後ろには名詞を置く！ P.158 ❶ の❶をチェック！

文法問題タイプ❶品詞問題　所有格 your の後ろに入る単語を選びます。**「所有格の後ろには名詞を置く」という文法ルール**に従い、(D) application が正解となります。この問題の選択肢から**名詞を選ぶコツは、名詞の語尾を表す –tion を見て判別すること**です。(B) は動名詞の用法を持つので名詞として使用できますが、今回のように「動名詞」と「名詞」の両方が選択肢にある場合は「名詞」を選びましょう。

---

6. 正解 (A)

解説 語彙は文脈に一番合ったものを選ぶ！ P.158 ❷ の❹をチェック！

文脈問題タイプ❹語彙問題　文書冒頭で、すでに応募書類を**提出**していることが分かります。また、空所のある文に In addition（さらに）、や we would also like you to ～（また～もお願いしたい）とあり、**追加で「提出」と同様の行動を促していると分かります。**よって、「(応募書類に加え) 出版物の一覧も**提出**してほしい」となる (A) が正解です。

---

7. 正解 (C)

解説 at the latest は頻出フレーズ！ P.158 ❶ の❶をチェック！

文法問題タイプ❶品詞問題　前置詞 at の後ろに〈the + 名詞〉の形で (B) の名詞を選んだ人もいるでしょう。文法的な視点は間違ってはいません。しかしここでは、**「(最も) 遅くても」という最上級〈the + 形容詞 + est〉**を使った表現を用います。よって (C) latest が正解です。at the latest を文末に置き、「遅くても金曜日までに」と、情報の提出期限を伝えています。

---

8. 正解 (B)

解説 空所前後の内容を明確に把握する！ P.158 ❷ の❸をチェック！

文脈問題タイプ❸文選択問題　空所前後の内容を把握します。空所の前には「情報を送ってほしい」と書かれ、後ろには「面接に選ばれた場合」について書かれています。**空所に当てはまる文は、前後どちらかと関連性がある内容**になります。(B) の文は「面接を３週間後に行う」とあるので、「面接関連の話」である後ろの文とつながります。したがって (B) が正解です。

頻度が大事！

学習を習慣化しよう！

英語学習は量も大事ですが、「頻度」がより重要です。英語学習を毎日の生活の中に組み込んで習慣化させましょう。そのための３つのポイントを紹介します。

1. 取り掛かりの学習量は最小限に！

最も大事なポイントは、取り掛かりの学習目標を小さくし、どんなに疲れていても達成できるくらいの学習量にすることです。例えば、「単語を１個覚える！」で十分です。最初は「学習効果があるのかどうか」を考えず、とにかく「毎日やること」に焦点を当てます。毎日学習に取り掛かる癖さえ付けば、量は後から増やせます。ちょっと掃除するつもりが大掃除になってしまったことはありませんか。脳には「いったん始めたらやめたくなくなる」という性質があるそうです。始めのハードルをグッと下げて、まずは毎日目標を達成する喜びを感じましょう！

2. 実施するタイミングを決める

いくら学習目標を小さくしても、「いつやるのか」を想像できなければタイミングを逃します。「行動する時間を決める」か「習慣化された行動にひも付ける」のがよいでしょう。私は台所に立ちながら英語の音声を聞くのが日課になっています。料理だけしていると物足りなさを感じるので、習慣化されているようです。

3. 達成感を味わえる工夫をする

小さな目標を毎日こなすだけでも達成感を味わえますが、「実行できた日を記録する」と、さらに達成感が増します。かつて「レコーディングダイエット」がはやりましたが、自分の食べたものを記録することで、自己管理力や達成感を味わえたからだと思います。まずは、「実行したかどうか」の○×だけを記録してみましょう。×があっても自分を責めず、諦めないでくださいね。また明日から続ければ大丈夫。○が書ける日をコツコツ積み重ねていきましょう。

第2部

全パート攻略：リーディング編

Part 7
読解問題

ヒントは英文の中にすべてある！
落ち着いて読んで見つけよう！

Part 7（読解問題）を見てみよう

問題形式

問題数	54問（テスト内の問題番号は、No.147～200）
目標解答時間	約55分（1問あたり約1分）
目標正解数	33問（600点目標）
出題内容	・1つの文書（シングルパッセージ）：29問／10セット ・2つの文書（ダブルパッセージ）：10問／2セット ・3つの文書（トリプルパッセージ）：15問／3セット 各文書、2～5問の設問の答えを、(A)(B)(C)(D)の中から選びます。

問題用紙を見てみよう

PART 7

Part 7の指示文

Part 7の指示文は「メールや広告などの文書を読みます。各文書、または文書のセットには複数の設問があります。設問ごとに最適な選択肢を(A)(B)(C)(D)の中から選びなさい」という内容です。

Questions 147-148 refer to the following form.

フォームタイプの文書の例です。

CUSTOMER FEEDBACK FORM

We hope you enjoyed your dining experience at Rivoli. Please share your feedback below. Include your name and contact information for a chance to win a $50 gift certificate.

Why did you choose Rivoli?

Dined here previously [ ]
Recommended by someone [ ]
Saw an advertisement [ ]
Read a review online [X]
Other [ ]

Please rate the following from 1 (poor) to 4 (excellent):

Quality of food [3]
Wait staff [2]
Menu options [3]
Value for money [3]
Atmosphere [4]

Name: Tetsuji Kawanishi
E-mail address: tkawanishi@swiftnet.com

147. Why does Mr. Kawanishi provide his e-mail address?
(A) To request a reply
(B) To receive a confirmation
(C) To obtain regular updates
(D) To be eligible for a prize

148. What did Mr. Kawanishi appreciate least about his experience?
(A) The price of the meal
(B) The variety of dishes
(C) The dining environment
(D) The customer service

文書のタイプ

❶ 表・リスト・フォーム（P.192で詳しく解説）

アンケートやスケジュール表、注文書や請求書などがあります。基本的には情報が羅列されており、備考欄に注意事項などのコメントがあります。

❷ 広告・クーポン（P.194で詳しく解説）

商品の広告やクーポンです。広告には宣伝されている商品の特徴、クーポンには割引価格や使用期限が書かれていることが多くあります。

❸ テキストメッセージ・チャット（P.196で詳しく解説）

スマートフォンやタブレット、パソコンでやりとりしているテキストメッセージやチャットです。2人、もしくは3人以上のやりとりがあります。

❹ 手紙・メール（P.200で詳しく解説）

一般的なビジネスメールです。採用担当者から応募者へのメールや、カスタマーサービス担当者から顧客へのメールなど、場面設定はさまざまです。

❺ 記事

新聞や雑誌の記事です。ビジネス関連の話などについて書かれています。

❻ 説明書

商品の取扱説明書などです。操作方法や使用上の注意点などが書かれています。

Part 7

解答の流れ

先に設問を確認し、何が問われているか頭に入れ、その解答となる箇所を文書の中から探しましょう。難しければ時間をかけ過ぎず、次の設問へ進みましょう。

問題数54問		目標解答時間：55分（14:05スタート、15:00終了）
1. シングルパッセージ：29問（10セット）	➡	29分
2. ダブルパッセージ：　10問（2セット）	➡	10分
3. トリプルパッセージ：15問（3セット）	➡	16分

次のページから、
「攻略ポイント」をチェック！ ▶▶▶

要点穴埋め

攻略ポイント

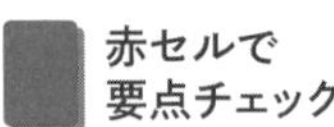

 問題タイプを把握しよう！

Part 7の設問には、いくつかの問題タイプがあります。まずは、それぞれの問題タイプで何が問われているのかを把握することが肝心です。

❶基本情報（目的・トピック）を問う問題（10～12問）

文書の目的や概要を問う問題です。

例 What is the **purpose** of the letter?（その手紙の目的は何ですか）

例 What is the article **mainly about**?（その記事の主な内容は何ですか）

【攻略法】注目箇所を読み取ろう！

手紙・メールの文書⇒（文書冒頭）に目的が説明されている場合が多い。

苦情・依頼の文書⇒（経緯を説明した後）に、目的が説明される場合が多い。

❷詳細を問う問題（18～22問）

質問文に(固有名詞)や(日付)などがあり、具体的な情報を問う問題です。

例 What did **Mr. Fuller** receive **on June 5**?
（Fullerさんは6月5日に何を受け取ったのですか）

【攻略法】キーワードを探そう！

(地名)(人名)(日時）などのキーワードを文書中に探して、関連情報を読み取ります。問われている情報が限定的であるため、答えのヒントも探しやすくなります。上記の例の場合、Mr. Fuller/on June 5を文書中で探し、それに関連する情報を読み取りましょう。

❸選択肢照合型問題（12～18問）

文書に（書かれていること）を選ぶ問題です。

例 What is **indicated [suggested/stated]** about the new employee?
（新しい従業員について何が述べられていますか）

【攻略法】どの選択肢が文書と合致するか、1つ1つ照合しよう！

選択肢4つのうち、文書の内容と合致するのは1つだけです。選択肢の内容を1つ1つ文書と照合する必要があり、時間のかかる問題です。

❹NOT問題（0〜4問）

質問文にNOTが入っています。「選択肢照合型問題」とは反対に、文書中に（書かれていないこと）を選ぶ問題です。

例 What is **NOT** a requirement for the job?
（その仕事の要件でないことは何ですか）

【攻略法】**どの選択肢が文書と合致しないか1つ1つ照合しよう！**

選択肢4つのうち3つは文書の内容と合致、1つは合致しないか矛盾しています。選択肢の内容を1つ1つ文書と照合する必要があるので、時間がかかります。時間がないならスキップすべき問題です。

❺同義語問題（1〜4問）

文書中の語の意味を問う問題です。選択肢から、文書中の語の意味と同じものを選びます。

例 In the letter, the word "find" in paragraph 2, line 3, is closest in meaning to (A)〜(D).
（手紙の第2段落3行目にある"find"に最も近い意味を(A)〜(D)の中から選びなさい）

【攻略法】**語の含まれる文を必ず読もう！**

安易に文書中の単語と選択肢だけを照らし合わせて選んではいけません。語が含まれる文全体を読んで、**文脈でどのような意味として使われているか**を読み取って選ぶことが大事です。

❻意図問題（2問）

複数人のチャットタイプの文書に出てくる発言の意図を問う問題です。

例 At 11:45 A.M., what does Ms. Suzuki mean when she writes "I have no idea"?
（午前11時45分にSuzukiさんが"I have no idea"と書いているのはどんな意味ですか）

【攻略法】**発言の前後を必ず確認！**

同義語問題と同じように、文書中の発言と選択肢だけを照らし合わせて答えを選んではいけません。そうすると、一見どれも意味として当てはまる気がしてしまいます。問われている発言の前後の内容を読み、話の流れを意識して答えを選びましょう。

❼文挿入問題（2問）

質問文で1文が提示され、その文を挿入するのに最も適する場所を選ぶ問題です。

例 In which of the positions marked [1], [2], [3], and [4] does the following sentence best belong? "However, he succeeded in his new business."

(次の文が入るのに最もふさわしい箇所を[1]、[2]、[3]、[4]の中から選びなさい。「しかし、彼は新しい事業で成功した」)

【攻略法】**内容を把握してから問題を解こう！**

まずは文書全体に目を通しましょう。内容を把握してから解いた方が、どこに文を挿入すべきか検討しやすいからです。質問文で提示された文を理解しなければならず、文書全体の意味の把握も必須となるため難易度が高い問題です。

2 問題タイプの優先順位を知ろう！

それぞれの問題タイプは、解くのにかかる時間や難易度が異なります。時間に余裕がない場合、どの問題を優先的に解くべきなのか下記を参考にしてください。

優先して解く問題

❷詳細を問う問題

❶基本情報（目的・トピック）を問う問題

❺同義語問題

❻意図問題

後回しで解く問題

❸選択肢照合型問題

❹NOT問題

❼文挿入問題

※「選択肢照合型問題」は出題数も多いため、スコアを伸ばすためには避けて通ることはできません！ しかし、時間がないときは上記の「優先して解く問題」から取り組みましょう。

練習問題

実際に、Part 7の問題を5セット解いてみましょう。
それぞれの文書に関する設問について、最も適切な選択肢を、(A)〜(D)の中から1つ選んでください。解答時間は15分以内を目標にしましょう。

Questions 1-2 refer to the following form.

ACE Appliance Services

9200 Burksdale Parkway
Denver, CO 80225

Invoice No. 325053

Date of issue: February 10
Date of visit: February 8

Customer name: Dina Gascon, Manager, Cool Beanz Café
Address: 784 Porter Street, Denver

Requested repair: Fix a broken freezer
Product type: PT7000 refrigerator
Repair assigned to: Miguel Rodriguez

Labor:		$80.00
Parts:	Compressor —	$350.00
Total:		$430.00

Notes:
I determined the problem to be a defective compressor.
I requested that a new compressor be shipped to the customer on the day I visited. It should arrive in several days. The customer will contact us upon receiving the part to arrange for installation.
No charge for parts and labor, which are covered by warranty.

1. Who is Mr. Rodriguez?
(A) A Cool Beanz Café employee
(B) An ACE Appliance Services customer
(C) A delivery person
(D) A repair technician

2. What happened on February 8?
(A) A compressor was installed.
(B) A replacement part was ordered.
(C) A faulty refrigerator was fixed.
(D) A payment was made in full.

Questions 3-4 refer to the following advertisement.

BACK TO SCHOOL WITH SMART ELECTRONICS

From grade school through graduate school, Smart Electronics has back-to-school essentials for all students. From laptops for your desk to TVs and stereos for your room, Smart Electronics can help you prepare for the new school year at affordable prices. And whether you're home or away from home, we offer 24-hour online technical support to help you resolve your technical questions and issues.

Join our Smart Student Membership for online shopping and get up to 10% off on any item we carry! Members additionally save 50% on shipping costs. Visit us at www.smartelectronics.com to start saving online.

3. What service does Smart Electronics provide to its customers?

(A) Computer classes

(B) Free installation

(C) Electronics repair

(D) Help for technical problems

4. What is indicated about the Smart Student Membership?

(A) It is available for online shopping.

(B) It is valid for 10 years.

(C) It offers free shipping.

(D) It requires a membership fee.

Questions 5-7 refer to the following online chat.

Tamara Kostov [10:42 A.M.]
Dennis, I heard from Stephanie Burns at Winntek about next week. She's available for a lunch meeting on Friday.

Dennis Wu [10:43 A.M.]
That works for me. How about Chez Maurice?

Tamara Kostov [10:44 A.M.]
I'll give them a call right now. Hold on.

Tamara Kostov [10:47 A.M.]
We'll need to think of something else. Chez Maurice is full during lunch next Friday.

Dennis Wu [10:48 A.M.]
I sometimes take clients to Arbutus. The menu's more limited than Chez Maurice, but it's spacious and quiet—good for discussing business. It's a little further from the office, though, so we'll need to drive.

Tamara Kostov [10:49 A.M.]
Fine with me. Can you make a reservation there for noon?

Dennis Wu [10:50 A.M.]
Sure. We should also get together sometime before Friday to review the issues we want to discuss with Ms. Burns. I have a few ideas to propose.

Tamara Kostov [10:51 A.M.]
Okay. How about next Monday?

5. At 10:47 A.M., what does Ms. Kostov most likely mean when she writes, "We'll need to think of something else"?
(A) She disagrees with a suggestion.
(B) She cannot attend a meeting.
(C) She could not make a reservation.
(D) She is not satisfied with Winntek.

6. Why does Mr. Wu like Arbutus?
(A) It is suitable for meetings.
(B) It has plenty of parking spaces.
(C) It offers a wide variety of dishes.
(D) It is conveniently located.

7. What will Mr. Wu most likely do next Monday?
(A) Get approval for a proposal
(B) Change a reservation date
(C) Review Ms. Burns's performance
(D) Have a meeting with Ms. Kostov

Questions 8-10 refer to the following e-mail.

Date:	August 17
From:	Cameron Neely <cneely@tdt-limited.com>
To:	Robert Orr <rob.orr@torontopackers.com>
Subject:	Team Uniforms
Attachment:	List of players

Dear Mr. Orr,

Thank you again for taking the time to let me visit yesterday to discuss supplying your hockey team with our sportswear. As a lifelong fan of the Toronto Packers, I'm honored that you are considering us as your provider.

Please let me know if you'd like to proceed. If so, please also confirm that the attached players' names and numbers are correct and we can begin right away. If you have any further questions, please feel free to contact me.

Best regards,

Cameron Neely
Senior Manager, Sales Team
TDT Limited

8. What did Mr. Neely do on August 16?
(A) He watched a hockey game.
(B) He paid a bill.
(C) He delivered an order.
(D) He met with Mr. Orr.

9. What does TDT Limited most likely sell?
(A) Local souvenirs
(B) Athletic clothing
(C) Event tickets
(D) Skating lessons

10. What has Mr. Neely sent with this e-mail?
(A) A catalog
(B) A discount coupon
(C) A team list
(D) A quotation

（問題は次のページに続きます）

Questions 11-15 refer to the following advertisement and online review.

The Caravan series by H&H

H&H proudly introduces the Caravan series. The set includes the full-size suitcase and the smaller carry-on bag. Each piece has a durable exterior that resists scratches and dents. Both pieces are backed by a one-year warranty.

The four wheels of the suitcase allow it to roll smoothly and easily through airports. Its two interior compartments can be detached for use as tote bags—ideal for market trips or souvenir shopping. Each tote bag has sturdy handles and a shoulder strap.

The carry-on bag has a pull-out handle and two sturdy steel wheels for ease of movement. This piece is roomy enough for trips lasting two or three days. The two wheels can be removed and used as a backpack.

Product: Caravan luggage set
Rating: ★★★☆☆

I'm traveling for a vacation at the end of the month. I needed new luggage, so I bought the set yesterday, when it first became available in stores. Both bags look very attractive. The overall quality is very high, which is not surprising given the manufacturer's reputation. I would give a higher rating, but one of the four wheels does not spin. I plan to take it back to the store tomorrow and get a replacement.

Reviewer: Kate Buren
Date Posted: November 20

11. What does H&H most likely produce?
(A) Vehicles
(B) Shoes
(C) Luggage
(D) Clothes

12. What is NOT mentioned as a feature of the Caravan series?
(A) Removable parts
(B) Wheels
(C) A guarantee
(D) Steel handles

13. When did Ms. Buren most likely make her purchase?
(A) On November 19
(B) On November 20
(C) On November 21
(D) On November 30

14. What does Ms. Buren suggest about H&H?
(A) It offers low prices.
(B) It has its own stores.
(C) It is a new company.
(D) It is known for its quality.

15. What part of the set does Ms. Buren complain about?
(A) The suitcase
(B) The carry-on bag
(C) The tote bags
(D) The backpack

次のページから、練習問題を使って
攻略ポイントの詳細を見ていきましょう!

攻略ポイント解説

❶表・リスト・フォーム

この文書タイプの特徴は、ストーリーや文脈に重点を置いていないという点です。設問を読み、必要な情報だけを探して読むことが可能です。

Questions 1-2 refer to the following form.

ACE Appliance Services

9200 Burksdale Parkway
Denver, CO 80225

Invoice No. 325053

Date of issue: February 10
Date of visit: February 8

Customer name: Dina Gascon, Manager, Cool Beanz Café
Address: 784 Porter Street, Denver

Requested repair: Fix a broken freezer
Product type: PT7000 refrigerator
Repair assigned to: Miguel Rodriguez

Labor:		$80.00
Parts:	Compressor –	$350.00
Total:		$430.00

Notes:
I determined the problem to be a defective compressor. I requested that a new compressor be shipped to the customer on the day I visited. It should arrive in several days. The customer will contact us upon receiving the part to arrange for installation. No charge for parts and labor, which are covered by warranty.

文書の訳

設問1-2は次のフォームに関するものです。

ACE Appliance Services社

バークスデール大通り9200番地
デンバー、コロラド州、80225

請求書番号　325053

発行日：2月10日
訪問日：2月8日

お客様のお名前：Cool Beanzカフェ　マネージャー　Dina Gascon
ご住所：ポーター通り784番地、デンバー

依頼の修理：故障した冷凍庫の修理
製品概要：PT7000冷蔵庫
修理担当者：Miguel Rodriguez

作業代：		80ドル
部品代：	コンプレッサー　—	350ドル
合計金額：		430ドル

備考：
問題はコンプレッサーの欠陥であることを突き止めました。私がお伺いした日に新しいコンプレッサーをお客様にお送りするようお願いしました。数日後には届く予定です。部品が届き次第、設置の手配をとるためにお客様から連絡があります。保証対象なので部品代と作業代はかかりません。

文書の語句 □labor 作業　□determine ～を突き止める　□defective 欠陥のある
□ship ～を発送する　□charge 請求　□warranty 保証(書)

1.の解答・解説

1. Who is Mr. Rodriguez?
   (A) A Cool Beanz Café employee
   (B) An ACE Appliance Services customer
   (C) A delivery person
   (D) A repair technician

訳 Rodriguezさんは誰ですか。
(A) Cool Beanzカフェの従業員
(B) ACE Appliance Services社の顧客
(C) 配達員
(D) 修理技師

正解 (D) 固有名詞を文中で探そう！

詳細を問う問題なので、質問文の**固有名詞は重要なヒント**になります。Mr. Rodriguezを文書中で探すと、Repair assigned toの後にあります。これは「～に割り当てられた修理」という意味なので、Mr. Rodriguezは製品の修理を担当した人だと分かります。よって、正解は(D)となります。

2.の解答・解説

2. What happened on February 8?
   (A) A compressor was installed.
   (B) A replacement part was ordered.
   (C) A faulty refrigerator was fixed.
   (D) A payment was made in full.

訳 2月8日に何がありましたか。
(A) コンプレッサーが設置された。
(B) 交換部品が注文された。
(C) 不具合のある冷蔵庫が修理された。
(D) 全額が支払われた。

正解 (B) 備考欄は解答のヒントになる！

フォームにある訪問日が**2月8日**になっているので、その日に何があったかを探ります。**Notes（備考欄）**を見ると、「訪問した日に新しいコンプレッサーをお客様にお送りするようお願いした」とあることから、交換用の部品（コンプレッサー）が注文されたと推測できます。よって、正解は(B)です。

設問の語句 2. □install ～を設置する　□replacement 交換　□faulty 欠陥のある
□payment 支払い

攻略ポイント解説

❷広告・クーポン

この文書タイプでは、宣伝されている商品の特徴やサービス、割引内容がよく問われます。

Questions 3-4 refer to the following advertisement.

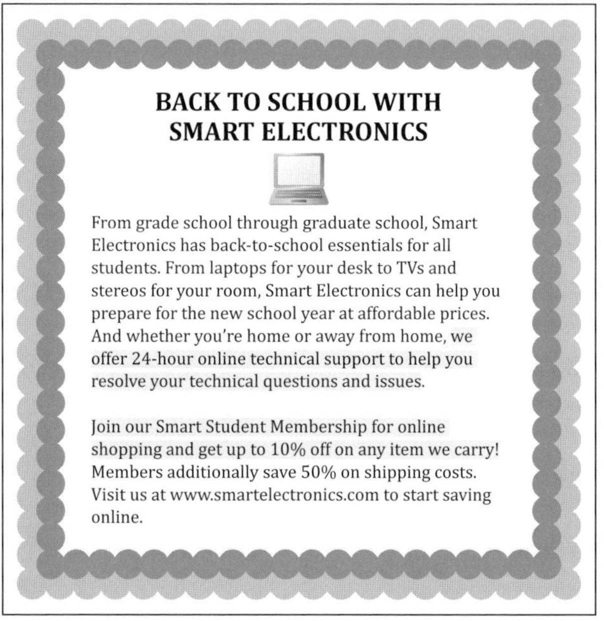

BACK TO SCHOOL WITH SMART ELECTRONICS

From grade school through graduate school, Smart Electronics has back-to-school essentials for all students. From laptops for your desk to TVs and stereos for your room, Smart Electronics can help you prepare for the new school year at affordable prices. And whether you're home or away from home, we offer 24-hour online technical support to help you resolve your technical questions and issues.

Join our Smart Student Membership for online shopping and get up to 10% off on any item we carry! Members additionally save 50% on shipping costs. Visit us at www.smartelectronics.com to start saving online.

文書の訳

設問3-4 は次の広告に関するものです。

Smart Electronics社で新学期準備を

Smart Electronics社は小学校から大学院までのあらゆる学生が新学期に必要になる商品を取りそろえています。勉強机用のノートパソコンからあなたの部屋に置くテレビやステレオまで、Smart Electronics社はお手頃な価格で新年度の準備ができるようお手伝いします。そしてご自宅にいるときでもいないときでも、技術的な質問や問題があった場合に解決する手助けができるよう24時間オンライン技術サポートを提供しています。

Smart学生会員になるとオンラインショッピングができ、当店のどの商品も最大10%引きでお買い物ができます！ さらに会員は送料が50%引きとなります。オンラインショッピングで節約を開始するには、www.smartelectronics.comにアクセスしてください。

文書の語句 □ back-to-school 新学期の　□ essentials 必需品
□ prepare for ～ ～の準備をする　□ affordable 手頃な　□ offer ～を提供する
□ resolve ～を解決する　□ issue 問題　□ up to ～ 最大～まで
□ carry ～を取り扱う　□ additionally その上　□ shipping cost 送料

3. の解答・解説

3. What service does Smart Electronics provide to its customers?
(A) Computer classes
(B) Free installation
(C) Electronics repair
(D) Help for technical problems

訳 Smart Electronics社はどのようなサービスを顧客に提供していますか。
(A) パソコン教室
(B) 無料の設置
(C) 電子機器の修理
(D) 技術的問題の支援

正解 (D) 選択肢の言い換え表現に注意！

広告前半は商品説明です。どのような商品が購入できるかについて説明しています。そして、広告中盤でwe offer 24-hour online technical supportとあり、24時間オンライン技術サポートを提供していることが分かります。よって(D)が正解。**文書中のtechnical questions and issuesが、選択肢ではtechnical problemsと言い換えられている点に注意しましょう。**

4. の解答・解説

4. What is indicated about the Smart Student Membership?
(A) It is available for online shopping.
(B) It is valid for 10 years.
(C) It offers free shipping.
(D) It requires a membership fee.

訳 Smart学生会員について何と言及されていますか。
(A) オンラインショッピングが可能である。
(B) 10年間有効である。
(C) 無料配送を提供する。
(D) 会員料金を要求する。

正解 (A) 文書と選択肢の内容を照合しよう！

ここでは、Smart Student Membership（Smart学生会員）について問われています。**割引や優待についての情報は、広告の後半に書かれていることが多いです。** 2段落目に「Smart学生会員になるとオンラインショッピングができ」とあるため、(A)が正解となります。**選択肢の内容が文書に書かれているか、相違点がないかを注意深く読み取ることが必要です。**

設問の語句 3. □ installation 設置　□ electronics 電子機器　4. □ valid 有効な

Part 7

攻略ポイント解説

❸テキストメッセージ・チャット

チャットタイプの文書は文脈の流れを追うことがカギです。読み飛ばすことはせず、上から丁寧に読みましょう。

Questions 5-7 refer to the following online chat.

Tamara Kostov [10:42 A.M.]
Dennis, I heard from Stephanie Burns at Winntek about next week.
She's available for a lunch meeting on Friday.

Dennis Wu [10:43 A.M.]
That works for me. How about Chez Maurice?

Tamara Kostov [10:44 A.M.]
I'll give them a call right now. Hold on.

Tamara Kostov [10:47 A.M.]
We'll need to think of something else. Chez Maurice is full during lunch next Friday.

Dennis Wu [10:48 A.M.]
I sometimes take clients to Arbutus. The menu's more limited than Chez Maurice, but it's spacious and quiet—good for discussing business. It's a little further from the office, though, so we'll need to drive.

Tamara Kostov [10:49 A.M.]
Fine with me. Can you make a reservation there for noon?

Dennis Wu [10:50 A.M.]
Sure. We should also get together sometime before Friday to review the issues we want to discuss with Ms. Burns. I have a few ideas to propose.

Tamara Kostov [10:51 A.M.]
Okay. How about next Monday?

文書の訳

設問 5-7 は次のオンラインチャットに関するものです。

Tamara Kostov [午前10時42分]
Dennis、Winntek社のStephanie Burnsから来週について連絡があったの。金曜日のランチミーティングなら都合がつくみたい。

Dennis Wu [午前10時43分]
僕もそれでいいよ。Chez Mauriceはどうかな？

Tamara Kostov [午前10時44分]
今電話してみる。ちょっと待ってて。

Tamara Kostov [午前10時47分]
他のお店を当たってみないといけないわ。Chez Mauriceは来週の金曜日のお昼の時間は予約でいっぱいだって。

Dennis Wu [午前10時48分]
僕は顧客をArbutusに連れて行くこともあるよ。メニューはChez Mauriceより少ないけど広々としていて静かだし商談にはぴったりなんだ。でも事務所からはさらに少し離れているから車で行かないといけない。

Tamara Kostov [午前10時49分]
構わないわ。正午で予約を取ってくれる？

Dennis Wu [午前10時50分]
もちろん。あと、Burnsさんと話し合いたい問題をおさらいするためにいつか金曜日より前に僕たちも会った方がいいね。いくつか提案したいことがあるんだ。

Tamara Kostov [午前10時51分]
了解。来週の月曜日はどう？

文書の語句 □available 都合がつく　□work 都合が良い
□hold on（電話などを）切らずに待つ　□else 他に　□full いっぱいで
□client 顧客　□spacious 広々とした　□further さらに遠い　□reservation 予約
□get together 集まる　□review ～を見直す　□issue 問題、話題
□propose ～を提案する

5. の解答・解説

5. At 10:47 A.M., what does Ms. Kostov most likely mean when she writes, "We'll need to think of something else"?

(A) She disagrees with a suggestion.
(B) She cannot attend a meeting.
(C) She could not make a reservation.
(D) She is not satisfied with Winntek.

訳 午前10時47分にKostovさんが "We'll need to think of something else" と書く際、何を意図していると考えられますか。

(A) 提案に異論がある。
(B) ミーティングに出席できない。
(C) 予約ができなかった。
(D) Winntek社に満足していない。

正解 (C) 意図問題は前後の発言がヒントになる！

質問文中にある発言だけを読んでも解答はできません。チャットの始めから流れを追い、**特にその発言の前後に注目します。**このチャットではランチミーティングの場所について話し合っており、10時44分の発言から、Wuさんが提案したレストランにKostovさんが予約を取ろうと電話しているのが分かります。しかし、「他のお店を当たってみないといけない」とあり、その後に「次の金曜日は予約でいっぱいだ」と発言していることから、予約ができなかったと考えられます。よって(C)が正解です。

6. の解答・解説

6. Why does Mr. Wu like Arbutus?

(A) It is suitable for meetings.
(B) It has plenty of parking spaces.
(C) It offers a wide variety of dishes.
(D) It is conveniently located.

訳 WuさんはなぜArbutusを気に入っているのですか。

(A) ミーティングに適している。
(B) 駐車スペースが十分にある。
(C) 料理の種類が多い。
(D) 便利な場所にある。

正解 (A) 質問文の主語の発言に注目！

質問文では、Wuさんのことを聞いているので、Wuさんの発言に注目します。10時48分に、WuさんはレストランArbutusへ顧客を連れて行ったことがあると発言しています。その後、Arbutusがspacious and quiet（広くて静か）で、good for discussing business（商談に良い）と説明しています。つまりこれらがArbutusを気に入っている理由だと考えられ、正解は(A)になります。

7. の解答・解説

7. What will Mr. Wu most likely do next Monday?
   (A) Get approval for a proposal
   (B) Change a reservation date
   (C) Review Ms. Burns's performance
   (D) Have a meeting with Ms. Kostov

訳 Wu さんは来週の月曜日、何をすると考えられますか。
   (A) 提案の承認をもらう
   (B) 予約の日にちを変更する
   (C) Burns さんの業績を見直す
   (D) Kostov さんと打ち合わせをする

正解 (D) 問われている発言の前後をよく読もう！

この設問も、Wu さんの発言に注目しましょう。10時50分に、ランチミーティングが行われる来週の金曜日より前に会い、話し合う問題をおさらいしようとKostov さんに提案しています。ここから、Kostov さんとの打ち合わせを要求していることが分かります。それに対し、10時51分に、Kostov さんが来週の月曜日を提案していることから、正解は(D)だと判断できます。チャット問題では、**質問文で問われている内容に関連する前後の発言**から適切な情報を読み取ることが大事です。

Part 7

設問の語句
5. □ disagree with ～ ～に反対する　□ suggestion 提案　□ attend ～に出席する
□ make a reservation 予約する　□ *be* satisfied with ～ ～に満足する
6. □ suitable 適切な　□ plenty of ～ たくさんの～
□ a wide variety of ～ さまざまな種類の～　□ conveniently 便利に
7. □ approval 承認　□ review ～を見直す　□ performance 業績

攻略ポイント解説

❹手紙・メール

メールタイプの文書はメールの送信者、受信者がどんな立場の人かを確認しながら読み進めましょう。内容が把握しやすくなります。

Questions 8-10 refer to the following e-mail.

Date:	August 17
From:	Cameron Neely <cneely@tdt-limited.com>
To:	Robert Orr <rob.orr@torontopackers.com>
Subject:	Team Uniforms
Attachment:	List of players

Dear Mr. Orr,

Thank you again for taking the time to let me visit yesterday to discuss supplying your hockey team with our sportswear. As a lifelong fan of the Toronto Packers, I'm honored that you are considering us as your provider.

Please let me know if you'd like to proceed. If so, please also confirm that the attached players' names and numbers are correct and we can begin right away. If you have any further questions, please feel free to contact me.

Best regards,

Cameron Neely
Senior Manager, Sales Team
TDT Limited

文書の訳

設問8-10は次のEメールに関するものです。

日付：8月17日
送信者：Cameron Neely <cneely@tdt-limited.com>
宛先：Robert Orr <rob.orr@torontopackers.com>
件名：チームのユニフォーム
添付：選手のリスト

Orr様

当社のスポーツウエアを貴ホッケーチームに支給させていただくご相談のために昨日はお伺いしてお時間をいただきまして、重ねてお礼申し上げます。Toronto Packersの生涯にわたるファンとしましては、当社を供給者としてご検討いただき光栄に思っております。

お話を進めていただけるようでしたらご連絡ください。その場合は、添付されている選手の名前と番号が正しいかどうかご確認ください、そうしましたら、すぐに取り掛からせていただきます。さらにご質問がございましたら、お気軽にご連絡ください。

よろしくお願いいたします。

Cameron Neely
販売部　シニアマネージャー
TDT Limited社

文書の語句 □take the time 時間を取る　□supply *A* with *B* AにBを支給する
□lifelong 生涯にわたる　□*be* honored 光栄である　□consider ～を検討する
□proceed 着手する　□confirm ～を確認する

Part 7

8. の解答・解説

8. What did Mr. Neely do on August 16?
   (A) He watched a hockey game.
   (B) He paid a bill.
   (C) He delivered an order.
   (D) He met with Mr. Orr.

訳 Neelyさんは8月16日に何をしましたか。
(A) ホッケーの試合を見た。
(B) 支払いをした。
(C) 注文品を配送した。
(D) Orrさんに会った。

正解 (D) 人名をメールの中で確認！

メールのヘッダーから**質問文中のNeelyさんがメールの送信者であることを確認します。**メールの冒頭では、Neelyさんがメールの受信者であるOrrさんに、昨日時間を取ってくれたことに対してお礼を述べています。つまり、NeelyさんはOrrさんに昨日会ったことが分かるため、(D)が正解となります。**質問文と選択肢に出てくるNeelyさんとOrrさんの名前をメールの中で探して、2人の関係性をしっかり把握しましょう。**

9. の解答・解説

9. What does TDT Limited most likely sell?
   (A) Local souvenirs
   (B) Athletic clothing
   (C) Event tickets
   (D) Skating lessons

訳 TDT Limited社は何を売っていると考えられますか。
(A) 地元の土産物
(B) 運動選手用の衣類
(C) イベントのチケット
(D) スケートのレッスン

正解 (B) 情報をリンクさせて答えを導こう！

まずはTDT Limitedをメールの中で確認しましょう。すると、最後の送信者名と一緒に、会社名が記載されています。つまり、**NeelyさんのA所属する会社がTDT Limitedであると情報をリンクさせることができます。**そして、Neelyさんが販売しようとしているものをメールから読み取れば、TDT Limitedが売っているものも分かるということです。メール冒頭で、NeelyさんはOrrさんを訪問した理由について、「当社のスポーツウエアを貴ホッケーチームに支給させていただくご相談のために」と書いています。よって、「スポーツウエア」を「運動選手用の衣類」と表現している(B)が正解だと分かります。

10.の解答・解説

10. What has Mr. Neely sent with this e-mail?

(A) A catalog
(B) A discount coupon
(C) A team list
(D) A quotation

訳 Neelyさんはメールと一緒に何を送りましたか。

(A) カタログ
(B) 割引クーポン
(C) チームのリスト
(D) 見積書

正解 (C) メールの添付内容は頻出問題！

メール後半で、please also confirm that the attached players' names and numbers are correct (添付されている選手の名前と番号が正しいかどうかご確認ください) とあり、選手の名前と番号が確認できるものをメールと一緒に送信していることが分かります。よって、(C)が正解です。**メールに添付したものについて問われる問題がよく出題されます。**動詞attach (〜を添付する) は必ず覚えておきましょう。

設問の語句 8. □bill 請求書　□deliver 〜を配達する

ミニ講座 メール文書タイプのチェックポイント！

文書タイプがメールの場合は、読む場所によってどんな情報が得られるか知っておくと、素早く情報収集ができ、理解度が高まります。

❶メールアドレスの@マークの後ろで所属している会社や組織をチェック！
❷件名で何に関するメールかをチェック！
❸本文で送信者と受信者の関係性をチェック！

Date: 19 October
From: Akiko Komai <Komai-akiko@abccompany.com>
To: Yoko Suzuki <Suzuki-yoko@ abccompany.com >
Subject: Meeting agenda
Attachment: List of participants

Dear Ms. Suzuki,

Best regards,

Akiko Komai
Senior Manager, Accounting Department

❶@マークの後ろが同じなら同じ会社や組織の人、違う場合は別の所属だと分かる！

❷件名で何に関するメールかをチェック！

❸店員と顧客のやりとりか、採用担当者と志願者かなどの関係性を意識して読む！

攻略ポイント解説
❺ダブルパッセージ

2つの文書が1セットの問題として出題されます。1つの文書を読めば分かる問題もあれば、2つの文書を読み、それぞれの文書に書かれた情報をリンクさせて解く「両文書参照型問題」もあります。

Questions 11-15 refer to the following advertisement and online review.

The Caravan series by H&H 

H&H proudly introduces the Caravan series. The set includes the full-size suitcase and the smaller carry-on bag. Each piece has a durable exterior that resists scratches and dents. Both pieces are backed by a one-year warranty.

The four wheels of the suitcase allow it to roll smoothly and easily through airports. Its two interior compartments can be detached for use as tote bags—ideal for market trips or souvenir shopping. Each tote bag has sturdy handles and a shoulder strap.

The carry-on bag has a pull-out handle and two sturdy steel wheels for ease of movement. This piece is roomy enough for trips lasting two or three days. The two wheels can be removed and used as a backpack.

Product: Caravan luggage set
Rating: ★★★☆☆

I'm traveling for a vacation at the end of the month. I needed new luggage, so I bought the set yesterday, when it first became available in stores. Both bags look very attractive. The overall quality is very high, which is not surprising given the manufacturer's reputation. I would give a higher rating, but one of the four wheels does not spin. I plan to take it back to the store tomorrow and get a replacement.

Reviewer: Kate Buren
Date Posted: November 20

文書の語句 【広告】□include ～を含む □carry-on 機内に持ち込める □durable 耐久性のある □exterior 外部 □resist ～に耐える □dent くぼみ □piece 1個、部品 □warranty 保証 □wheel 車輪 □allow *A* to *do* Aが～するのを可能にする

□compartment 部分　□detach ～を取り外す　□sturdy 頑丈な
【オンラインレビュー】□attractive 魅力的な　□overall 全体的な
□manufacturer 製造業者　□reputation 評判　□rating 評価　□spin 回る
□replacement 交換品

文書の訳

設問11-15は次の広告とオンラインレビューに関するものです。

【広告】

H&H社のCaravanシリーズ

H&H社は自信を持ってCaravanシリーズを紹介いたします。このセットに含まれているのは標準サイズのスーツケースとそれより小さい機内持ち込み用バッグです。それぞれ外装の耐久性が高く、傷やへこみができにくくなっています。両方とも1年間の保証付きです。

スーツケースの4つの車輪は空港でのスムーズで簡単な移動を可能にします。2つの内部の仕切り部分は取り外してトートバッグとして使うことができ、食料品店に行ったりお土産を買いに行ったりするときに理想的です。それぞれのトートバッグには頑丈な持ち手とショルダーストラップが付いています。

機内持ち込み用バッグには引き出せるハンドルと2つの頑丈なスチール製の車輪が付いていて動かしやすくなっています。このバッグは2、3日の旅行に十分な容量があります。2つの車輪を取り外してリュックとして使うことができます。

【オンラインレビュー】

商品：Caravan旅行かばんセット
評価：★★★☆☆

今月末に旅行に行く予定です。新しい旅行かばんが必要だったので、店頭で新発売だったそのセットを昨日買いました。バッグの見た目は両方ともとても魅力的です。全体的に非常に高品質ですが、メーカーの評判を考えると当然と言えます。もっと高い評価を付けたかったのですが、4つの車輪のうち1つが回りません。明日お店に持っていって交換してもらうつもりです。

評価者：Kate Buren
投稿日：11月20日

11.の解答・解説

11. What does H&H most likely produce?
(A) Vehicles
(B) Shoes
(C) Luggage
(D) Clothes

訳 H&H社は何を製造していると考えられますか。
(A) 車
(B) 靴
(C) かばん
(D) 服

正解 (C) 商品説明は冒頭をチェック！

広告タイプの文書では、通常商品に関する説明は冒頭に書かれています。「H&H社は自信を持ってCaravan シリーズを紹介いたします」の直後に、The set includes（そのセットは～を含みます）とあります。**The set（そのセット）とはCaravan seriesを指していると認識するのがカギ**です。そのセット（Caravan series）が含むものは、「スーツケース」と「機内持ち込み用バッグ」と書かれているため、H&H社が製造しているものはかばんだと判断できます。よって、正解は(C)です。

12. の解答・解説

12. What is NOT mentioned as a feature of the Caravan series?
   (A) Removable parts
   (B) Wheels
   (C) A guarantee
   (D) Steel handles

訳 Caravanシリーズの特徴として挙げられていないものは何ですか。
(A) 取り外しできるパーツ
(B) 車輪
(C) 製品保証
(D) スチール製の持ち手

正解 (D) NOT問題は１つ１つ照合！

NOT問題は１つ１つの選択肢が文書に書かれているかどうかをチェックし、書かれていない内容を正解として選びます。ここではCaravan seriesに関して問われているため、広告に目を通しましょう。(A)は２段落目にinterior compartments **can be detached**（内部の仕切り部分は**取り外せる**）とあり、(B)は２段落目にThe **four wheels** ～とあり、**４つの車輪**について言及されています。また、(C)は１段落目の最後にBoth pieces are backed by a one-year **warranty**（両方とも１年間の**保証**付きです）と言及されています。よって、文書中で特徴として言及されていない(D)が正解です。

13. の解答・解説

13. When did Ms. Buren most likely make her purchase?
   (A) On November 19
   (B) On November 20
   (C) On November 21
   (D) On November 30

訳 Burenさんはいつ商品を購入したと考えられますか。
(A) 11月19日
(B) 11月20日
(C) 11月21日
(D) 11月30日

正解 (A)　必要な情報を「探す」！

オンラインレビューには「そのセット（Caravan series）を昨日買った」とあるため、**昨日がいつなのかが分かる情報を探します。**投稿日に11月20日とあるので、購入日はその前日だと判断でき、(A)が正解です。

14. の解答・解説

14. What does Ms. Buren suggest about H&H?
(A) It offers low prices.
(B) It has its own stores.
(C) It is a new company.
(D) It is known for its quality.

訳 Buren さんはH&H社について何を示唆していますか。
(A) 低価格を実現している。
(B) 実店舗を保有している。
(C) 新しい会社である。
(D) 品質で知られている。

Part 7

正解 (D)　reputationは頻出単語！

オンラインレビューを見てみましょう。中盤で、「全体的に非常に高品質ですが、メーカーの評判を考えると当然と言えます」と書かれています。つまりメーカーの良い評判は周知の事実だと考えられます。よって、正解は(D)です。reputation（評判）は頻出単語です。

15. の解答・解説

15. What part of the set does Ms. Buren complain about?
(A) The suitcase
(B) The carry-on bag
(C) The tote bags
(D) The backpack

訳 このセットのどの部分についてBurenさんは苦情を言っていますか。
(A) スーツケース
(B) 機内持ち込み用バッグ
(C) トートバッグ
(D) リュック

正解 (A)　2つの文書から情報を得よう！

まずは、オンラインレビューの中でネガティブなコメントを探します。すると**「4つの車輪のうち1つが回らない」**とあります。次に広告を読むと、車輪が付いているのは、(A)のスーツケースと(B)の機内持ち込み用バックだと分かります。4つの車輪はどちらなのかは、広告の第2段落冒頭に**「スーツケースの4つの車輪は」**とあるので、正解は(A)だと判断できます。

設問の語句 **15.** □ complain about ～　～について苦情を言う

攻略ポイントを復習！
実践問題

解答・解説 ▶▶▶ P.214～

学習した攻略ポイントを復習して、次の問題5セットに挑戦してみましょう。
解答時間は15分以内を目標にしましょう。

Questions 1-2 refer to the following information.

Brockton Business Workshops (Sotheby Hall)

Date and Time	Presenter	Workshop Title
May 12, 6:00 P.M.	Amber Jennings	How to set up a new business
May 19, 6:00 P.M.	Isaac Leonard	How to plan a digital marketing campaign
May 20, 7:00 P.M.	Marion Young	Public speaking and presentations
May 26, 6:00 P.M.	Bessie Carroll	Improving Website effectiveness

* Organized by the Brockton Chamber of Commerce, these two-hour workshops are all free to attend; however, prior registration is required. To sign up, visit our Website at www.brocktonchambers.org.
* The May 26 session will last three hours and include a short break.

1. When can participants learn about giving presentations?
(A) On May 19
(B) On May 20
(C) On May 26
(D) On May 27

2. Who is scheduled to give a three-hour workshop?
(A) Amber Jennings
(B) Isaac Leonard
(C) Marion Young
(D) Bessie Carroll

Questions 3-4 refer to the following notice.

NOTICE

THIS MACHINE IS OUT OF SERVICE

Do not remove this tag
without permission from the shop supervisor!

Reason (Write below)

The connection between the sprayer and the hose is leaking. Unstable pressure results in uneven distribution of paint. This tool should not be used for painting vehicles until the exact cause is identified and the problem is resolved.

Pedro Ortega

Signed By: Pedro Ortega
Date: June 14

3. Where would the tag most likely be placed?

(A) On a forklift
(B) On a tool cabinet
(C) On a paint sprayer
(D) On a drill

4. Who most likely is Pedro Ortega?

(A) An auto shop employee
(B) A building maintenance worker
(C) An air-conditioning repairperson
(D) A car-rental agency supervisor

Questions 5-7 refer to the following online chat discussion.

Ruben Mendoza [11:07 A.M.]
Where are we with the bid for the Stowe Park sports complex? We have to submit the document to the city no later than 5 o'clock, but earlier would be better.

Carla Stanfield [11:08 A.M.]
I'm reviewing the architectural illustrations and drawings right now. There will be a few changes, but nothing major.

Toby Kemp [11:09 A.M.]
Jason's working on double-checking the figures and filling in some missing numbers. He's also trying to get some estimates on construction materials from some suppliers.

Ruben Mendoza [11:10 A.M.]
Shouldn't that have been done by now?

Toby Kemp [11:11 A.M.]
Suppliers have been slow in responding, so he's making some follow-up phone calls.

Ruben Mendoza [11:11 A.M.]
Is there anyone who can lend him a hand?

Carla Stanfield [11:12 A.M.]
I'll be available in about 30 minutes, as soon as I'm finished with this.

Ruben Mendoza [11:13 A.M.]
OK. Once you're done, go see Jason and ask him what to do. Let's try to get everything finalized by 4 if possible.

5. What task is Jason handling?
(A) Filling in an application
(B) Revising some drawings
(C) Inspecting a sports facility
(D) Obtaining some prices

6. At 11:10 A.M., what does Mr. Mendoza mean when he writes, "Shouldn't that have been done by now"?
(A) He is worried about a missing delivery.
(B) He already asked for the materials to be ordered.
(C) He is surprised by a delay.
(D) He thought a construction project was finished.

7. What will Ms. Stanfield do next?
(A) Fill in some documents
(B) Make a phone call
(C) Offer help to a colleague
(D) Submit the finalized form

Questions 8-10 refer to the following e-mail.

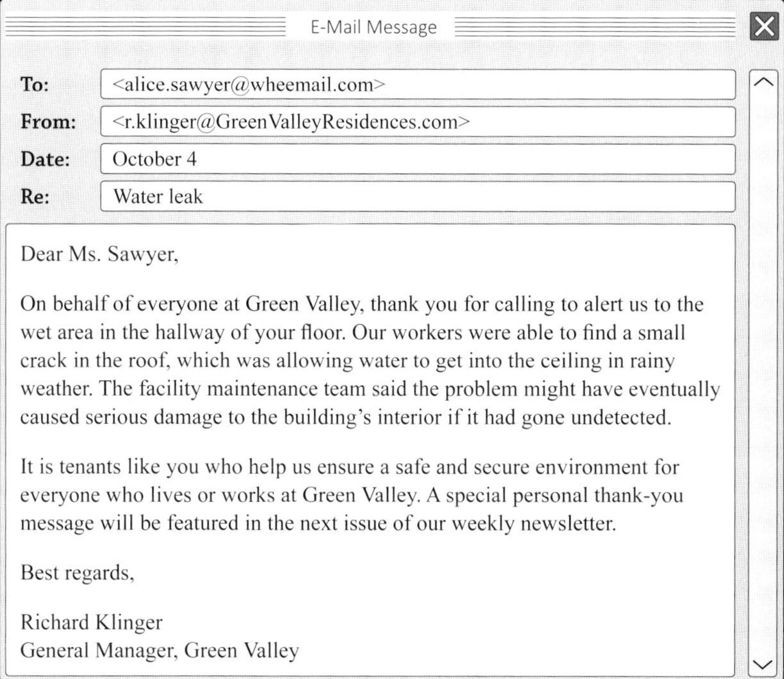

E-Mail Message

To: <alice.sawyer@wheemail.com>

From: <r.klinger@GreenValleyResidences.com>

Date: October 4

Re: Water leak

Dear Ms. Sawyer,

On behalf of everyone at Green Valley, thank you for calling to alert us to the wet area in the hallway of your floor. Our workers were able to find a small crack in the roof, which was allowing water to get into the ceiling in rainy weather. The facility maintenance team said the problem might have eventually caused serious damage to the building's interior if it had gone undetected.

It is tenants like you who help us ensure a safe and secure environment for everyone who lives or works at Green Valley. A special personal thank-you message will be featured in the next issue of our weekly newsletter.

Best regards,

Richard Klinger
General Manager, Green Valley

8. What most likely is Green Valley?
(A) A local community center
(B) An apartment complex
(C) A construction firm
(D) An office supply company

9. Why does Mr. Klinger thank Ms. Sawyer?
(A) She gave a timely warning.
(B) She quickly responded to a message.
(C) She made a payment promptly.
(D) She repaired a broken window.

10. What will Mr. Klinger do for Ms. Sawyer?
(A) Replace a damaged item
(B) Offer her a discount
(C) Recommend her for a job
(D) Mention her in a newsletter

Questions 11-15 refer to the following advertisement and e-mail.

JOB OPENING: EXECUTIVE ASSISTANT

Solva Enterprises is looking for an executive assistant to support the president. We are a fast-growing technology company, focused on becoming a market leader by delivering exceptional products and customer service.

The job's responsibilities include:

— Managing the president's busy calendar, including scheduling and confirming meetings and other business appointments and making travel arrangements

— Writing and replying to internal and external correspondence

— Preparing and distributing meeting agendas and other documents

Candidates must have some office experience. Secretarial skills are essential, including good writing ability, proficiency with general office software, and excellent interpersonal skills. A college degree is preferred.

If interested, please submit your résumé and two letters of reference to Miranda Davis at mdavis@solva.com. No phone calls or drop-ins.

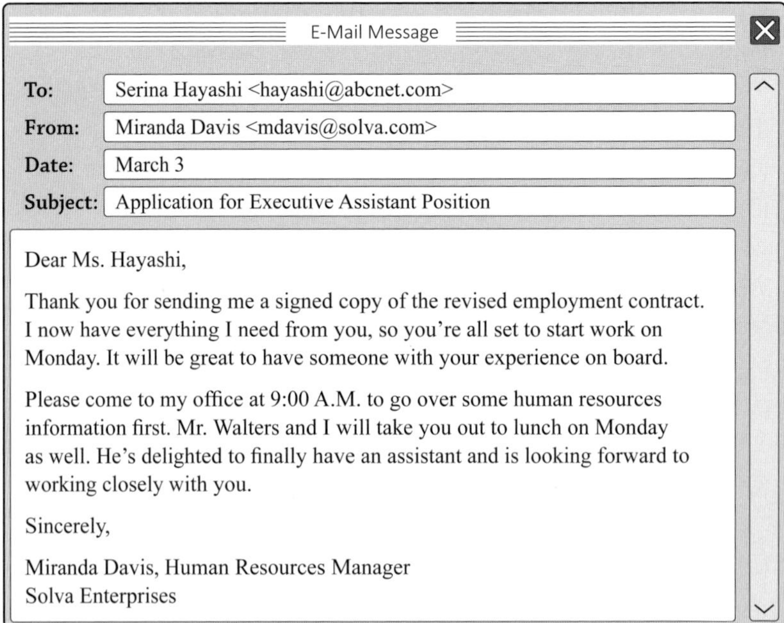

E-Mail Message

To: Serina Hayashi <hayashi@abcnet.com>
From: Miranda Davis <mdavis@solva.com>
Date: March 3
Subject: Application for Executive Assistant Position

Dear Ms. Hayashi,

Thank you for sending me a signed copy of the revised employment contract. I now have everything I need from you, so you're all set to start work on Monday. It will be great to have someone with your experience on board.

Please come to my office at 9:00 A.M. to go over some human resources information first. Mr. Walters and I will take you out to lunch on Monday as well. He's delighted to finally have an assistant and is looking forward to working closely with you.

Sincerely,

Miranda Davis, Human Resources Manager
Solva Enterprises

11. According to the advertisement, what do the executive assistant's duties include?
(A) Responding to e-mails and letters
(B) Accompanying the president on business trips
(C) Taking notes during meetings
(D) Serving customers

12. What is required of candidates?
(A) A flexible schedule
(B) Willingness to travel
(C) Computer skills
(D) A college degree

13. What are candidates instructed to do?
(A) Send a cover letter
(B) Apply by e-mail
(C) Submit a copy of a degree
(D) Take a writing test

14. What is the purpose of the e-mail?
(A) To announce a hiring decision
(B) To suggest changes to an agreement
(C) To schedule an interview
(D) To confirm receipt of a document

15. Who most likely is Mr. Walters?
(A) A customer service manager
(B) An administrative assistant
(C) A company president
(D) A human resources executive

実践問題(Part 7)の解答・解説

文書の訳

設問1-2は次のお知らせに関するものです。

Brockton ビジネスワークショップ(Sotheby会館)		
日時	**プレゼンター**	**ワークショップ題目**
5月12日 午後6時	Amber Jennings	新規事業を立ち上げる方法
5月19日 午後6時	Isaac Leonard	デジタルマーケティングキャンペーンの計画の立て方
5月20日 午後7時	Marion Young	パブリックスピーキングとプレゼンテーション
5月26日 午後6時	Bessie Carroll	ウェブサイトの有効性を高める
* Brockton商工会議所主催のこれら2時間のワークショップは参加無料ですが、事前登録が必要です。登録はウェブサイト www.brocktonchambers.org でお願いいたします。 * 5月26日のセッションは短い休憩を挟んで3時間を予定しています。		

【お知らせの情報】
①ワークショップ開催案内→②スケジュールと詳細→③備考欄の注意点(事前登録が必要、5月26日は3時間の予定)

文書の語句 □workshop ワークショップ、研修　□set up ～ ～を設立する
□improve ～を改善する　□effectiveness 有効性　□organize ～を主催する
□prior registration 事前登録　□require ～を必要とする
□sign up 登録して申し込む　□last 続く　□include ～を含む

設問の訳

1. 参加者はいつプレゼンテーションの仕方について学ぶことができますか。
(A) 5月19日
(B) 5月20日
(C) 5月26日
(D) 5月27日

2. 3時間のワークショップを行うのは誰ですか。
(A) Amber Jennings
(B) Isaac Leonard
(C) Marion Young
(D) Bessie Carroll

1. 正解 (B)

解説 知りたい情報はどこにあるのか判断しよう！ P.182 ❶ の❷をチェック！

❷詳細を問う問題　プレゼンテーションを学べる日が**どこに書いてあるのかをすぐに判断することがカギです。**ワークショップの内容は、「ワークショップ題目」の欄に書かれていることに気付きましょう。この中に、「パブリックスピーキングとプレゼンテーション」と書かれた項目があります。「日時」欄には、このワークショップが行われる日が5月20日だと書かれているため、(B) が正解となります。

設問の語句 □participant 参加者

---

2. 正解 (D)

解説 備考欄の内容は出題率が高い！ P.182 ❶ の❷をチェック！

❷詳細を問う問題　**備考欄にアスタリスク（*）付きの文で、イレギュラーな内容や注意点が書かれていることがあります。その内容を問う問題は頻出です。**この問題では、3時間のワークショップを誰がするのかを問われています。2つ目のアスタリスクの付いた文を読むと、「5月26日のセッションは3時間を予定している」とあるため、5月26日の「プレゼンター」欄を確認しましょう。そこには、Bessie Carroll と書かれているので、(D) が正解です。

設問の語句 □schedule ～を予定する

文書の訳

設問3-4 は次のお知らせに関するものです。

> **お知らせ**
>
> **この機械は運転休止中です**
>
> 店長の許可がない限りこのタグは外さないこと！
>
> **休止理由（以下に記入）**
>
> 噴霧器とホースのつなぎ目から液漏れしている。不安定な圧力でペンキが不均等に散布される。原因がしっかりと特定され、問題が解決されるまでは車の塗装にこの機械を使わないこと。
>
> Pedro Ortega
>
> **署名**：Pedro Ortega
>
> **日付**：6月14日

【お知らせの話の流れ】

①「お知らせ」で注意喚起→②具体的な禁止事項→③休止理由の詳細→④このタグを書いた人の署名と日付

文書の語句 □out of service 運転休止中で　□remove ～を取り外す　□permission 許可
□supervisor 監督者　□leak 漏れる　□result in ～ ～をもたらす
□uneven 不均等な　□distribution 分配　□tool 道具　□vehicle 車両
□exact 正確な　□identify ～を特定する　□resolve ～を解決する

設問の訳

3. このタグはどこに付いていると考えられますか。
(A) フォークリフトに
(B) 道具棚に
(C) ペンキの噴霧器に
(D) ドリルに

4. Pedro Ortegaは誰だと考えられますか。
(A) 自動車修理工場の従業員
(B) ビルメンテナンス会社の社員
(C) エアコンの修理人
(D) レンタカー会社の責任者

3. 正解 (C)

解説 内容を読んで答えを推測しよう！ P.182 ❶ の❷をチェック！

❷詳細を問う問題　このタグがどこに付いているかを確認するには、**タグの内容を把握する必要があります。場所がそのままタグに書かれているわけではありません。**このタグは機械の運転休止を知らせるもので、運転休止中は「車の塗装には使ってはいけない」と書かれています。そこから、**塗装に使うための機械は何かを推測**すると、(C) が最もふさわしいので、正解となります。

設問の語句 □ place ～を設置する

---

4. 正解 (A)

解説 質問文中の固有名詞を文書中から探そう！ P.182 ❶ の❷をチェック！

❷詳細を問う問題　**質問文に固有名詞がある場合、文書中にも同じ固有名詞があるか探しましょう。**ここでは、質問文に Pedro Ortega という人名があり、タグの文書後半にある署名欄にも同じ名前が書かれています。次に選択肢を見ると、職業名が並んでいます。つまり、このタグに署名をした人物の職業を読み取る必要があるということです。このタグは、車の塗装に使われる機械の運転休止を知らせるタグなので、その機械を使う人はどんな職業なのか考えましょう。今回は (A) の自動車修理工場の従業員が正解となります。

設問の語句 □ auto 車　□ maintenance 管理　□ repairperson 修理人　□ supervisor 監督者

文書の訳

設問5-7は次のオンラインチャットの話し合いに関するものです。

Ruben Mendoza [午前11時7分]
Stowe Parkスポーツ複合施設の入札はどうなっている？遅くとも5時までには市に書類を提出しないといけないけど、早ければ早いほどいい。

Carla Stanfield [午前11時8分]
ちょうど今、建築イラストと図面を見直しています。いくつかの変更は加えますが大きなものはありません。

Toby Kemp [午前11時9分]
Jasonが統計データを念のため再確認して抜けている数値を加えてくれています。彼はまた、いくつかの供給業者から建築資材の見積もりを出してもらおうとしています。

Ruben Mendoza [午前11時10分]
それはもう終わっているべきではないの？

Toby Kemp [午前11時11分]
供給業者からの返事が遅れているので、彼はフォローアップの電話をかけてくれています。

Ruben Mendoza [午前11時11分]
誰か手伝える人はいる？

Carla Stanfield [午前11時12分]
これを終わらせたら、30分後ぐらいなら手が空きます。

Ruben Mendoza [午前11時13分]
了解。終わったらJasonの所に行って何をすればいいか聞いてみて。できれば4時までには全部まとめられるようにしよう。

【チャットの話の流れ】
①「スポーツ複合施設の入札」についての進捗確認→②トラブル（Jasonがまだ作業中）→③対応策の検討（Jasonの仕事を手伝える人を募る）

文書の語句 □bid 入札　□complex 複合施設　□review ～を見直す　□architectural 建築上の　□work on ～ ～に取り組む　□figure 数字　□estimate 見積もり　□material 資材　□supplier 供給業者　□finalize ～を終わらせる

設問の訳

5. Jasonは何の仕事を担当していますか。
(A) 申請書に記入すること
(B) 図面を修正すること
(C) スポーツ施設を視察すること
(D) 価格情報を入手すること

6. 午前11時10分にMendozaさんが "Shouldn't that have been done by now?" と書くことで、何を意図していると考えられますか。
(A) 行方不明の配達物について心配している。
(B) 資材の発注をすでに依頼している。
(C) 滞りがあることに驚いている。
(D) 建設計画が完了したと思っていた。

7. Stanfieldさんは次に何をしますか。
(A) いくつかの書類に記入する
(B) 電話をかける
(C) 同僚に助けを申し出る
(D) 書き終えたフォームを提出する

---

5. 正解 (D)

解説 チャットと選択肢の言い換え表現に注意！ **P.182 ❶ の❷をチェック！**

❷詳細を問う問題　Jasonの役割が問われています。午前11時9分のToby Kempの発言に、Jasonの作業の詳細が書かれています。「建築資材の見積もりを出してもらおうとしている」とあるので、正解は(D)になります。**チャット中のget some estimates（見積もりをもらう）が、選択肢ではObtaining some prices（価格情報を入手すること）と言い換えられている点に注意が必要**です。

設問の語句 □fill in ～　～に記入する　□application　申込書　□revise　～を修正する
□inspect　～を調査する　□obtain　～を入手する

---

6. 正解 (C)

解説 意図問題はセリフの前後に注目しよう！ **P.183 ❶ の❻をチェック！**

❻意図問題　Toby KempがJasonの仕事の進捗を報告し、それを受けて、Ruben MendozaがShouldn't that have been done by now?（それはもう終わっているべきではないの？）と発言している点に注目します。この発言のthat（それ）は、Jasonの仕事を指し、Jasonの作業がまだ完了していないことに驚いていると分かります。よって、正解は(C)となります。

設問の語句 □missing　見当たらない　□material　資材　□delay　遅れ　□construction　建設

---

7. 正解 (C)

解説 会話の流れを読み取ることが大事！ **P.182 ❶ の❷をチェック！**

❷詳細を問う問題　午前11時12分のStanfieldさんの発言を確認します。「30分後ぐらいなら手が空きます」と話しています。しかし、ここを読むだけでは次に何をするのか分からないので、その発言の1つ前にあるMendozaさんの発言を確認しましょう。「(Jasonを) 誰か手伝える人はいる？」という質問に、Stanfieldさんが「手が空く」と応答しているため、(C)「同僚(Jason) に助けを申し出る」が正解だと分かります。

設問の語句 □colleague　同僚　□submit　～を提出する

文書の訳

設問8-10は次のEメールに関するものです。

宛先：<alice.sawyer@wheemail.com>
送信者：<r.klinger@GreenValleyResidences.com>
日付：10月4日
返信：水漏れ

Sawyer様

お住まいの階の廊下が一部濡れているという警告のお電話をいただきまして、Green Valley職員一同を代表して感謝申し上げます。当社作業員が屋根に小さなひびを発見しました。それにより雨の日に水が天井に流れ込んでしまっていました。設備メンテナンスチームによると、この問題が見つからないままでいたら最終的に建物の内部に重大な損傷が及ぶ可能性もあったそうです。

Green Valleyの住人や職員の全員にとって安全安心な環境を確実に実現する手助けをしてくれるのは、Sawyer様のような住人の方々です。次号の週刊会報には特別にSawyer様宛ての感謝のメッセージを掲載させていただきます。

今後ともよろしくお願い申し上げます。

Richard Klinger
総支配人、Green Valley

【メールの話の流れ】トピック（Green Valleyという住宅の総支配人から水漏れを報告した人へのメール）①メールの目的（廊下が一部濡れているとの報告に感謝）→②詳細の説明（屋根のひびによる水漏れを説明）→③今後の案内（事態を報告してくれたお礼を週刊会報に掲載する）

文書の語句 □on behalf of ～ ～を代表して　□alert ～に警告する　□hallway 廊下
□crack ひび　□ceiling 天井　□facility 施設　□cause ～を引き起こす
□undetected 検出されていない　□tenant 住人　□ensure ～を保証する
□secure 安全な　□feature ～を特集する

設問の訳

8. Green Valleyは何だと考えられますか。
(A) 地元のコミュニティーセンター
(B) 共同住宅
(C) 建設会社
(D) 事務用品を販売する会社

9. KlingerさんはなぜSawyerさんにお礼を言っているのですか。
(A) タイミング良く警告を与えてくれた。
(B) メッセージにすぐに答えてくれた。
(C) 即時払いをしてくれた。
(D) 割れた窓を修理してくれた。

10. Klingerさんは Sawyerさんのために何をしますか。
(A) 破損品を取り替える
(B) 割引を申し出る
(C) ある仕事に彼女を推薦する
(D) 会報に彼女の名前を出す

---

8. 正解 (B)

解説 メールアドレスもヒントになる！ P.182 ❶ の❷をチェック！

❷詳細を問う問題　メール冒頭で、Green Valley職員代表として、水漏れの件を報告した人物に感謝の意を述べています。第2段落では、for everyone who lives or works at Green Valley（Green Valleyの住人や職員の全員にとって）とあり、Green Valleyは住人や職員がいるような共同住宅だと推測できます。よって、正解は(B)になります。送信者のメールアドレスにGreenValleyResidences（Green Valley住宅）が含まれていることもヒントになります。

設問の語句 □complex 複合施設　□construction 建設　□supply 補給品

---

9. 正解 (A)

解説「なぜ」を問う問題は詳細をよく読んで答える！ P.182 ❶ の❷をチェック！

❷詳細を問う問題　メールの3文目The facility ～ gone undetected.で、「問題が見つからないままでいたら建物の内部に重大な損傷が及ぶ可能性」が示唆されているため、住人のSawyerさんはタイミング良く水漏れについて警告をしたと言えます。よって、正解は(A)です。**メール文中のalert（警告する）が、選択肢(A)では、warning（警告）に言い換えられていることに注意しましょう。**

設問の語句 □warning 警告、注意　□respond to ～ ～に返信する　□payment 支払い
□repair ～を修理する

---

10. 正解 (D)

解説 文書と選択肢の表現の違いに注意！ P.182 ❶ の❷をチェック！

❷詳細を問う問題　メールの最終文に、次号の週刊会報にSawyerさんへの感謝のメッセージが掲載される旨が書かれています。よって、会報に彼女のことを載せるとある(D)が正解です。メール文中のwill be featured（掲載される）を、選択肢ではMention（～について言及する）という動詞を使って表現しています。

設問の語句 □replace ～を交換する　□offer ～を提供する　□recommend ～を推薦する

文書の訳

設問11-15 は次の広告とEメールに関するものです。

【広告】

求人：役員補佐

Solva Enterprises社では社長をサポートしてくれる役員補佐を募集しています。当社は非常に優れた製品や顧客サービスをお届けすることで業界のリーダーとなることに重点的に取り組んでいる急成長中のテクノロジー企業です。

職責には以下が含まれます：

—社長の多忙な予定を管理。これには会議やその他の仕事の打ち合わせの日程調整や確認、出張の手配が含まれる
—社内、社外関係者に対するEメールや手紙の作成、返信
—会議の議題やその他の文書の準備と配布

志願者には何らかの事務経験が必要となります。優れた文章力、一般的なオフィス用のソフトの運用能力、卓越した対人スキルなどの秘書技能が必須です。学位取得者なお良し。

興味がありましたら、履歴書と2通の推薦状をmdavis@solva.comのMiranda Davisまでお送りください。お電話やご来社には対応いたしかねます。

【広告の話の流れ】

①求人案内（役員補佐募集）→②職責の内容の説明→③応募条件→④応募の仕方

【Eメール】

宛先： Serina Hayashi <hayashi@abcnet.com>
送信者： Miranda Davis <mdavis@solva.com>
日付： 3月3日
件名： 役員補佐職への応募

Hayashi様
署名済みの改訂版雇用契約書の写しをお送りいただきありがとうございます。これで必要書類は全てそろいましたので月曜日から仕事を始めていただく準備が整いました。あなたのような経験のある方をお迎えすることができうれしく思います。
まずは人事関連の資料に目を通していただきたいので午前9時に私のオフィスに来てください。また、月曜日にはWaltersさんと私がランチにお連れします。ついに補佐がついてくれて彼は大いに喜んでいて、あなたと緊密に協力して働くのを楽しみにしています。

敬具

Miranda Davis、人事部長
Solva Enterprises社

【Eメールの話の流れ】トピック（人事部長から役員補佐に採用された人への案内）
①お礼（雇用契約書の写しの送付）→②連絡事項（仕事開始日のスケジュール）

文書の語句 【広告】□executive 重役 □president 社長 □fast-growing 急成長の
□exceptional 優れた □responsibility 責務 □manage ～を管理する
□arrangement 手配 □internal 内部の □external 外部の
□correspondence 文書 □agenda 議題 □candidate 候補者
□secretarial 秘書の □essential 必須の □degree 学位 □preferred 望ましい
□reference 推薦状
【Eメール】□revise ～を訂正する □employment 雇用 □contract 契約書
□human resources 人事 □delighted 喜んでいる

設問の訳

11. この広告によると、役員補佐の職務には何が含まれますか。
(A) Eメールや手紙に返事をすること
(B) 出張の際に社長に同行すること
(C) 会議中にメモをとること
(D) 来客に対応すること

12. 志願者には何が必要ですか。
(A) 融通の利く勤務時間
(B) 出張をいとわないこと
(C) コンピューターの技術
(D) 学位

13. 志願者は何をするよう指示されていますか。
(A) 添え状を送る
(B) Eメールで応募する
(C) 学位授与証明書の写しを提出する
(D) 文章力のテストを受ける

14. このEメールの目的は何ですか。
(A) 採用決定を発表するため
(B) 契約に加えるべき変更点を提案するため
(C) 面接の予定を組むため
(D) ある書類を受け取ったことを確認するため

15. Waltersさんは誰だと考えられますか。
(A) 顧客サービスの責任者
(B) 管理補佐
(C) 会社社長
(D) 人事担当の役員

11. 正解 (A)

解説 求人広告では職責について問われる！　P.182 ❶ の❷をチェック！

❷詳細を問う問題　**求人広告が出題される場合、募集している仕事の業務内容についてよく問われます。**そのため、求人広告タイプの文書には、必ず職責が書かれています。ここではThe job's responsibilities（その仕事の責務）以下に書かれた内容に目を向けましょう。箇条書きされた項目の１つに「社内、社外関係者に対するＥメールや手紙の作成、返信」とあるため、正解は(A)になります。

設問の語句 □duty 義務　□respond to ～ ～に返事をする　□accompany ～に同行する
□during ～の間　□serve ～に仕える

---

12. 正解 (C)

解説 志願者に求められている応募条件は頻出！　P.182 ❶ の❷をチェック！

❷詳細を問う問題　**志願者に求められるスキルについてはよく出題される問題の１つ**です。この求人広告には、志願者に求めるスキルの１つにproficiency with general office software（一般的なオフィス用のソフトの運用能力）と書かれているため、正解は(C)になります。**～ be preferredという表現は、「～があれば好ましい」という意味で、志願者に求められる必須条件ではありません。**よって、この求人には学位がなくても応募できると分かるため、(D)は不正解です。

設問の語句 □require ～を必要とする　□candidate 候補者　□willingness 意欲
□degree 学位

---

13. 正解 (B)

解説 志願者への指示内容は求人広告の後半！　P.182 ❶ の❷をチェック！

❷詳細を問う問題　志願者がすべきことは、たいてい求人広告の後半に書かれています。この求人広告では、志願者に、履歴書と２通の推薦状を指定のメールアドレス宛てに送るよう指示しています。よって(B)が正解です。reference（推薦状）は求人広告に頻出する単語です。現在一緒に働いている上司や仕事関係者が志願者を推薦するために書くもので、応募の際に提出することがよく求められます。

設問の語句 □candidate 候補者　□instruct ～に指示する　□apply ～に応募する
□degree 学位

---

14. 正解 (D)

解説 メールの目的はメール冒頭を読もう！　P.182 ❶ の❶をチェック！

❶基本情報（目的・トピック）を問う問題　**Ｅメールタイプの文書では、その目的が冒頭に書かれていることがよくあります。**今回のメールの冒頭では、署名済みの改訂版雇用契約書の写しを送付してもらったことに礼を述べ、その受け取りを報告しているため、(D)が正解となります。

すでに雇用契約の手続きが進んでいるため、(A) は不正解です。また、改定版雇用契約書が内定者の署名済みで送付されているので、(B) も不正解です。(C) も、このメールでは面接の話はしていないので不正解です。

設問の語句 □ hiring 雇用 □ suggest ～を提案する □ agreement 契約書
□ schedule ～の予定を組む □ interview 面接 □ confirm ～を確認する

---

15. 正解 (C)

解説 2つの文書の内容をリンクさせて答えを導こう！ **P.182 ❶ の❷をチェック！**

❷詳細を問う問題　質問文に Mr. Walters と名前があります。**固有名詞が出てきた場合は、その名前が文書中のどこに書かれているか探しましょう。**すると、メール文の第２段落に「Walters さんと私がランチにお連れします。ついに補佐がついてくれて彼は大いに喜んでいて」と書かれています。また、求人広告の文書にも目を通すと、「社長をサポートしてくれる役員補佐」を募集していると分かることから、今回、補佐をつけるのは社長であり、つまりそれを喜ぶ Walters さんは社長であると情報がつながります。よって、(C) が正解です。

設問の語句 □ administrative 管理の □ executive 役員

読解をスムーズに！

文をカタマリで覚えよう！

1つ1つの単語は理解できても、文書のストーリーを理解できないなんていうことはありませんか？ 文をカタマリで理解することで読解を攻略しましょう。

私には現在4歳の娘がいます。最近、ひらがなとカタカナが読めるようになってきて、絵本を自分で「音読」するようになったのですが、とても時間がかかります。「む・か・し・む・か・し・あ・る・と・こ・ろ・に」と、1つ1つの文字を独立させて読んでいるからです。「昔」や「ある所に」というカタマリで文を読むことができないので「何の話だった？」と聞いても、よく分かっておらず、ストーリー全体を追えていないようです。

皆さんも英文を1つ1つの単語の区切りで読んでいませんか。

I'm happy to announce that our team finally achieved the sales target.

この文には、全部で12個の単語が並んでいますが、1つ1つの単語を目で追いながら読んでいては時間もかかり、意味を取りづらくなります。そこで、この文を下記のように大きな2つのカタマリで捉えてみましょう。

I'm happy to announce / that our team finally achieved the sales target.
①発表できてうれしい　②私たちのチームがついに売上目標を達成した

ここでは、I'm happy to announceというフレーズと、その後ろにthatを置き、〈主語＋動詞＋目的語〉のような文を続けられるという構文の知識が読解に大きく役立ちます。このように大きなカタマリで読めるようにするには、日頃から「フレーズ」や「構文」に目を向け、知識を蓄えておくことが必要です。
「読解に時間がかかる」という人は、Thank you very much.のような「一瞬で理解できるフレーズ」をたくさん覚え、文をカタマリで読む癖を付けましょう。

復習テスト
解答・解説編

※問題は「別冊❶復習テスト（問題編）」に収録しています

復習テスト(Part 1)の解答・解説

1. 正解 (A) 057

(A) **He's wearing headphones.**
(B) He's folding up a table.
(C) He's turning a handle.
(D) He's putting away a camera.

(A) 彼はヘッドフォンを身に着けている。
(B) 彼はテーブルを折り畳んでいる。
(C) 彼は取っ手を回している。
(D) 彼はカメラを片付けている。

解説 wearは「身に着けている」という状態を表す！ P.22 1 の❶をチェック！

男性がヘッドフォンを着けている状態を描写した(A)が正解です。**wear（～を身に着けている）はジャケット、メガネ、ヘッドフォンなどを身に着けた「状態」を表します。**同じく頻出するのがput on ～（～を身に着ける）です。こちらは、身に着けようとしている「動作」を表します。違いに注意が必要です。

語句 □fold up ～ ～を折り畳む □turn ～を回す □put away ～ ～を片付ける

---

2. 正解 (D) 058

(A) Some dishes are arranged on a table.
(B) Chairs are leaning against the wall.
(C) The tables are in the middle of the floor.
(D) **Some folded towels are stacked on a counter.**

(A) 皿がテーブルの上に並べられている。
(B) 椅子が壁に立て掛けられている。
(C) テーブルがフロアの真ん中にある。
(D) 畳まれたタオルがカウンターに積み重ねられている。

解説 積み重ねられたモノに注目！ P.22 1 の❷をチェック！

タオルがカウンターの上に積み重なった状態を描写している(D)が正解です。***be* stacked on ～（～の上に積み重ねられている）は頻出表現です。写真の中に「積み重なっているモノ」がある場合は、それが描写される可能性が高いです。**また、同意表現である*be* piled up（積み重ねられている）も頻出なので、覚えておきましょう。

語句 □lean against ～ ～に寄りかかる □folded 畳まれた
□*be* stacked on ～ ～の上に積み重ねられている

3. 正解 (C) 059

(A) They're walking side by side.
(B) They're lined up by the park.
(C) They're facing the water.
(D) They're sitting on a low wall.

(A) 彼らは並んで歩いている。
(B) 彼らは公園沿いに並んでいる。
(C) 彼らは水辺を向いている。
(D) 彼らは低い壁の上に座っている。

解説 共通の動作が描写される！ P.22 ◆1 の❶をチェック！
写真に複数の人が写っています。**写っている人たちの共通の動作がある場合は、それが描写されることが多くあります。**ここでは、「水辺を向いている」と表現している(C)が正解。faceは「顔」という名詞の意味もあれば、「～の方に顔を向ける」という動詞の意味もあり、Part 1ではこの問題のように、動詞のfaceがよく使われます。

語句 □side by side 並んで　□line up 1列に並ぶ　□face ～の方に顔を向ける　□low 低い

復習テスト(Part 2)の解答・解説

4. 正解 (C)  061

How long does it take to the convention center?
(A) It was invented years ago.
(B) I gave a presentation there.
(C) About ten minutes by taxi.

コンベンションセンターまでどのくらいかかりますか。
(A) それは何年も前に発明されました。
(B) 私はそこでプレゼンをしました。
(C) タクシーで10分くらいです。

解説 質問文に関連する単語に引っかからないように！ P.42をチェック！
How long ～（～の時間はどのくらいか）を先頭にして、コンベンションセンターまでかかる時間を聞いています。これに対し、「タクシーで10分くらい」と答えた(C)が正解です。(B)を選んでしまった人は、質問文のconvention centerだけを聞き取り、そこから連想してpresentationという単語のある(B)を選んでしまったのではないでしょうか。**質問文にある単語と関連性の高い単語でミスを誘う場合も多いので注意が必要です。**

語句 □convention center コンベンションセンター、会議場　□invent ～を発明する
□give a presentation プレゼンをする

5. 正解 (B) 062

You booked tickets for the evening performance, didn't you?
(A) I've already read that book.
(B) There weren't any seats left.
(C) Singing and dancing.

夜の公演のチケットを予約したのですよね。
(A) 私はその本をすでに読みました。
(B) もう席が残っていませんでした。
(C) 歌とダンスです。

解説 質問文と同じ単語が選択肢に出てきたら要注意！ P.41 ❸ をチェック！
最後に didn't you? とある付加疑問文です。ここでは、チケットの予約を終えたかどうかを尋ねています。それに対し、「もう席が残っていなかった」と答え、間接的に予約していないことを伝えている (B) が正解。(A) の book は名詞で「本」を表すのに対し、質問文の book は動詞で「～を予約する」を表します。**同じ単語を用いた「音のワナ」に注意しましょう。**

語句 □ performance 公演　□ left（leave の過去分詞）残された

---

6. 正解 (B) 063

Is the new salesperson joining us soon?
(A) Make it a little lower.
(B) Yes, she's starting tomorrow.
(C) Actually, it was on sale.

新しい販売員は近々入社しますか。
(A) もう少しだけ下げてください。
(B) はい、彼女は明日から働き始めます。
(C) 実は、セールで売られていました。

解説 代名詞が何を指すのか意識して聞こう！ P.41 ❶ の❸をチェック！
Is ～? で始まる Yes/No 疑問文です。「新しい販売員は近々入社しますか」と聞かれ、それに対し「はい、彼女は（新しい販売員は）明日から働き始めます」と答えている (B) が正解。**代名詞 she（彼女は）が、新しい販売員だと認識することがカギ**となります。一方、(A)、(C) の代名詞 it（それは）はそれぞれ何を指すか不明なので不正解です。

語句 □ salesperson 販売員　□ on sale 特価で、割引価格で

7. 正解 (A) 064

When did Kenji begin working in advertising?
(A) **Right after university.**
(B) They usually start in the afternoon.
(C) An advertisement for running shoes.

Kenjiはいつ広告業界で働き始めたのですか。
(A) 大学卒業後すぐです。
(B) それは通常は午後に始まります。
(C) ランニングシューズの広告です。

解説 Whenに対する応答は時の表現が基本！ **P.42をチェック！**
Kenjiがいつ広告業界で働きだしたのかをWhen（いつ）を使って質問しています。**Whenに対する基本の応答は、時を答えること**です。ここではafter（～の後）という時期を表す前置詞を使って応答している(A)が正解。(B)ではin the afternoon（午後に）とあり、こちらも時を表していますが、「Kenjiは～？」という質問に対し、主語がTheyで応答しているため適切ではありません。

語句 □advertising 広告業 □right すぐに □advertisement 広告

---

8. 正解 (A) 065

Let's ask Ms. Hosil to print out these forms.
(A) That's a good idea.
(B) No, but I'll be back soon.
(C) They informed me by e-mail.

これらの用紙のプリントアウトをHosilさんにお願いしましょう。
(A) それは良い考えですね。
(B) いいえ、でもすぐに戻ってきます。
(C) 彼らにEメールで知らされました。

解説 That's a good idea.は勧誘への返答の典型表現！ **P.40 ❶ の❷をチェック！**
Let's ～(～しましょう）は勧誘表現です。後ろには〈ask + 人 + to *do*（人に～するように頼む)〉という表現が続いています。ここでは勧誘を受け入れている(A)が正解。**That's a good idea.は、勧誘の応答としてよくある表現の1つです。** Noと拒否することもできますが、通常その後ろには拒否する理由が続くため、(B)は不正解です。

語句 □form 用紙 □inform ～を知らせる

9. 正解 (A) 066

Karen is at the factory, isn't she?
(A) **She's going there this afternoon.**
(B) The price hasn't been confirmed.
(C) We manufacture auto parts.

Karenは工場にいるんですよね。
(A) **彼女は今日の午後そこに行きます。**
(B) 金額は確認されていません。
(C) 私たちは自動車部品を製造しています。

解説 付加疑問文は「～だよね？」で対処しよう！ P.41 1 の❹をチェック！
質問文の最後にisn't she?という表現を使った付加疑問文です。これは語尾に「～だよね？」を付けて訳しましょう。「Karenは工場にいるんだよね？」と尋ねられ、「彼女は今日の午後そこに（工場に）行きます」と答えた(A)が正解。(C)はmanufacture（～を製造する）が使われているので、**質問文のfactory（工場）から連想して選ばないように気を付けましょう。**

語句 □factory 工場 □confirm ～を確認する □manufacture ～を製造する

---

10. 正解 (C) 067

Who were those women in the boardroom?

(A) At the next board meeting.
(B) That's fine—I'll wait for you there.
(C) **They're Ms. Tam's clients.**

役員室にいたあの女性たちは誰ですか。
(A) 次の取締役会でです。
(B) それで構いませんよ、そこであなたを待ちます。
(C) **Tamさんの顧客です。**

解説 Who（誰）を使った疑問文には人の名前や立場で応答！ P.42をチェック！
Who（誰）から始まるWH疑問文。**Who（誰）に対しては、名前や立場で応答するのが基本です。**ここでは、女性たちは誰かと聞かれ、「Tamさんの顧客です」と答えた(C)が正解。(A)はWhere（どこ）やWhen（いつ）を使った疑問文に対する応答。(B)のThat's fine.（それで構いません）という応答は、何かを提案されたときに使う表現です。

語句 □boardroom 役員室 □board meeting 取締役会 □client 顧客

11. 正解 (B) 068

Have you started writing your sales report?
(A) No, I have my own car.
(B) I finished it last week.
(C) It was cheaper than I expected.

もう営業報告書を書き始めましたか。
(A) いいえ、自分の車があります。
(B) 先週書き終えました。
(C) 予想していたより安かったです。

解説 Yes/No疑問文はYes/Noを使わずに答えられる！ P.41 ❶ の❸をチェック！
Have you ～? から始まる現在完了形のYes/No疑問文です。この疑問文は通常Yes/Noで答えられますが、ここでは「先週書き終えた」と答えている(B)が正解になり、**Yes/Noを使わずに応答しています**。(C)はcheaper（より安かった）とありますが、質問文のsales report（営業報告書）だけを聞き取り、「営業報告書⇒数字に関する報告書⇒安い」と連想して、つい選ばないように注意が必要です。

語句 □sales report 営業報告書 □expect ～を予想する

---

12. 正解 (A) 069

Don't these dinners come with dessert?
(A) Yes, you can choose from the menu.
(B) Sure, I don't mind.
(C) They aren't far from here.

このディナーコースにはデザートが付くのではありませんか。
(A) はい、メニューからお選びいただけます。
(B) ええ、私は構いません。
(C) ここから遠くはありません。

解説 否定疑問文は「～ではないの？」と考えよう！ P.41 ❶ の❹をチェック！
Don'tなどの否定語から始まる否定疑問文は、**「～ではないの？」と訳して**みましょう。この問題の場合は「このディナーコースにはデザートが付くのではないの？」となります。それに対しYesで応答し、メニューから選べると伝えている(A)が正解です。

語句 □come with ～ （主語には）～が付いている □mind ～を気にする
□far from ～ ～から遠い

13. 正解 (B) 070

Would you mind helping me move this table?

(A) Thanks for the reminder.

(B) Sure, where to?

(C) No, mine is on the chair.

このテーブルを動かすのに手を貸してくれませんか。

(A) 思い出させてくれてありがとうございます。

(B) いいですよ、どちらに動かしますか。

(C) いいえ、私のは椅子の上にあります。

解説 Would you mind ～ing? は「依頼」の表現！ P.40 1 の❷をチェック！

Would you mind ～ing?（～してもらえますか？）という依頼表現。その依頼に対し、Sure（いいですよ）と依頼を引き受けている(B)が正解です。この依頼表現を直訳すると、「～するのは嫌ですか（嫌じゃなければお願いします）」となります。他の応答の仕方としては、Not at all.（全く嫌ではありません）やNo problem.（問題ありません）があります。

語句 □reminder リマインダー、思い出させるもの

---

14. 正解 (C) 071

What is Ms. Yael responsible for?

(A) It was about two days.

(B) Yes, she's been doing fine.

(C) She's in charge of tax filing.

Yaelさんはどのような責任を担っていますか。

(A) およそ2日間でした。

(B) ええ、彼女は元気にやっています。

(C) 彼女は納税申告を担当しています。

解説 WH疑問文はYes/Noで答えられない！ P.41 2 をチェック！

Whatから始まるWH疑問文です。**WH疑問文はYes/Noでは答えられません。**よって、(B)は削除できます。ここでは、Yaelさんの責任について尋ねているため、「納税申告を担当している」と答えている(C)が正解です。in charge of ～(～を担当して）は頻出フレーズなので、聞こえたら意味が分かるようにしておきましょう。

語句 □*be* responsible for ～ ～に責任がある □tax filing 納税申告

15. 正解 (A) 072

Do you have the key to the supply closet? 備品室の鍵を持っていますか。

(A) I think Cheryl does. (A) 多分Cherylが持っています。

(B) I was surprised to hear it. (B) それを聞いて驚きました。

(C) Across from the station. (C) 駅の向かいです。

解説 Yes/No疑問文はYes/Noで答えなくてもいい！ P.41 ❶ の❸をチェック！

Do you ～? から始まるYes/No疑問文です。備品室の鍵を持っているか尋ねられ、I think Cheryl does.（多分Cherylが持っています）と答えている(A)が正解です。本来は、Cheryl has the key.（Cheryl が鍵を持っています）と表現するのを、同じ単語を再び言うのを避けるため、doesに置き換えています。

語句 □supply closet 備品室 □*be* surprised to *do* ～して驚く

---

16. 正解 (C) 073

How late do you usually work on weekdays? あなたは普段、平日はどれくらい遅くまで働いていますか。

(A) It works pretty well. (A) それらはかなりうまく機能します。

(B) No one knows how to use it. (B) 誰もその使い方を知りません。

(C) Until around six-thirty. (C) 6時半ぐらいまでです。

解説 How late ～は「どのくらい遅くまで」の意味！

How late ～（どのくらい遅くまで～）を使って、終業時間を尋ねています。ここでは、「6時半ぐらいまで」と答えた(C)が正解。前置詞untilは「～まで」という期間を表します。(A)は質問文にも出てくるworkが使われていますが、ここでは「機能する」の意味で使われているので、返答としてふさわしくありません。(B)の〈how to + 動詞の原形〉は、「～の仕方」という意味です。

語句 □pretty かなり □no one 誰も～ない

17. 正解 (A) 074

Isn't the restaurant next door closed today?

(A) Oh, thanks for letting me know.
(B) Coffee with milk, please.
(C) You don't need to submit a receipt.

今日は隣のレストランは閉まっているのではありませんか。

(A) ああ、教えてくれてありがとうございます。
(B) コーヒーとミルクをください。
(C) 領収書を提出する必要はありません。

解説 どんな場面か想像しよう！ P.41 ❶ の❹をチェック！

Isn't ～? から始まる否定疑問文です。レストランが開いていると思っている、もしくは開いているかどうかを知らない相手に対して「閉まっているのでは？」と問い掛けている場面を想像しましょう。それに対し、「ああ、教えてくれてありがとう」と応答をしている(A)が正解です。〈let＋人＋動詞の原形〉は「人に～させる」の意味で頻出表現です。ここでは「私に知らせる」となります。

語句 □receipt 領収書、レシート

---

18. 正解 (A) 075

Would you like me to pick up the client?

(A) I asked Jenny to go.
(B) By overnight delivery.
(C) It's a new rule.

私に顧客を迎えに行ってほしいですか。

(A) Jenny に行くようにお願いしました。
(B) 翌日配達で。
(C) それは新しい規則です。

解説 Would you like me to ～？ は提案の表現！ P.40 ❶ の❷をチェック！

Would you like me to ～? は直訳すると、「私に～してほしいですか？（そうなら～しましょう）」と、提案するときに使う表現。自分が顧客を迎えに行くことを提案している内容に対し、I asked Jenny to go.（Jenny に行くようにお願いしました）と、すでに迎えに行く段取りを終え、その必要がないと伝えている(A)が正解です。

語句 □pick up ～ ～を迎えに行く □client 顧客 □overnight 翌日配達の

19. 正解 (B) 076

Why does the light on the copier keep blinking?
(A) The waiter will bring another one.
(B) It must be out of toner.
(C) Forty pages long.

コピー機のライトがずっと点滅しているのはなぜですか。
(A) ウエーターがもう1つ持ってきます。
(B) きっとトナー切れでしょう。
(C) 40ページの長さです。

解説 Whyと問われたら理由を答える！ P.42をチェック！

Whyで始まるWH疑問文で理由を尋ねています。〈keep + *doing*〉は「～し続ける」という意味です。ライトが点滅している理由として「トナー切れでしょう」と答えている(B)が正解です。(C)はページの長さを聞かれたときの答え方。〈数字 + その単位 + long〉で「～の長さ」という意味になります。

語句 □blink 点滅する □out of ～ ～切れ

---

20. 正解 (B) 077

Where can I return this projector?
(A) On Friday afternoon.
(B) To the storage room on the second floor.
(C) I'm taking care of the project.

どこにこのプロジェクターを返せばよいですか。
(A) 金曜の午後です。
(B) 2階の倉庫です。
(C) 私がこのプロジェクトを担当しています。

解説 Toは方向を示す前置詞！ P.42をチェック！

Whereから始まるWH疑問文です。「どこに」と場所を聞かれているため「2階の倉庫です」と答えている(B)が正解。To the storage room ～のToは前置詞で、「～へ／～に」と場所（主に方向）を示すときに使用します。at やinも場所を示す前置詞ですが、〈return + モノ + to ～〉「モノを～に戻す」という構文に従い、ここではtoが使われています。

語句 □storage room 倉庫 □take care of ～ ～の世話をする、～を処理する

復習テスト(Part 3)の解答・解説

21.～23. M：[米国旗] W：[英国旗] 079

Questions 21 through 23 refer to the following conversation.

M: Excuse me, ❶ do you have these trekker boots in size 13?

W: I'm afraid we only stock those in size 12 or smaller. We do have another type of boots in size 13. It's a new product and called ClimbNew. They're from the same maker. They have a similar design and are great for hiking in rough terrain.

M: ❷ Unfortunately, I noticed the price is a lot higher than the trekker boots'.

W: ❸ You could order the trekker boots in size 13 through our online store if you like.

M: Buy them online? I'd prefer to try them on first to make sure they're comfortable.

W: Well, if you're not satisfied, you can bring them in to any branch and return or exchange them.

訳 設問21-23は次の会話に関するものです。

男性：すみません、❶このトレッキング用ブーツですが、13のサイズはありますか。

女性：あいにくそちらは12以下のサイズのものしか在庫がございません。別のタイプのブーツでしたら13のサイズがございます。新しい商品で、ClimbNewと言います。同じメーカーのものとなっております。似たようなデザインですし、起伏の多い地形をハイキングするのに適しています。

男性：❷残念ながら、価格がトレッキング用ブーツより、だいぶ高いですね。

女性：❸もしよろしければ、13のサイズのトレッキング用ブーツを当店のオンラインストアで注文していただくこともできますよ。

男性：インターネットで買うのですか。まずは履いてみて履き心地を確認できた方がいいです。

女性：それでしたら、もしご満足いただけない場合は、当店のどの支店でもいいのでお持ちいただければ返品または交換いたします。

語句 □stock （商品）を店に置いている　□similar 似ている　□rough 起伏のある
□terrain 地形　□prefer to ～ ～する方を好む、選ぶ　□branch 支店
□return ～を返す、返品する　□exchange ～を交換する

---

21. 正解 (B)

What are the speakers discussing?

(A) Camping tent
(B) Footwear
(C) A cycling accessory
(D) Jacket

話し手たちは何について話し合っていますか。

(A) キャンプ用テント
(B) 履き物
(C) 自転車の付属品
(D) ジャケット

解説 会話冒頭のセリフで会話のテーマが分かる！ P.72 ❷ の❶をチェック！

会話の冒頭❶で男性が do you have these trekker boots in size 13?（このトレッキング用ブーツですが、13 のサイズはありますか）と女性に尋ねています。このセリフの boots（ブーツ）という単語をしっかり聞き取ることが大事です。**冒頭のセリフから、会話のテーマが分かります。** この後もブーツの話が続くため、正解は (B) です。選択肢では会話文の boots を footwear（履き物）と言い換えている点に注意しましょう。

---

22. 正解 (A)

According to the man, what is the problem with ClimbNew?
(A) It is expensive.
(B) It is hard to put on.
(C) Its design is outdated.
(D) Its color is too dark.

男性によると、ClimbNew の何が問題ですか。
(A) 値段が高い。
(B) 履くことが難しい。
(C) デザインが時代遅れである。
(D) 色が暗過ぎる。

解説 Unfortunately を聞き取り、次のセリフを待ち伏せ！

❷の冒頭、男性の Unfortunately（残念ながら）というセリフに注目しましょう。この表現の後には「好ましくないこと」が入ります。この設問では、男性の ClimbNew という靴に関する懸念点について尋ねられているため、まずは **Unfortunately に注目し、その後に続くセリフをしっかり聞き取れば解答しやすくなります。** ❷では、ClimbNew を勧められた男性が「価格がトレッキング用ブーツより、だいぶ高い」と言っています。よって、懸念点は価格だと分かるので、(A) が正解です。

---

23. 正解 (B)

What does the woman recommend doing?
(A) Keeping a receipt
(B) Purchasing a product online
(C) Asking for a refund
(D) Choosing a different maker

女性は何をすることを勧めていますか。
(A) レシートを取っておくこと
(B) インターネットで商品を買うこと
(C) 払い戻しを要求すること
(D) 別のメーカーを選ぶこと

解説 You could ～は行動を提案する表現！

女性のセリフを集中して聞き取りましょう。女性は❸で **You could ～「あなたは～することができますよ」と相手に提案する表現を使って**、店頭ではサイズがなかったトレッキング用ブーツをオンラインストアで購入することを男性に勧めています。よって、(B) が正解になります。この選択肢の product（製品）は、本文ではトレッキング用ブーツに当たります。

設問の語句 23. □ refund 返金

24.～26. W： M： 080

Questions 24 through 26 refer to the following conversation.

W: Scott, will you be attending the retirement party for Howard Goldman? You never replied to the invitation, and ❶ I need to confirm the number of people with the restaurant today.

M: I'll definitely be there. Sorry, ❷ I forgot I was supposed to give you an answer by today.

W: No problem. Could you also be contributing twenty-five dollars to his retirement gift?

M: ❸ Sure, but I don't have any cash on me right now. I'll give it to you next week, if that's OK.

W: That'll be fine.

訳 設問24-26は次の会話に関するものです。

女性：Scott、あなたはHoward Goldmanさんの退職パーティーには出ますか。出欠のお返事をいただいていませんが、❶今日レストランと人数を確認しないといけないんです。

男性：もちろん行きます。すみません、❷今日までに返事をすることになっていたのを忘れていました。

女性：大丈夫です。退職記念品のための25ドルも出していただけますか。

男性：❸はい、でも今は持ち合わせがないんです。もしよろしければ、来週お渡しします。

女性：構いません。

語句 □attend ～に出席する □retirement 退職 □confirm ～を確認する
□*be* supposed to *do* ～することになっている □contribute ～を寄付する
□retirement gift 退職記念品

---

24. 正解 (B)

What does the woman need to do today?
(A) Choose the location for an event
(B) Confirm the number of guests
(C) Select the date of a party
(D) Send out invitations

女性は今日中に何をしなければなりませんか。
(A) イベントの開催場所を選ぶ
(B) 招待客の人数を確認する
(C) パーティーの日にちを選ぶ
(D) 招待状を発送する

解説 I need to ～の発言をしっかり聞き取ろう！ P.72 ❷ の❶をチェック！

レストランで行われる退職パーティーについて話しています。冒頭の女性の発言❶で、I need to confirm the number of people with the restaurant today.（今日レストランと人数を確認しないといけないんです）とあるので、招待客の人数を確認する必要があると分かります。よって、(B)が正解です。**女性のセリフの❶にあるI need toは、これからする必要のあることを言うサインです。それ以降の内容をしっかり聞きましょう。**

25. 正解 (D)

According to the man, what was the problem?
(A) He lost a confirmation number.
(B) He replied to the wrong person.
(C) He never received an invitation.
(D) He forgot to reply to the woman.

男性によると、何が問題でしたか。
(A) 予約番号をなくした。
(B) 間違った人に返信した。
(C) 招待状を受け取らなかった。
(D) 女性に返事するのを忘れた。

解説 設問の According to ～でヒントを言う人が分かる！
設問に **According to the man（男性によると）とある場合、解答のヒントは必ず男性のセリフの中に出てきます。**男性の発言を集中して聞きましょう。❷I forgot I was supposed to ～ by today.（今日までに返事をすることになっていたのを忘れていた）と男性が女性に話しているため、退職パーティーの出欠を女性に伝え忘れていたことが問題だと判断できます。よって正解は(D)になります。

---

26. 正解 (C)

What will the man do next week?
(A) Attend an event
(B) Tell the woman his answer
(C) Give the woman some money
(D) Pay for a meal

男性は来週何をしますか。
(A) イベントに出席する
(B) 女性に彼の返事を伝える
(C) 女性にお金を渡す
(D) 食事代を払う

解説 butの後にはヒントが出てくることが多い！
女性の2番目のセリフで、退職記念品のために25ドル出してもらえないかと聞かれ、❸で男性は、Sure, but ～（はい、でも～）と答えています。**but以降の発言には重要な内容が含まれることが多く、解答のヒントになる場合も多いので、注意して聞きましょう。**男性は、持ち合わせがないので来週渡したいと発言していることから、(C)が正解だと分かります。

設問の語句 25. □ confirmation number 予約番号　□ invitation 招待状
□ reply to ～ ～に返事をする

27.～29. M1 : M2 : W : 081

Questions 27 through 29 refer to the following conversation with three speakers.

M1: Ryan, Angela, can you spare fifteen or twenty minutes this afternoon?

M2: I'm not too busy.

W: ❶ I've got a sales meeting from two to three, but I'm free after that.

M1: Great. ❷ I've created some new exercises for my training workshop on making effective presentations to clients. I'd like to test them out with a couple of volunteers.

M2: Sounds like fun. Count me in.

W: Me, too. Where? Is there a room where we can do this, Kevin?

M1: ❸ I'll book a conference room for three-thirty. I'll let you know which one after I've reserved it.

訳 設問27-29は3人の話し手による次の会話に関するものです。

男性1：Ryan、Angela、今日の午後に15分か20分ほど、ちょっと時間がとれるかな。

男性2：僕はあまり忙しくないよ。

女性： ❶2時から3時まで営業会議があるけどその後は空いているよ。

男性1：よかった。❷顧客への効果的なプレゼンテーションについての研修会でやってみたい実習を新しくいくつか作ったんだ。何人かのボランティアを相手に実際に試してみたくてね。

男性2：面白そうだね。僕は行けるよ。

女性： 私も。どこでやるの？ それができるような部屋はあるの、Kevin？

男性1：❸3時半に会議室を予約するよ。予約ができたらどの部屋かを知らせるね。

語句 □spare（時間）を割く □create ～を作成する □effective 効果的な □client 顧客 □test ～ out ～を試す □count me in 私を数に入れてください（＝参加させてください） □conference 会議 □reserve ～を予約する

---

27. 正解 (A)

What will the woman do at 2 o'clock?

(A) Attend a meeting
(B) Visit her clients
(C) Take a test
(D) Exercise at the gym

女性は2時に何をしますか。

(A) 会議に出席する
(B) 顧客を訪ねる
(C) 試験を受ける
(D) ジムで運動をする

解説 ピンポイント問題はヒントが1回なので注意！ P.73 ❸ をチェック！

この設問はピンポイント問題です。ピンポイント問題は1カ所しかヒントが出てこないので、注意が必要です。質問文に2 o'clock（2時に）という具体的なキーワードがありますので、この数字を頭に入れ、会話文を聞きましょう。男性1に時間がとれるかどうか聞かれ、女性は❶で、I've got a sales meeting from two to three（2時から3時まで営業会議がある）と話しています。よって正解は(A)となります。

28. 正解 (C)

What is the focus of the training workshop?
(A) Time management
(B) Negotiating with clients
(C) Presentation skills
(D) Sales techniques

研修会の焦点は何ですか。
(A) 時間管理
(B) 顧客との交渉
(C) プレゼンテーションスキル
(D) 営業手法

解説 ヒントとなる表現を確実にキャッチしよう！
❷で男性1は実習をいくつか作ったと発言し、その実習は、for my training workshop on making effective presentations to clients（顧客への効果的なプレゼンテーションについての研修会用）と説明しています。**making effective presentationsをしっかり聞き取ることがポイントです。**この発言により、男性の行う研修会の内容は「顧客への効果的なプレゼンテーションの方法」だと判断でき、(C)が正解となります。

---

29. 正解 (D)

What information will Kevin confirm later?
(A) The name of the building
(B) The number of participants
(C) The schedule of the appointment
(D) The location of an activity

後ほどKevinが確認するのはどのような情報ですか。
(A) 建物の名前
(B) 参加者の数
(C) 予約のスケジュール
(D) ある活動が行われる場所

解説 質問文の固有名詞を意識して会話文を聞こう！
Kevinについて尋ねている問題です。女性が「それができるような部屋はあるの、Kevin?」と問い掛けています。よって、**その次の男性1の発言はKevinのセリフだと分かるため、集中力を高めて聞きましょう。**Kevinは❸で会議室を予約し、どこの会議室かを連絡すると答えています。会議室をthe location of an activity（活動が行われる場所）と言い換えている(D)が正解です。

設問の語句 28. □management 管理　□negotiate 交渉する

30.～32. W : M : 082

Questions 30 through 32 refer to the following conversation.

W: William, I've reviewed the proposed budget for next year and I have some concerns. Our office rent and utilities have gone up, so ❶ I think we need to raise the budget, too.

M: Actually, ❷ Raymond suggested the same thing. Personally, I think we can keep the same budget if we cut some other expenses.

W: I'm not so sure. ❸ I'd like to ask everyone for their input at next week's management meeting. Why don't we add it to the agenda?

M: OK. ❹ I'll e-mail an updated version to everyone.

訳 設問30-32は次の会話に関するものです。

女性： William、来年の予算案を見直したところ、ちょっと懸念があります。事務所の賃借料も公共料金も上がっているから❶予算も増やさないといけないと思うんです。

男性： 実は❷Raymondも同じことを言っていました。個人的には他のところで経費が削減できれば予算はそのままでいいと思うのですが。

女性： そうでしょうか。❸来週の経営会議で皆さんのアイデアを聞いてみたいです。議題に追加しませんか。

男性： 分かりました。❹皆さんに更新版をEメールで送ります。

語句 □review ～を見直す □proposed 提案された □budget 予算 □utility 公共料金
□raise ～を上げる □suggest ～を提案する □expense 経費 □input アイデア
□management 経営 □add ～を付け加える □agenda 議題
□updated 更新された

---

30. 正解 (B)

According to the man, what did Raymond suggest?

(A) Canceling a meeting
(B) Increasing a budget
(C) Trying to cut costs
(D) Finding a cheaper office

男性によると、Raymondは何を提案しましたか。

(A) 会議を中止すること
(B) 予算を増やすこと
(C) 経費を削減しようとすること
(D) より安く借りられる事務所を見つけること

解説 会話の流れをつかんでヒントをキャッチ！

男性の発言❷に「Raymondも同じことを言っていました」とあります。「同じこと」というのは、その前の女性のセリフ❶の「予算を増やさないといけない」を指しています。よって正解は(B)です。ここでは、According to the man（男性によると）と設問にありますが、**男性の発言の中に直接的なヒントがあるわけではなく、その前の女性の発言から、会話の内容をしっかりつかむことが大事**になります。

31. 正解 (A)

What will the woman do at the management meeting?
(A) Ask for opinions
(B) Tell managers to reduce spending
(C) Announce a spending decision
(D) Present schedule changes

女性は経営会議で何をしますか。
(A) 意見を求める
(B) 部長たちに支出を減らすよう伝える
(C) 支出に関する意思決定を発表する
(D) 予定変更の発表をする

解説 選択肢での言い換え表現に注意！
2番目の女性のセリフにあるI'd like to ～（～したい）という表現に注意しましょう。I'd like to ～の後には、したい行動が続きます。ここでは、❸で「来週の経営会議で皆さんのアイデアを聞いてみたい」と話していることが分かります。よって、正解は(A)です。**会話文の中ではinput（アイデア）という単語が使われていますが、選択肢ではopinions（意見）に言い換えられている点に注意が必要です。**

---

32. 正解 (A)

What will the man send?
(A) An updated agenda
(B) Meeting minutes
(C) A revised budget
(D) A status report

男性は何を送りますか。
(A) 更新された議題
(B) 議事録
(C) 修正予算
(D) 進捗レポート

解説 3つ目の設問を解くには、会話終盤のセリフに注目！ **P.72 ❷ の❸をチェック！**
男性の最後のセリフをしっかり聞き取りましょう。男性の❹のセリフには、I'll e-mail an updated version to everyone.（皆さんに更新版をEメールで送ります）とあります。更新版というのは、ここでは経営会議の議題の更新版を意味します。女性から、議題に予算のことを追加する提案をされたため、男性は議題を更新し、それを皆に送ると発言しています。よって、正解は(A)となります。

設問の語句 **30.** □ increase ～を増やす
31. □ reduce ～を減らす □ spending 支出
32. □ agenda 議題 □ minute 議事録 □ revised 修正された □ status 状況

33.～35. M：🇨🇦 W1：🇺🇸 W2：🇬🇧 083

Questions 33 through 35 refer to the following conversation with three speakers.

M: Theresa, ❶ a former coworker of mine is looking for a job. She's a digital marketing specialist, and she'd be a really good fit here. Is your team still shorthanded?

W1: We do need another marketer. Actually, Mike, this is the person you should talk to. This is Shauna, my manager.

W2: Hi, Mike. We really do need more staff. We don't have the money to hire anyone now, but ❷ I'm working on a budget for next quarter. If she's qualified, maybe we could offer her a job starting in July.

M: Great. Can she send her résumé to you?

W2: Absolutely. ❸ My e-mail address is in the company directory.

M: Thanks! ❹ I'll look that up now and then contact her.

訳 設問33-35は3人の話し手による次の会話に関するものです。

男性： Theresa、❶僕の以前の同僚が仕事を探しているんだ。彼女はデジタルマーケティングの専門家なんだけどこの会社にぴったりだよ。君のチームは相変わらず人手不足なの？

女性1： マーケティング担当者がもう1人必要なのは確かね。実はね、Mike、あなたが相談すべきなのはこの方よ。私の部署の責任者のShaunaです。

女性2： こんにちは、Mike。確かにもっとスタッフが必要です。今現在は誰かを雇うような余裕はないけど、❷次の四半期の予算を組んでいるところです。もし彼女が適任なら、7月からの仕事なら提示できるかもしれません。

男性： いいですね。彼女から履歴書をあなたにお送りしてもよろしいでしょうか。

女性2： もちろん。❸私のメールアドレスは社員名簿に載っています。

男性： ありがとうございます！ ❹すぐに調べて彼女に連絡します。

語句 □former 前の □coworker 同僚 □shorthanded 人手の足りない □hire ～を雇う □work on ～ ～に取り組む □budget 予算 □quarter 四半期 □qualified 資格のある □offer ～を提供する □résumé 履歴書 □company directory 社員名簿 □look ～ up ～を調べる

---

33. 正解 (D)

What does the man want to do?

(A) Get approval for a purchase
(B) Discuss a marketing strategy
(C) Transfer to another team
(D) Suggest a candidate for a job

男性は何がしたいのですか。

(A) 購入の許可を得たい
(B) マーケティング戦略について話し合いたい
(C) 別のチームに移りたい
(D) 仕事の候補者を推薦したい

解説 発言から意図をくみ取ろう！
やや難度が高めの問題です。**男性の発言から意図をくみ取る必要があります。**男性は❶で「以前の同僚が仕事を探している」と話を切り出し、その人がこの会社で働くのに適した人材だと説明しています。さらに、❶で「君のチームは相変わらず人手不足なの？」と確認しているので、その人物を推薦したいという意図がくみ取れます。よって、正解は(D)です。

---

34. 正解 (C)

What does Shauna say she is doing?
(A) Reviewing a contract
(B) Editing a brochure
(C) Making a budget
(D) Organizing a party

Shaunaは何をしていると言っていますか。
(A) 契約書を見直している
(B) パンフレットを編集している
(C) 予算を組んでいる
(D) パーティーを計画している

解説 質問文の固有名詞を意識して会話文を聞こう！
質問文にShaunaという名前があるため、Shaunaの登場を意識して会話を聞きましょう。女性1が部署の責任者であるShaunaを男性に紹介し、その後にShauna（女性2）のセリフが続きます。Shaunaは❷でI'm working on a budget for next quarter.（次の四半期の予算を組んでいるところです）と発言しているため、(C)が正解だと判断できます。

---

35. 正解 (A)

What will the man most likely do next?
(A) Find an e-mail address
(B) Leave the office
(C) Contact a customer
(D) Revise a document

男性は次に何をすると考えられますか。
(A) メールアドレスを見つける
(B) 退社する
(C) 顧客に連絡する
(D) 文書を修正する

解説 次の行動を問う問題のヒントは会話終盤にある！ **P.74 ❸ の❺をチェック！**
会話の終盤に注意しましょう。❸で女性2が履歴書の送付先のメールアドレスについて「社員名簿に載っています」と説明しています。それを受け、男性は❹でI'll look that up now（すぐ調べます）と応答しています。thatは履歴書を送るためのメールアドレスを指します。よって、正解は(A)になります。

設問の語句 **33.** □approval 許可　□strategy 戦略　□transfer 移動する
□suggest ～を提案する　□candidate 候補者
34. □review ～を見直す　□contract 契約書　□edit ～を編集する
□brochure パンフレット、冊子　□budget 予算　□organize ～を計画する
35. □customer 顧客　□revise ～を修正する

36.～38. W： M： 084

Questions 36 through 38 refer to the following conversation and price list.

W: The trade show is coming up soon. ❶ Do you have any ideas for a promotional giveaway item for visitors to our booth?

M: I thought we could hand out travel mugs with the company's logo on them. I got this price list from a supplier.

W: Hmm. We have a pretty limited budget for promotion. ❷ We'll definitely have to go with the cheapest material.

M: The sales representative said she'd take sixteen percent off the unit price if we order a thousand or more.

W: Well, that's probably more than we need for the trade show, but OK. If they can get them to us before February 10, let's order a thousand units.

M: ❸ I'll make sure of the delivery date and place the order.

訳 設問36-38は次の会話と価格表に関するものです。

女性： もうすぐ見本市ね。❶当社のブースに来てくれた人たちに渡す無料の販促品について何かアイデアはある？

男性： 会社のロゴが入ったトラベルマグを配るのはどうだろうと思っていました。供給業者からこちらの価格表をもらいました。

女性： うーん。販促にはかなり限られた予算しかないの。❷一番安い素材で作るしかないのは間違いないわね。

男性： もし1,000個以上注文してくれたら単価から16%の割引ができると営業担当者は言っていました。

女性： そうね、それだとおそらく展示会で必要になる数より多いだろうけど、まあいいわ。2月10日より前に納品してくれるなら1,000個注文しましょう。

男性： ❸配送日を確認してから注文します。

語句 □trade show 見本市 □promotional 販売促進の □giveaway 無料サンプル
□hand out ～ ～を配る □supplier 供給会社 □limited 限られた □budget 予算
□promotion 販売促進 □material 材料 □representative 担当者
□order ～を注文する □make sure of ～ ～を確認する □delivery 配送
□place an order 注文する

---

36. 正解 (B)

What are the speakers mainly discussing?

(A) Recent travel expenses
(B) Promoting their company
(C) Manufacturing a product
(D) A factory visit

話し手たちは主に何を議論していますか。

(A) 最近の旅費
(B) 彼らの会社の販促
(C) 商品の製造
(D) 工場訪問

解説 会話の内容は会話冒頭から分かる！ P.72 ② の❶をチェック！
会話の内容は会話の冒頭で決まることが多いので、最初のセリフを聞き取ることが重要です。この会話の冒頭❶で女性は、見本市で渡す販促品についてアイデアがあるかを尋ねています。よって、(B) が正解です。

---

37. 正解 (A)

Custom-printed Travel Mugs	
Plastic	$1.35
Ceramic	$2.20
Aluminum	$2.75
Stainless Steel	$3.40

トラベルマグのカスタム印刷	
プラスチック製	1.35ドル
セラミック製	2.20ドル
アルミニウム製	2.75ドル
ステンレス製	3.40ドル

Look at the graphic. Which material does the woman choose?
(A) Plastic
(B) Ceramic
(C) Aluminum
(D) Stainless steel

図を見てください。女性はどの材質を選びますか。
(A) プラスチック
(B) セラミック
(C) アルミニウム
(D) ステンレス

解説 図表で確認するのは、選択肢に並んでいない情報！ P.74「ミニ講座②」をチェック！
選択肢には材質の名前が並んでいます。そのため、図表の中の選択肢にない方の情報、つまり値段に会話内で言及すると予想できます。材質名と対になっている価格に注目しながら音声を聞きましょう。女性は❷で、the cheapest material（一番安い素材）と発言しています。表を見ると、一番安い価格は1.35ドルで、その素材はプラスチック製だと分かるので、正解は(A)です。

---

38. 正解 (D)

What does the man say he will do?
(A) Postpone an event
(B) Revise a budget
(C) Reserve a booth
(D) Confirm a delivery date

男性は何をすると言っていますか。
(A) イベントを延期する
(B) 予算を修正する
(C) ブースを予約する
(D) 配送日を確認する

解説 make sure of ～ はconfirmに言い換えられる！
最後の男性のセリフ❸にI'll make sure of the delivery date and place the order.（配達日を確認してから注文します）とあるので、(D)が正解です。会話では**make sure of ～（～を確認する）と表現されていますが、選択肢ではconfirmと言い換えられています。**

設問の語句 36. □expense 費用 □promote ～を宣伝する □manufacture ～を製造する
□factory 工場
38. □postpone ～を延期する □revise ～を修正する □budget 予算
□reserve ～を予約する □confirm ～を確認する

復習テスト(Part 4)の解答・解説

39.～41. M：

086

Questions 39 through 41 refer to the following advertisement.

The Early Summer Sale at Heinrick's Sporting Goods offers great savings in June! ❶ We have the best prices in town for the new Star Breeze air mattress. Whether you're camping or just relaxing by the shore, enjoy all the comforts of home with the Star Breeze air mattress. ❷ The Star Breeze air mattress is made from durable materials. It won't tear or get punctured easily, and comes with a ten year guarantee. Heinrick's Sporting Goods is selling the Star Breeze for only nineteen dollars—that's half-price! ❸ But hurry, the sale lasts only until the end of June.

訳 設問39-41は次の広告に関するものです。

Heinrickスポーツ用品店の初夏セールは素晴らしい節約を6月にご提供します！ ❶Star Breeze製の新作エアマットは当店が町内最安値となっております。キャンプをしているときでもただ海岸でのんびり過ごしているときでも、Star Breeze製エアマットがあれば自宅にいるかのようにくつろぐことができます。❷Star Breeze製エアマットは、丈夫な素材でできています。破れにくく穴が開きにくいですし、10年保証も付いてきます。Heinrickスポーツ用品店はStar Breeze製エアマットを半額であるたったの19ドルで販売しております！ ❸でもお急ぎください、セールは6月末までです。

語句 □saving 節約　□whether *A* or *B* AであろうとBであろうと　□shore 海岸
□durable 耐久性のある　□tear 裂ける　□get punctured 穴が開く　□guarantee 保証

---

39. 正解 (A)

What is being advertised?
(A) An air mattress
(B) A tent
(C) A backpack
(D) Hiking boots

何が宣伝されていますか。
(A) エアマット
(B) テント
(C) リュックサック
(D) 登山靴

解説 商品説明はトーク冒頭を聞こう！　P.99❷をチェック！

広告ジャンルのトークは、冒頭に商品説明が入ることが多く、ここでは、❶に「Star Breeze製の新作エアマットは当店が町内最安値となっております」とあることから、エアマットの宣伝だと分かります。よって正解は(A)です。また、**その後にも数回、air mattress（エアマット）という単語が聞こえてくる**ので、それをキャッチできれば解答を導き出すことができます。

40. 正解 (D)

What is emphasized about the product?
(A) Its fast delivery
(B) Its award-winning design
(C) Its popularity
(D) Its durability

製品について何が強調されていますか。
(A) 迅速な配達
(B) 受賞歴のあるデザイン
(C) 人気の高さ
(D) 耐久性

解説 durability・durableは頻出単語！ P.99❷をチェック！
トーク中盤で製品についての特徴が説明されています。❷で、The Star Breeze air mattress is made from durable materials.（Star Breeze製エアマットは、丈夫な素材でできています）と話していて、製品に耐久性があると分かります。よって正解は(D)です。**広告ジャンルのトークでは、製品説明をする際に、このdurability（耐久性）について強調することがよくあり、形容詞durable（耐久性のある）とともに頻出単語となっています。**

---

41. 正解 (C)

What are the listeners encouraged to do?
(A) Watch a demonstration
(B) Receive a free sample
(C) Take advantage of a discount
(D) Download a coupon

聞き手は何をするよう勧められていますか。
(A) 実演を見る
(B) 無料サンプルをもらう
(C) 割引を利用する
(D) クーポンをダウンロードする

解説 広告はトーク後半で来店を促す！ P.99❷をチェック！
広告ジャンルのトークでは、後半に「聞き手に来店を促す」という流れがよく出てきます。❸で、6月で終わるセールの案内をして、「お急ぎください」と来店を促しています。セール中の来店を促し、割引価格で製品を購入するように勧めているため、正解は(C)になります。take advantage of ～は「～を利用する」という意味の頻出フレーズなので、覚えておきましょう。

設問の語句 40. □delivery 配達　□award-winning 受賞歴のある　□durability 耐久性
41. □demonstration 実演　□take advantage of ～ ～を利用する

42.～44. W：🇬🇧 087

Questions 42 through 44 refer to the following telephone message.

Hello, Mr. Grant, this is Tracy Rivera from Crownwell Storage. I'm calling to follow up on our conversation at the conference in Atlanta. ❶ I attended your presentation on the latest innovations in warehouse security, and after that we briefly spoke about ❷ my company's security system, which is rather outdated. I'm hoping that you'll be able to help us with an extensive upgrade of our system. I'd like to ask how much you would charge to visit our facility in Hanover and give us a consultation. ❸ Please give me a call at 555-0871 to let me know when you are available. I look forward to speaking with you again.

訳 設問42-44は次の電話のメッセージに関するものです。

もしもしGrantさん、こちらCrownwell Storage社のTracy Riveraです。アトランタでの会議で交わした話の続きがしたくてお電話しています。❶倉庫警備における最近のイノベーションに関するあなたのプレゼンに出席しまして、その後、❷かなり時代遅れの当社の警備システムについて少しお話ししました。当社のシステムを全面的に向上させるために力を貸していただければと思っています。ハノーバーにある当社施設を訪問して相談に乗っていただく場合、料金はいくらになりますか。❸ご都合の良い日をお知らせいただくために555-0871までお電話ください。またお話しできるのを楽しみにしています。

語句 □follow up on ～ ～についてフォローする □attend ～に出席する □latest 最新の
□innovation 革新 □warehouse 倉庫 □briefly 簡単に □outdated 時代遅れの
□extensive 幅広い □charge ～に請求する

---

42. 正解 (B)

Who is the speaker most likely calling?

(A) A conference organizer
(B) A security consultant
(C) A computer technician
(D) A factory supervisor

話し手はおそらく誰に電話をかけていますか。

(A) 会議の主催者
(B) 警備のコンサルタント
(C) コンピューター技術者
(D) 工場の責任者

解説 話者と聞き手の関係を把握することが大事！ P.99❶をチェック！

電話のメッセージでは話者がどんな用件で、誰に電話をかけているのか把握することが大事です。ここでは、❶に「倉庫警備における最近のイノベーションに関するあなたのプレゼンテーションに出席した」と言っており、電話相手はこのプレゼンをした人物だと分かるので、倉庫警備のスペシャリストであると考えられます。よって、正解は(B)になります。

43. 正解 (A)

What problem does the speaker describe?
(A) A system is outdated.
(B) A warehouse is not large enough.
(C) Merchandise is stored improperly.
(D) A machine is not working.

話し手はどのような問題について説明していますか。
(A) システムが時代遅れである。
(B) 倉庫の広さが足りない。
(C) 商品が不適切に保管されている。
(D) 機械が故障している。

解説 ネガティブな表現に注意して聞こう！

「どのような問題について説明しているか」という設問の場合、本文のネガティブな表現に注意して聞きましょう。 ここでは話者が、自分の会社の警備システムについて❷で rather outdated（かなり時代遅れ）と言っており、これを同じ単語 outdated を使って表現した (A) が正解です。

---

44. 正解 (B)

Why does the speaker ask the listener to call back?
(A) To demonstrate a product
(B) To schedule a consultation
(C) To suggest a location
(D) To attend a presentation

なぜ話し手は聞き手に折り返しの電話を頼んでいるのですか。
(A) 製品の実演をするため
(B) 相談の予定を組むため
(C) 場所を提案するため
(D) プレゼンに出席するため

解説 最後に折り返しの電話をお願いすることが多い！ P.99 ❶をチェック！

電話のメッセージでは、最後に聞き手へ折り返しの電話を要求することがよくあります。 そのため、トークの最終部分を集中して聞くようにしましょう。❸に Please give me a call（私に電話をしてください）とあるので、ここで集中力を高めましょう。そして後ろに続く to let me know when you are available（ご都合の良い日をお知らせいただくために）を確実に聞き取りましょう。正解は (B) となります。

設問の語句
42. □ conference 会議 □ organizer 主催者 □ security 警備 □ supervisor 監督者、責任者
43. □ outdated 時代遅れの □ warehouse 倉庫 □ merchandise 商品 □ store ～を保管する □ improperly 不適切に
44. □ demonstrate ～の実演をする □ schedule ～の予定を組む □ attend ～に出席する

45.～47. W：🇺🇸 088

Questions 45 through 47 refer to the following broadcast.

This is Emily Tang with a WVB-News Traffic Report. ❶ The only slow spot at the moment is near the Grant Bridge, because construction has closed two lanes going north into the city. If you're heading downtown, you might find it faster to take either Highway 41 or Messina Road. ❷ I'll be back with another traffic report in twenty minutes. Now, back to the WVB-News studio to check in with ❸ Hugh Waverly reporting on the world of sports.

訳 設問45-47は次の放送に関するものです。

WVBニュースの交通情報をお届けするEmily Tangです。❶現在唯一Grant橋付近が渋滞していますが、これは市内に向かう北行きの2車線が建設工事のため通行止めとなっているためです。都心部に向かう方は41号線かMessina街道を利用した方が早いかもしれません。❷次の交通情報は20分後にお伝えいたします。それではWVBニュースのスタジオにお返しして❸Hugh Waverlyよりスポーツ界のニュースをお伝えします。

語句 □traffic report 交通情報 □at the moment 現在 □construction 建設工事
□head ～へ向かう □downtown 市内へ □take ～ road ～道路を選ぶ
□back to ～ ～に戻る □check in with ～ ～に連絡をとる

---

45. 正解 (D)

What problem does the speaker report?
(A) Severe weather
(B) An accident on a bridge
(C) Heavy holiday traffic
(D) A partially closed road

話し手はどのような問題を報じていますか。
(A) 悪天候
(B) 橋の上で起こった事故
(C) 休日の交通渋滞
(D) 部分的に閉鎖された道路

解説 渋滞を引き起こしている原因をキャッチしよう！ P.99❸をチェック！

ラジオ番組の放送です。放送の冒頭❶で、The only slow spot at the moment is near the Grant Bridge（現在唯一Grant橋付近が渋滞しています）とあり、続いてこの渋滞の理由を、because construction has closed two lanes going north into the city.（市内に向かう北行きの2車線が建設工事のため通行止めとなっているためです）と説明しています。この問題をpartially closed（部分的に閉鎖された）を使って表している(D)が正解です。

46. 正解 (C)

What will the listeners hear in twenty minutes? 聞き手は20分後に何を聞きますか。

(A) A baseball game (A) 野球の試合
(B) An interview (B) インタビュー
(C) A traffic update (C) 最新の交通情報
(D) A live concert (D) ライブコンサート

解説 traffic report/traffic updateは頻出単語！ **P.99❸をチェック！**

❷にI'll be back with another traffic report in twenty minutes.（次の交通情報は20分後にお伝えいたします）とあり、再び最新の交通情報について放送されることが分かります。よって(C)が正解です。前置詞inは時間を表す言葉と一緒に使って、「今から～後」という意味を表します。in twenty minutesは「20分後」です。また、**traffic report（交通情報）やtraffic update（最新の交通情報）のような単語は、ラジオ放送の交通情報では頻出**なので覚えておきましょう。

---

47. 正解 (A)

Who is Hugh Waverly? Hugh Waverlyは誰ですか。

(A) A sports reporter (A) スポーツ担当のレポーター
(B) A spokesperson (B) 広報担当者
(C) A city official (C) 市の職員
(D) A team owner (D) チームのオーナー

解説 質問文の固有名詞はトークにそのまま出る！

人の名前、お店や建物の名前、通りの名前など、質問文に書かれている固有名詞は、そのままの形でトークに出てくることが多いです。**一度心の中で口ずさんでおくと聞き取りやすいでしょう。**ここではHugh Waverlyという人について問われています。トークでは❸にHugh Waverly reporting on the world of sports (Hugh Waverlyよりスポーツ界のニュースをお伝えします）とあり、次のスポーツニュースの放送を担当するレポーターだと判断できます。よって、(A)が正解です。

設問の語句 **45.** □severe 厳しい □heavy 交通量の多い □partially 部分的に
46. □update 最新情報
47. □spokesperson 広報担当者

48.～50. M : 🇨🇦 089

Questions 48 through 50 refer to the following excerpt from a meeting and floor plan.

❶ Thank you for coming to the Worldview Mall meeting today. I'd like to suggest some locations to put your shop, Taco Loco Mexican Diner franchise. ❷ Recently, remodeling work in the mall has been completed and we're getting more visitors and sales have started to increase for our retailers. ❸ During the remodeling work, we expanded the food court to put in more tables and installed a heavy-duty industrial electrical system in the food-preparation areas. So, ❹ take a look at this map of the new food court. This layout shows the four spaces currently available. For your Taco Loco Mexican Diner franchise, ❺ I'd suggest the location at this corner, the closest spot available for the East Mall, because it gets a higher volume of foot traffic.

訳 設問48-50は次の会議の一部と見取り図に関するものです。

❶本日はWorldview Mallのミーティングにお越しいただきありがとうございます。Taco Loco Mexican Dinerのフランチャイズ店を出店される際の場所についてご提案したいと思います。❷最近モール内の改装工事が完了しましたので来場者が増え、モール内の小売店の売上も伸びてきております。❸改装工事中に、より多くのテーブルが置けるようにフードコートを拡張し、調理エリアには耐久性の高い業務用電気システムを導入しました。では、❹こちらの新しいフードコートの地図をご覧ください。この見取り図で現在空いている4つの区画が分かります。Taco Loco Mexican Dinerのフランチャイズ店には、人の往来が他より多いので❺この角をお勧めいたします、モールの東棟に通じる最も近い場所です。

語句 □suggest ～を提案する　□remodeling 改装　□complete ～を完了させる
□increase 増加する　□retailer 小売業者　□expand ～を拡大する
□install ～を導入する　□heavy-duty 頑丈な、丈夫な　□industrial 工業の
□currently 現在

---

48. 正解 (C)

Who most likely is the speaker?

(A) A clothing shop owner
(B) A market researcher
(C) A mall representative
(D) A parking attendant

話し手は誰だと考えられますか。

(A) 衣料品店の店主
(B) 市場調査員
(C) モールの担当者
(D) 駐車場係

解説 テーマが分かれば話し手が誰なのかが分かる！ P.99❺をチェック！

会議ジャンルのトークの冒頭では、会議のテーマについて話されることが多いです。それが分かれば、話し手が誰なのか、聞き手が誰なのかを判断することができます。話し手は❶で聞き手にモールのミーティングに参加してくれたことへのお礼を述べているので、話し手はモールの担当者であると推測でき、(C)が正解となります。

49. 正解 (C)

According to the speaker, what recently took place?
(A) Job interviews
(B) A promotional campaign
(C) Remodeling work
(D) Consumer surveys

話し手によると、最近何が起こりましたか。
(A) 仕事の面接
(B) 販促キャンペーン
(C) 改装工事
(D) 消費者調査

解説 remodelingは頻出単語！
❷に「最近モール内の改装工事が完了しました」とあるので、最近までモール内の改装工事をしていたことが分かります。また、❸にもDuring the remodeling work（改装工事中に）とあり、フードコートの拡張など、改装の具体的な内容もその後に続きます。よって正解は(C)になります。**remodeling（改装）は頻出単語です。**

---

50. 正解 (D)

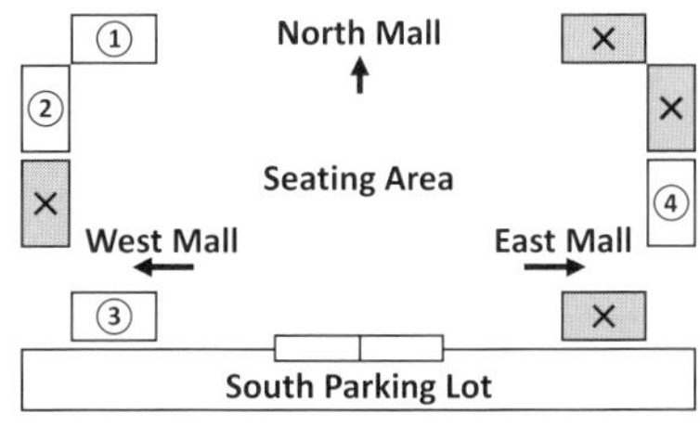

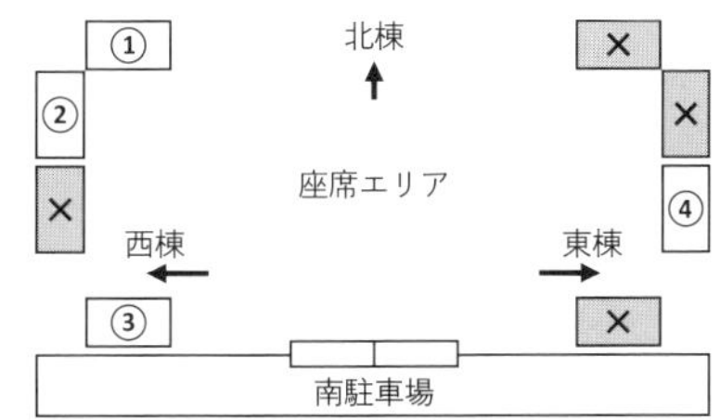

Look at the graphic. Which location does the speaker recommend?
(A) Location 1
(B) Location 2
(C) Location 3
(D) Location 4

図を見てください。話し手はどの場所を勧めていますか。
(A) 1の場所
(B) 2の場所
(C) 3の場所
(D) 4の場所

解説 East Mall（東棟）を起点とした場所の説明がカギ！ **P.100「ミニ講座」をチェック！**
トーク中の❹take a look at this map（こちらの地図をご覧ください）が聞こえたら、図表に目を移しましょう。すると、❺に「この角をお勧めいたします、モールの東棟に通じる最も近い場所です」とあるので、正解は(D)となります。**トーク中のEast Mall（東棟）を聞き取れるかがカギ**となります。

設問の語句 **49.** □promotional 販売を促進する □remodeling 改装 □consumer 消費者 □survey 調査

復習テスト(Part 5)の解答・解説

51. 正解 (B)

Before starting his own recruiting agency, Mr. Favreau had a ------- career in the pharmaceutical business.

(A) succeeding 形
(B) successful 形
(C) succession 名
(D) successfully 副

Favreauさんは自ら人材派遣会社を立ち上げるまでは製薬事業で成功を収めていた。

(A) 続いて起こる
(B) 成功した
(C) 連続
(D) 成功して

解説 名詞を修飾するのは形容詞！ P.124❶をチェック！

文法問題タイプ❶品詞問題 空所の前に冠詞a、後ろに名詞careerがあります。冠詞と名詞の間に置ける品詞は形容詞であるため、選択肢から形容詞を選びます。(B)が正解です。(A)も形容詞ですが、意味がふさわしくないので不正解です。(C)は語尾にionがあるので名詞、(D)は語尾にlyがあるので副詞です。successfully→successfulのように、副詞からlyを取ると形容詞になります。

語句 □recruiting agency 人材派遣会社 □pharmaceutical 製薬の

---

52. 正解 (D)

------- Ms. Crawford was known for her bestselling novels, she also wrote several plays during her career.

(A) If 接
(B) In spite of 前
(C) Besides 前
(D) While 接

Crawfordさんはベストセラー小説で有名だったが、執筆活動中に何本かの脚本も書いた。

(A) もし
(B) ～にもかかわらず
(C) ～の他に
(D) ～だが

解説 接続詞の後ろには文が入る！ P.125❸をチェック！

文法問題タイプ❸接続詞・前置詞問題 空所の後ろにはMs. Crawford was knownという受動態の文があり、カンマの後にshe also wrote ～という文がさらに続いています。よって、空所には文と文をつなげる接続詞を入れる必要があります。(B)と(C)の前置詞は、後ろに名詞（または名詞のカタマリ）を置く必要があるため入れられません。(A)と(D)が正解の候補になりますが、接続詞のWhile（～だが）を入れると、「小説で有名だったが、脚本も書いた」と文意が通るので、(D)が正解です。

語句 □*be* known for ～ ～で知られている □play 脚本 □during ～の間

53. 正解 (A)

The personnel department requires employees to submit ------- requests for vacation time at least thirty days in advance.

(A) written
(B) writing
(C) wrote
(D) to write

人事部は従業員に休暇の少なくとも30日前までに書面で申請を提出するよう求めている。

(A) (動詞の過去分詞)
(B) (動詞の現在分詞・動名詞)
(C) (動詞の過去形)
(D) (to不定詞)

解説 過去分詞は名詞の前に置いて名詞を修飾できる！ P.125❷をチェック！

文法問題タイプ❷動詞のカタチ問題 空所の後ろに動詞submitの目的語となるrequestsがあります。名詞requestsを修飾できる(A)の過去分詞と(B)の現在分詞に答えを絞ります。「書かれた（＝書面での）申請」と受動態にすると意味が通るため、(A)が正解です。(C)は動詞writeの過去形、(D)はto不定詞です。

語句 □personnel 人事の □employee 従業員 □in advance 前もって

---

54. 正解 (C)

The laboratory is open not only to employees with a valid ID badge but ------- visitors who have been issued a temporary pass.

(A) or
(B) unless
(C) also
(D) another

有効なIDバッジを持っている職員だけではなく、一時入室許可証が発行された訪問者も研究室に入ることができる。

(A) または
(B) ～でない限り
(C) ～もまた
(D) 別の～

解説 not only *A* but also *B* はペア接続詞！ P.126❹をチェック！

文法問題タイプ❹ペア接続詞問題 問題文にnot only ～ butの表現があるのに気付きましょう。not only *A* but also *B*「AだけではなくBも」のペア接続詞が作れるか選択肢を見ると(C)にalsoがあります。よって、正解は(C)です。

語句 □laboratory 研究室 □valid 有効な □issue ～を発行する □temporary 一時的な

---

55. 正解 (A)

Ms. Kawashima has shown an ability to produce high-quality work under tight deadlines -------.

(A) repeatedly 副
(B) repeated 過去分詞
(C) repetition 名
(D) repeat 動

Kawashimaさんは厳しい締め切りの下でも質の高い仕事をこなす能力があることをたびたび示してきた。

(A) 繰り返し、たびたび
(B) 繰り返した
(C) 再発、繰り返し
(D) ～を繰り返す

解説 完成した文には修飾語を付け足す！ P.124❶をチェック！

文法問題タイプ❶品詞問題　文の前半でS(Ms. Kawashima) + V(has shown) + O(an ability)と文の要素がそろっています。続くto ～ workとunder ～ deadlinesのカタマリは修飾語句です。要素のそろった文にさらに追加できるのは修飾語である副詞のみなので、(A)が正解です。(B)は動詞repeatの過去形・過去分詞、(D)は原形。(C)は派生語の名詞です。

語句 □ability 能力　□produce ～を生み出す　□deadline 締め切り

---

56. 正解 (C)

Getting a good night's rest is important, as lack of sleep is a ------- cause of weight gain and other health problems.

(A) know
(B) knowing
(C) known
(D) knew

睡眠不足は体重増加やその他の健康問題の原因として知られているので、夜にぐっすり眠るのは大事なことである。

(A) (動詞の原形)
(B) (動詞の現在分詞・動名詞)
(C) (動詞の過去分詞)
(D) (動詞の過去形)

解説 過去分詞は名詞を修飾する！ P.125❷をチェック！

文法問題タイプ❷動詞のカタチ問題　空所の前には冠詞のaがあり、後ろには名詞causeがあります。したがって、空所に入るのは名詞を修飾する現在分詞の(B)か、過去分詞の(C)です。受動態を表す過去分詞の(C)を入れると、「知られている原因」となり意味が通ります。よって(C)が正解です。(A)は動詞knowの原形、(D)は過去形です。

語句 □lack 不足　□cause 原因　□gain 増加

---

57. 正解 (A)

The city council has approved the plan for the new highway ------- strong opposition from local residents.

(A) despite 前
(B) although 接
(C) however 副
(D) due to 前

地元住民の猛反対にもかかわらず市議会は新しい高速道路の建設計画を承認した。

(A) ～にもかかわらず
(B) ～だけれども
(C) しかしながら
(D) ～により

解説 空所前後の文意も考えよう！ P.125❸をチェック！

文法問題タイプ❸接続詞・前置詞問題　空所の後ろに名詞のカタマリがあるため、答えを前置詞の(A)と(D)に絞ります。空所前の「市議会が計画を承認した」と、後ろの「住民の強い反対」は逆接の関係なので(A)が正解です。

語句 □council 議会　□approve ～を承認する　□opposition 反対

58. 正解 (D)

Laboratory staff must wear protective gear and handle chemicals with ------- at all times.

(A) cared 動
(B) careful 形
(C) carefully 副
(D) care 名

研究所の職員は常に防護服を身に着け、化学薬品を注意深く取り扱わなければならない。

(A) 気にかけた
(B) 慎重な
(C) 慎重に
(D) 注意

解説 前置詞の後ろは名詞を置く！ P.124❶をチェック！

文法問題タイプ❶品詞問題 空所前には前置詞 with があり、後ろにも前置詞 at があります。**前置詞の後ろには名詞を置く**というルールに従い、ここでは名詞を選びます。よって、(D) が正解です。with care で「注意深く、注意して」という意味になります。(A) は動詞 care の過去形・過去分詞、(B) は形容詞、(C) は副詞です。

語句 □laboratory 研究室 □protective 保護する □gear 衣服 □handle ～を扱う

---

59. 正解 (B)

Thanks to its ------- popularity, Vito's Pizza plans to open six more branches in the Chicago area next year.

(A) grow
(B) growing
(C) grown
(D) grew

人気が高まってきているため Vito's ピザ店は来年シカゴ市内にさらに6つの支店をオープンする予定だ。

(A) （動詞の原形）
(B) （動詞の現在分詞・動名詞）
(C) （動詞の過去分詞）
(D) （動詞の過去形）

解説 現在分詞は名詞を修飾できる！ P.125❷をチェック！

文法問題タイプ❷動詞のカタチ問題 空所の後ろに名詞 popularity があるため、空所にはそれを修飾する語が入ります。よって、動詞 grow「（人気などが）高まる」の現在分詞の (B) と過去分詞の (C) に絞ります。「高まっている人気」と能動態で修飾すると文意が通るので、(B) が正解です。(A) は動詞 grow の原形、(D) は過去形です。

語句 □popularity 人気 □branch 支店

---

60. 正解 (C)

In addition to an application form, an identification card is also ------- in order to sign up for a bank account.

(A) revised
(B) agreed
(C) required
(D) improved

銀行口座を作るためには、申込用紙に加え、身分証明書も必要となる。

(A) 修正された
(B) 同意された
(C) 必要とされた
(D) 改良された

解説 動詞は主語との関係を考えて選ぼう！　P.127❶をチェック！

文脈問題タイプ❶語彙問題　文脈から適切な単語を選びます。ここでは、主語との関係から動詞を選びます。主語はidentification card「身分証明書」で、それが「銀行口座を作るために必要とされる」とすると意味が通るため、正解は(C)です。

語句 □in addition to ～　～に加え　□application　申し込み　□sign up for ～　～に申し込む

---

61. 正解 (D)

------- Stanislaus Island is very popular in the summer, finding affordable hotel rooms there can be difficult.

(A) So　副
(B) Therefore　副
(C) Owing to　前
(D) Since　接

Stanislaus島は夏の間は非常に人気が高いので手頃な価格で泊まれるホテルの部屋を見つけるのは困難だ。

(A) それゆえ
(B) したがって
(C) ～のために
(D) ～だから

解説 接続副詞は文頭には置けない！　P.125❸をチェック！

文法問題タイプ❸接続詞・前置詞問題　カンマで区切られた2つの文をつなぐ接続詞を選びます。よって(D)が正解です。(A)(B)は接続副詞なので、空所に入れることはできません。また、(C)は前置詞なので、後ろに文は置けません。

語句 □affordable　手頃な

---

62. 正解 (A)

To keep your equipment performing well, ------- cleaning and maintenance is highly recommended.

(A) regular　形
(B) regularly　副
(C) regularity　名
(D) to regulate　to不定詞

機器を正常に作動させ続けるためには、定期的な清掃とメンテナンスの実施が強く推奨されます。

(A) 定期的な
(B) 定期的に
(C) 規則性
(D) ～を規制するために、～を規制する

解説 名詞の前には形容詞を置こう！　P.124❶をチェック！

文法問題タイプ❶品詞問題　空所の後ろには名詞cleaningとmaintenanceがあり、これらが文の主語になっています。名詞の前に置けるのは名詞を修飾する形容詞です。よって、(A)が正解です。(B)は副詞、(C)は名詞、(D)は動詞regulateのto不定詞です。

語句 □keep *A doing*　Aを～させ続ける　□equipment　機器

63. 正解 (C)

Although Lacroix Country Club is the smallest club in the city, it offers lessons suited to ------- beginners and experts.

(A) regardless
(B) either
(C) both
(D) each

Lacroixカントリークラブは町で一番小さなクラブだが、初心者にも経験豊富な人にも適したレッスンを提供する。

(A) ～にかかわらず
(B) どちらかの
(C) ～も
(D) それぞれの

解説 ペア接続詞both *A* and *B*は頻出表現！ P.126❹をチェック！

文法問題タイプ❹ペア接続詞問題 ここではboth *A* and *B*（AもBも両方とも）という形が成り立つため、正解は(C)です。(A)は後ろにofを付けて、regardless of ～(～に関係なく）などと使います。(B)はeither *A* or *B*（AかBのどちらか）という形で使います。(D)のeachは後ろに単数名詞を置いて使うため、ここでは使えません。

語句 □although ～だが　□suited to ～ ～に適している　□expert 熟練者

---

64. 正解 (C)

Established in 1923, Wilkie's is a leading independent bookstore ------- in rare and out-of-print titles.

(A) to specialize
(B) specializes
(C) specializing
(D) specialized

Wilkie'sは1923年創業で、希少本や絶版書を専門に扱う有数の独立系書店である。

(A)（to不定詞）
(B)（動詞の3人称単数現在形）
(C)（動詞の現在分詞・動名詞）
(D)（動詞の過去分詞）

解説 現在分詞は後ろからも名詞を修飾する！ P.125❷をチェック！

文法問題タイプ❷動詞のカタチ問題 S (Wilkie's) + V (is) + C (a leading independent bookstore)で文が完成しているので、空所にはその前の名詞bookstoreを修飾する語が入ります。よって、名詞を後ろから修飾できるto不定詞の(A)、現在分詞の(C)か過去分詞の(D)が正解。(C)を入れるとbookstore specializing in ～「～を専門とする書店」となり意味が通ります。(B)は動詞の3人称単数現在形です。

語句 □establish ～を設立する　□leading 主要な、有数の　□independent 独立した　□out-of-print 絶版の

65. 正解 (A)

Employees may not take days off ------- obtaining their supervisor's approval in advance.

(A) without 前
(B) except 前
(C) unless 接
(D) otherwise 副

従業員は事前に上司の許可を得ることなく休暇を取得してはならない。

(A) ～なしに
(B) ～を除いて
(C) ～でない限り
(D) さもなければ

解説 前置詞の後ろには動名詞が置ける！ P.125❸をチェック！

文法問題タイプ❸接続詞・前置詞問題 空所の後ろには動名詞 obtaining があります。したがって後ろに文を置く必要のある接続詞 (C) と接続副詞 (D) は不正解です。ここでは、後ろに動名詞を置ける前置詞の (A) を入れ、「許可を得ることなしに」とすると意味が通ります。(B) の except も前置詞ですが、こちらでは意味が通じません。

語句 □day off 休暇 □obtain ～を取得する □supervisor 上司 □approval 許可

---

66. 正解 (D)

Recently, the number of tourists visiting the United States from Canada has increased ------- thanks to the favorable exchange rate.

(A) signifies 動
(B) significant 形
(C) significance 名
(D) significantly 副

最近、有利な為替レートのおかげで米国を訪れるカナダからの観光客の数が大幅に増加した。

(A) ～を意味する
(B) 重要な
(C) 重要性
(D) 大幅に

解説 文構造を見極めよう！ P.124❶をチェック！

文法問題タイプ❶品詞問題 主語 the number と動詞 has increased で、「数が増加した」と、主語＋動詞の完全な文が成り立っています。of tourists ～ Canada は修飾語句であることに注意しましょう。よって、完全な文を修飾できる副詞の (D) が正解です。(A) は動詞 signify の3人称単数現在形、(B) は形容詞、(C) は名詞です。

語句 □increase 増加する □exchange rate 為替レート

---

67. 正解 (B)

The Riva 200X is a weatherproof camera designed ------- even the toughest conditions.

(A) handling
(B) to handle
(C) handled
(D) handle

Riva 200X は最も過酷な状況にさえも対処できるよう設計された全天候型カメラである。

(A) （動詞の現在分詞・動名詞）
(B) （to 不定詞）
(C) （動詞の過去分詞）
(D) （動詞の原形）

解説 〈designed to + 動詞の原形〉で覚えよう！ P.125❷をチェック！

文法問題タイプ❷動詞のカタチ問題 空所前の過去分詞 designed（設計された）は camera を後ろから修飾しています。その後に(B)の to handle を続けると、「～するために設計されたカメラ」となり文意が通ります。〈designed to + 動詞の原形〉（～するために設計された）はフレーズとして覚えておきましょう。(A)は現在分詞、(C)は過去分詞、(D)は動詞の原形です。

語句 □weatherproof 全天候型の □designed 設計された □tough 厳しい

---

68. 正解 (B)

Guests should store their clothes and valuables in one of the lockers ------- using the swimming pool.

(A) that 接
(B) when 接
(C) into 前
(D) during 前

来場者はスイミングプールを利用する際は衣服や貴重品をロッカーに保管すること。

(A) ～ということを
(B) ～するとき
(C) ～の中に
(D) ～の間

解説 接続詞の後ろでは主語が省略可能な場合がある！ P.125❸をチェック！

文法問題タイプ❸接続詞・前置詞問題 「スイミングプールを使用する際」とできる(B)の when が正解です。when の後ろには、the guests are が省略されています。**when 節の主語が主節の主語と同じときは、このように主語を省略できます。**(D)の during は「特定の期間を表す名詞（または名詞のカタマリ）」とともに使用する前置詞であるため、後ろに動名詞の using は置けません。

語句 □valuables 貴重品

---

69. 正解 (A)

Doughty Hotels' number-one priority is to ensure our guests are ------- during their stay.

(A) comfortable 形
(B) comfortably 副
(C) comfort 名
(D) comforting 形

Doughty ホテルが最も大切にしているのは、お客様がご滞在中に快適にお過ごしいただけることを確実にすることです。

(A) 快適な
(B) 快適に
(C) 快適さ
(D) （言葉などが）慰めとなる

解説 be 動詞の後には補語を置く！ P.124❶をチェック！

文法問題タイプ❶品詞問題 空所の前は主語 our guests と be 動詞 are が並びます。空所に入れられるのは補語です。(A) comfortable（快適な）は「（人が）くつろげる」という意味もあり、ホテルについて説明している文脈に合うので、(A)が正解です。主語となる our guests の状態を説明しています。

語句 □priority 優先事項 □ensure ～を保証する □during ～の間

復習テスト(Part 6)の解答・解説

文書の訳

設問 70-73 は次の通知に関するものです。

Hibiscus 国立公園のキャンプ場のご予約は4月1日から9月30日の間は必要となります。残りの期間については、来園者は公園内でキャンプをする際に事前予約の必要はございません。シーズンオフ中であっても祝日と重なる週末にはキャンプ場がすぐにいっぱいになってしまうので、良い場所をとるためには早めにご来園ください。キャンプ場は、平日は一泊4ドル、週末は一泊6ドルとなっております。
ご予約は公園のウェブサイト www.hibiscusnationalpark.com でどうぞ。必ず必要事項を全てご入力いただきますようお願いいたします。場所の予約あるいはその他のお問い合わせはお電話 800-555-0545 でも承っております。

選択肢と訳

70. (A) efficient　(A) 効率が良い
(B) necessary　(B) 必要な
(C) complimentary　(C) 無料の
(D) hopeful　(D) 見込みがある

71. (A) Even　(A) ～でさえ
(B) Again　(B) 再び
(C) Simply　(C) 単に
(D) Whenever　(D) いつでも

72. (A) Thank you once again for staying with us.　(A) ご滞在いただきまして改めて感謝申し上げます。
(B) Unfortunately, we do not accept telephone calls.　(B) あいにくお電話は受け付けておりません。
(C) There is an additional charge for parking.　(C) 駐車には追加料金がかかります。
(D) Please make sure to fill in all required information.　(D) 必ず必要事項を全てご入力いただきますようお願いいたします。

73. (A) inquiring 現在分詞・動名詞　(A) 尋ねている・尋ねること
(B) inquiries 名　(B) 問い合わせ
(C) inquire 動　(C) ～を尋ねる
(D) inquiringly 副　(D) 聞きたそうに

語句 □reservation 予約　□throughout ～の間中ずっと　□rest of ～ その他の～
□require ～を必要とする　□in advance 前もって　□fill up 埋まる　□prime 最高の

70. 正解 (B)

解説 主語との関係性をチェック！　P.158 ❷ の❹をチェック！

文脈問題タイプ❹語彙問題　選択肢には形容詞が並んでおり、文法的にはどれも空所の前のbe動詞areの後ろに入れることができます。それぞれの単語の意味が異なるので、1つずつ空所に単語を入れて文意を確認しましょう。この文の主語はReservations（予約）で、for campsites ～ Parkまでは修飾語句です。**修飾語句は省き、主語とのつながりを確認**しましょう。すると、「予約が必要」とするのが一番適切だと判断でき、正解は(B)となります。

---

71. 正解 (A)

解説 語彙問題は意味をチェック！　P.158 ❷ の❹をチェック！

文脈問題タイプ❹語彙問題　選択肢には副詞と接続詞が並びます。空所の後ろにはduring the off season（シーズンオフ中）とあるので、接続詞の(D)は不正解です。残った副詞のうち、**Even（～さえ）を置くと「シーズンオフ中でさえ」と意味が通るので、(A)が正解**です。evenは強調したい語句の前に置けます。(B)のAgain（再び）は文末に置くのが一般的です。(C)のSimply（単に）は前置詞の前に置くことができますが、ここでは意味が通りません。

---

72. 正解 (D)

解説 文脈を重視しよう！　P.158 ❷ の❸をチェック！

文脈問題タイプ❸文選択問題　2段落目の空所前には、キャンプサイトの予約用のウェブサイトが案内されています。よって、その後には、予約のために必要な内容の記入を求めている(D)が入ると判断できます。空所前からの流れを意識して文を選びましょう。

---

73. 正解 (B)

解説 形容詞の後ろには名詞が来る！　P.158 ❶ の❶をチェック！

文法問題タイプ❶品詞問題　選択肢にはさまざまな品詞の語が並んでいるため、この問題は品詞問題です。空所前後を確認し、文法ルールにしたがって品詞を選びます。空所前には形容詞other（他の）があります。**形容詞の後ろに置くことができるのは、名詞の(B) inquiriesです。**動詞のinquire（～を尋ねる）も頻出単語なので、しっかり覚えましょう。(A)は現在分詞・動名詞、(C)は動詞の原形、(D)は副詞です。

復習テスト(Part 7)の解答・解説

文書の訳

設問74-75は次の旅程表に関するものです。

北米ツアー

Jane Velez様の旅程表

日付	都市	会場	開始時間	所要時間	備考
6月2日	トロント	Brickhouse	午後8時	60分	
6月3日	モントリオール	Radio 99	午後3時	90分（Jean Deronによる生放送のインタビューと4曲のミニコンサート）	リスナープレゼント：Merino's Showcase公演のチケット4枚
6月3日		Merino's Showcase	午後10時	75分	
6月4日					車での移動日
6月5日	ニューヨーク	Lit Lounge	午後10時30分	45分	
6月6日	フィラデルフィア	TJ's Alehouse	午後10時	45分	

【旅程表の着眼ポイント】

①旅程表の上の名前を確認し、**Jane Velezの「北米ツアー」**表であることを把握。→②各項目（日付～備考まで）をチェック。設問に応じて、必要な項目から情報をピックアップする。

文書の語句 □itinerary 旅程表　□on-air live 生放送での　□giveaway 景品

設問の訳

74. Jane Velezは誰だと考えられますか。
(A) バスの運転手
(B) ラジオの司会者
(C) 作家
(D) 音楽家

75. Merino's Showcaseはどこにあると考えられますか。
(A) トロント
(B) モントリオール
(C) ニューヨーク
(D) フィラデルフィア

74. 正解 (D)

解説 選択肢の関連語句を見つけよう！ P.182 ❶ の❷をチェック！

❷詳細を問う問題 質問文にあるJane Velezの名前が、旅程表の中にも見つかります。名前の上には「北米ツアー」とあるので、何かのツアー日程だと分かります。次に、選択肢には職業が並ぶため、職業を特定できる情報を表の中から探します。すると、6月3日午後3時の「所要時間」欄には、「4曲のミニコンサート」、「備考」欄には、「Merino's Showcase公演のチケット」とあります。このように、音楽と関連のある語句が見つかるので、(D)が正解だと判断できます。

---

75. 正解 (B)

解説 固有名詞を探してヒントを得よう！ P.182 ❶ の❷をチェック！

❷詳細を問う問題 まずは**質問文にある固有名詞Merino's Showcaseを旅程表の中から探しましょう。**すると、6月3日午後10時の「会場」欄にその名前があるので、設問74の流れも踏まえ、Merino's Showcaseはコンサート会場だと分かります。旅程表の6月3日の「都市」欄を見ると、Merino's Showcaseがあるのはモントリオールだと判断できます。よって、(B)が正解です。

設問の語句 □ *be* located 位置する

文書の訳

設問76-78は次のEメールに関するものです。

日付：8月13日（火）
送信者：Hank Young <hyoung@wildfresh.com>
宛先：顧客サービス <info@naturafoodsco.com>
件名：Natura Foods社のオーガニック穀物クラッカー

ご担当者様

貴社の商品の1つであるオーガニック穀物クラッカーについての問い合わせです。—[1]— 材料に挙げられている香味料の中に動物性食品はあるか教えていただけますか。

Wild & Fresh社では完全菜食レストラングループを経営しています。—[2]— メニューに載っている全ての料理の材料に動物性のものが含まれていないことを確かめ、厳しい基準に適合することを確認する義務が当社にはあります。—[3]—

Natura Foods社製の完全菜食主義者のニーズに合った商品を全てリストにして送っていただけますか。そうしていただけると、関わりのあるたくさんの完全菜食主義団体にそれを配布することができ、それは貴社の事業にとってもプラスになるかと思います。—[4]— よろしくお願いいたします。お返事をお待ちしております。

敬具

Hank Young
総料理長
Wild & Fresh社レストラングループ

【Eメールの話の流れ】
①商品の問い合わせ→②完全菜食主義者用の材料が必要な理由の説明→③完全菜食主義者用の商品リストの要求→④他の完全菜食主義団体へのリスト配布の提案

文書の語句
□ inquire about ～ ～について質問する □ flavor 香味料 □ ingredient 材料
□ operate ～を経営する、運営する □ vegan 完全菜食主義者 □ responsibility 責任
□ comply with ～ ～に従う □ contain ～を含む □ product 商品
□ distribute ～を配布する □ *be* involved with ～ ～に関係している

設問の訳

76. このEメールの主な目的は何ですか。
(A) 材料について質問すること
(B) レストランを宣伝すること
(C) 注文すること
(D) 返金をお願いすること

77. Young さんは Natura Foods 社のために何をすると言っていますか。
(A) 新しいパッケージのデザインを作成する
(B) 地域の販売業者になる
(C) 商品情報を共有する
(D) 新しい味を提案する

78. 文中の[1]、[2]、[3]、[4]のうち、次の文が入るのに最もふさわしいのはどこですか。
「これには卵、蜂蜜、蜜ろうや乳製品全般といったものが含まれます。」
(A) [1]
(B) [2]
(C) [3]
(D) [4]

---

76. 正解 (A)

解説 メールの目的は文書冒頭を読もう！ P.182 ❶ の❶をチェック！

❶基本情報を問う問題　メールの目的は、文書の冒頭に書かれていることが多いため、第1段落をしっかり読みましょう。 1文目に、I am inquiring about one of your products（商品の1つについての問い合わせです）とあります。さらに「香味料の中に動物性食品はあるか教えていただけますか」と、商品の材料について尋ねていることから、メールの目的は(A)だと分かります。

設問の語句 □promote ～を宣伝する　□place an order 注文する　□refund 返金

---

77. 正解 (C)

解説 I could ～は提案の表現！ P.182 ❶ の❷をチェック！

❷詳細を問う問題　第3段落に「完全菜食主義者のニーズに合った商品を全てリストにして送ってほしい」という依頼の後に、I could then distribute ～ with と、「関わりのあるたくさんの完全菜食主義団体にそれ（リスト）を配布することができる」として、Natura Foods 社の商品情報のシェアを提案しています。よって、(C)が正解となります。

設問の語句 □create ～を作成する　□regional 地域の　□distributor 販売業者
□suggest ～を提案する

---

78. 正解 (C)

解説 代名詞が既出のどの単語を指すのか確認しよう！ P.184 ❶ の❼をチェック！

❼文挿入問題　挿入文にある代名詞 **This は既出の単語を指すため、前の文とのつながりを意識して確認しましょう。** 第2段落に、ensuring that ～ anything from an animal（動物性のものが含まれていないことを確かめ）という文があります。この後ろに挿入文を入れて読むと、This は、「動物性のもの」を指すことになり、「(動物性のものというのは) 卵、蜂蜜、蜜ろうや乳製品全般といったものが含まれる」とうまくつながるので、正解は(C)となります。

設問の語句 □include ～を含む　□beeswax 蜜ろう　□dairy products 乳製品

文書の訳

設問79-80は次のクーポンに関するものです。

> **Pogo ピザ店**
> **クーポン**
>
> Pogo ピザ店にて2種類以上のトッピングを乗せたスモールサイズのピザとソフトドリンクをご注文の際にこのクーポンを提示しますと、追加料金なしで付け合わせのサラダがもらえます。
>
> この特典は店内でお召し上がりのお客様に限り、配達やお持ち帰りの場合は適用されません。有効期限は9月30日です。
>
> 次回のご来店でお食事を提供させていただけることを心待ちにしています！

【クーポンの話の流れ】

①ピザ屋のクーポン→②ピザとドリンク注文でサラダがもらえる→③店内での飲食のみクーポンを使える。有効期限は9月30日。

文書の語句 □present ～を提示する　□purchase ～を購入する　□additional 追加の
□charge 料金　□dine-in 店内で食事をする　□valid 有効な
□expire 有効期限が切れる

設問の訳

79. どの商品が無料で提供できますか。
(A) サラダ
(B) 追加のトッピング
(C) 飲み物
(D) スモールサイズのピザ

80. クーポンによると、顧客はどのようにして無料の商品を受け取ることができますか。
(A) 9月30日より後に買い物をすることで
(B) 店内で食事をすることで
(C) 持ち帰りの食べ物を注文することで
(D) 配達員にクーポンを提示することで

79. 正解 (A)

解説 特典をクーポンから正確に読み取ろう！ P.182 ❶ の❷をチェック！

❷詳細を問う問題 第1段落の冒頭に、ピザとドリンクを購入の際に、Present this coupon（このクーポンをご提示ください）とあります。その後に、to receive a side salad at no additional charge（追加料金なしで付け合わせのサラダを受け取るために）と続きます。よって、クーポンの提示により、無料のサラダがもらえると分かるため、正解は(A)になります。

設問の語句 □ extra 追加の

---

80. 正解 (B)

解説 クーポンの使用条件を確認しよう！ P.182 ❶ の❷をチェック！

❷詳細を問う問題 第2段落に、This offer is for dine-in customers only（この特典は店内でお召し上がりのお客様に限る）とあります。This offer（この特典）というのはクーポンの提示で得られるサービス（無料の付け合わせのサラダ）を指します。よって、クーポンのサービスを得るには店内で食事をする必要があると分かるため、正解は(B)となります。このように、**クーポンの設問では、その使用条件を問われることがよくあります。**

設問の語句 □ make a purchase 購入する □ delivery person 配達員

文書の訳

設問81-82は次のオンラインの請求書に関するものです。

http://www.vivacitsupplies.com/ordersonline

Vivacit Supplies社

顧客名：Karen Rodgers、業務マネージャー

顧客住所：Sunway Center、エイコーン通り、955番地、ボイシ、アイダホ州、83705

品目	詳細	数量	単価	価格
PURAM製ゴム手袋（白）	診察や医療処置中に医療従事者も患者も守ることができる丈夫だが軽量な高品質手袋。	500組	0.0683ドル	34.15ドル
MedVim製患者用ガウンSサイズ（水色）	廃棄することも洗濯して再利用することもできる暖かく快適で柔軟性のあるガウン。	100	1.73ドル	692ドル
MedVim製患者用ガウンMサイズ（水色）		100	1.73ドル	
MedVim製患者用ガウンLサイズ（水色）		100	1.73ドル	
MedVim製患者用ガウンXLサイズ（水色）		100	1.73ドル	
			合計	726.15ドル

精算へ進む

【オンラインの伝票の着眼ポイント】

①何の伝票かを確認。「顧客名」「顧客住所」や、「品目」欄や「価格」欄があることから、注文伝票だと判断→②各項目（品目～価格）に書かれていることをチェック。設問に応じて、必要な項目から情報をピックアップする。

文書の語句 □durable 耐久性のある　□lightweight 軽量の
□protect ～を保護する　□patient 患者　□exam 診療　□medical 医療の
□designed for ～ ～のために考案された　□warmth 暖かさ　□flexibility 柔軟性
□dispose of ～ ～を破棄する

設問の訳

81. Rodgersさんはどこで働いていると考えられますか。
(A) 引っ越し業者
(B) クリーニング店
(C) 娯楽施設
(D) 診療所

82. MedVim製ガウンの特徴として述べられていないことは何ですか。
(A) 暖かい。
(B) 洗濯ができる。
(C) 軽量である。
(D) 着心地が良い。

81. 正解 (D)

解説 必要な情報がどこに書かれているのかを見極める！ P.182 ❶ の❷をチェック！

❷詳細を問う問題 伝票の「顧客名」の欄にRodgersさんの名前があるので、これはRodgersさんが注文した注文伝票だと分かります。「品目」と「詳細」欄で、注文した商品とその内容を見ると、医療用の手袋や患者用ガウンを注文していることが分かります。よって、それらを注文したRodgersさんは医療機関で働いていると考えられるので、正解は(D)となります。

設問の語句 □venue 会場

82. 正解 (C)

解説 NOT問題は本文に書かれていない内容を選ぶ！ P.183 ❶ の❹をチェック！

❹NOT問題 NOT問題は、文書に書かれていないことを選ぶ問題です。選択肢のうち3つは文書に書かれている内容なので、文書と照合する必要があります。ここでは、MedVim製ガウンの特徴を読み取るために、その「詳細」欄を見ましょう。ガウンの特徴はGowns designed for warmth, comfort, and flexibility（暖かく快適で柔軟性のあるガウン）とあり、選択肢の(A)と(D)が当てはまります。また、can be either disposed of or washed（廃棄することも洗濯することもできる）とあり、(B)が当てはまります。残った(C)が文書に書かれていないので、正解です。

設問の語句 □washable 洗える

文書の訳

設問83-84は次のクーポンに関するものです。

> **8月3日**にお買い上げいただきありがとうございました。ご来店をお楽しみいただけたなら幸いです。お客様だけに特別価格をご提供いたします！
>
> このクーポンによって次回のお買い物で、お気に入りの中古レコードや中古CDを20%引きでご購入いただけます。
> インターネットでご注文の場合はこのコードをご利用ください：XXZZZ3QQQ
>
> 50ドル以上ご注文いただきますと送料無料となります。
>
> 上記のスタンプの日付から30日以内が有効となります。他のキャンペーンや割引との併用はできません。セール品、新作やボックスセットは対象外となります。

【クーポンの話の流れ】

①購入のお礼と特別価格のお知らせ→②特別価格の詳細（中古レコードとCDを20%引きで購入できる）→③クーポン使用条件→④クーポン対象外の商品の説明。

文書の語句 □purchase 購入 □exclusive 独占的な □entitle *A* to *do* Aに～する権利を与える
□used 中古の □shipping 発送 □valid 有効な
□in combination with ～ ～と併用して □promotion 販売促進
□exclude ～を除外する □new release 新作

設問の訳

83. このクーポンを受け取るのは誰だと考えられますか。

(A) 店内での買い物客
(B) 新入社員
(C) 会員
(D) 音楽を勉強している学生

84. このクーポンについて何と言及されていますか。

(A) 50ドル以上購入した場合のみ適用される。
(B) インターネットでの買い物には利用できない。
(C) 8月中はいつでも利用できる。
(D) 全商品を対象に利用できる。

83. 正解 (A)

解説 文を読んで推測しよう！ P.182 1 の❶をチェック！

❶基本情報を問う問題 クーポンの冒頭を読むと、Thank you for your purchase（お買い上げいただきありがとうございました）から始まり、We hope that you enjoyed your visit（ご来店をお楽しみいただけたなら幸いです）とあることから、クーポンを受け取った人は、(A)だと判断できます。**クーポンの受け取り手が誰なのか、直接的な単語では書かれていないので、文から読み取り、解答を推測することがカギとなります。**

設問の語句 □employee 従業員

---

84. 正解 (C)

解説 選択肢と文書を照合して「正しい」内容を選ぼう！ P.182 1 の❸をチェック！

❸選択肢照合型問題 質問文がWhat is indicated about ～（～について何が示されているか）で始まる場合、選択肢と文書内の情報を1つずつ照らし合わせる必要があるので、時間がかかります。文書中では、(A)については記述がなく不正解です。「50ドル以上」という情報は送料無料の条件として出てきています。インターネットでの利用方法（コードを入力）が書かれているため、(B)も不正解です。(D)は文書最後にクーポン対象外の商品が挙げられているので一致しません。(C)は文書中に「スタンプの日付から30日以内は有効」とあり、スタンプは8月3日となっているため、8月中の利用が可能と判断でき、正解となります。

設問の語句 □apply to ～ ～に適用する □product 製品

文書の訳

設問85-87は次のオンラインチャットに関するものです。

Penny Ling [午前11時45分]
大したものね、John！ KL Developers社との取引は本当にお見事よ。

Debbie Wallace [午前11時48分]
しかも新しい顧客よ。素晴らしいわ！ たくさんの木材とコンクリートを売り上げたわね！

John Volker [午前11時49分]
ありがとう！ 自分の仕事をしたまでだよ。

Debbie Wallace [午前11時51分]
KL Developers社は何に取り組んでいるの？

John Volker [午前11時53分]
中心街に10階建てのビルを建てるんだって。小売店やオフィスが入るらしい。

Debbie Wallace [午前11時55分]
すてきね。ねえ、祝杯を挙げるべきだと思うわ。仕事が終わったら夜ご飯でも食べに行かない？

Penny Ling [午前11時57分]
いいわね。Johnはどう？ 4番通りの新しいイタリアンレストランに行ってみてもいいわね。

John Volker [午前11時59分]
いいね！ 僕も行くよ。

【オンライン・チャットの話の流れ】
①トピック（Johnの新しい顧客獲得）→②詳細（取引先の仕事内容）→③展開（取引成功の祝杯の計画）

文書の語句 □impressive 素晴らしい □deal 取引 □client 顧客 □put up ～ ～を建てる □～-story ～階建ての □downtown 中心街 □retail 小売店 □count ～ in ～を仲間に入れる

設問の訳

85. 書き手たちは何の業種の会社で働いていると考えられますか。
(A) 不動産会社
(B) 事務所管理会社
(C) 建材会社
(D) 法律事務所

86. なぜ午前11時48分にWallaceさんは"With a new client, too"と書いていますか。
(A) ある間違いが起きた理由を示唆するため
(B) 同僚の功績を強調するため
(C) 彼女がどこに行くのか説明するため
(D) 別の参加者を推薦するため

87. 書き手たちは今日この後一緒に何をすると考えられますか。
(A) ツアーに参加する
(B) レストランで食事をする
(C) 建設現場を視察する
(D) 顧客の事務所を訪れる

---

85. 正解 (C)

解説 キーワードを探そう！ P.182 1 の❶をチェック！

❶基本情報を問う問題 11時48分のWallaceさんの発言に、「たくさんの木材とコンクリートを売り上げたわね」とあることから、書き手たちはそれらを販売している会社で働いていると分かります。また、11時51分にWallaceさんが取引先の会社が何に取り組んでいるのかと尋ねると、11時53分にVolkerさんが「中心街に10階建てのビルを建てる」と答えているので、書き手たちはビル建設に関わる建材を販売したと考えられます。よって、(C)が正解だと判断できます。

設問の語句 □real estate 不動産 □supply 供給物

---

86. 正解 (B)

解説 意図問題は発言の前後を読もう！ P.183 1 の❻をチェック！

❻意図問題 チャット中の発言が、どんな意図で書かれているのか問われた場合、前後の流れを読みながら考えます。ここでは前の発言から流れをつかむと、解答が導き出せます。 11時45分にLingさんは、Volkerさんが成功させたimpressive deal（素晴らしい取引）を賞賛しています。それに続き、11時48分にWallaceさんはWith a new client, too.（しかも新しい顧客よ）と強調し、Volkerさんの新規取引を称えています。よって、正解は(B)となります。

設問の語句 □suggest ～を示唆する、～を提案する □achievement 功績
□recommend ～を勧める □participant 参加者

---

87. 正解 (B)

解説 今後の展開は後半を読もう！ P.182 1 の❷をチェック！

❷詳細を問う問題 これからについての話は、チャットの後半に書かれていることが多いです。11時55分にWallaceさんが、I think we should celebrate（祝杯を挙げるべきだと思うわ）と書き、さらに、Shall we get some dinner after work?（仕事が終わったら夜ご飯でも食べに行かない？）と、他の2人に提案しています。よって、仕事の後にみんなで食事をすることが推測できるので、(B)が正解となります。

設問の語句 □participate in ～ ～に参加する □dine 食事をする □construction 建設

文書の訳

設問88-89は次の記事に関するものです。

Lakevilleでロッククライミング・ジムが新規オープン予定

Lakeville（6月1日）―ロッククライミング・ジムのThe Cage社は年内にLakevilleに新しくジムをオープンすると発表した。The Cage社にとっては4軒目の施設であり、Lakevilleでは初めてのロッククライミング・ジムとなる。

マーケティング担当部長Scott Gern氏によると、住民は新しいジムを楽しみにしている。「私たちはロッククライミングのブーム真っただ中にいます」「現在最寄りのロッククライミング・ジムはLakevilleから1時間かかる所にありますが、あまりに熱中しているためその距離を運転してしまうのです」とGern氏は語る。

The Cage社は幅広い年齢や技術レベルの人々を対象としたボルダリングスタイルのロッククライミングを専門としている。また、最先端のフィットネス器具やウェイトトレーニング器具を備えており、フィットネスプログラムも提供している。

【記事の話の流れ】

①ロッククライミング・ジムの新規オープンについて→②住民の反応→③ジムが提供するサービスについての詳細

文書の語句
□according to ～　～によると　□resident　住民
□*be* excited about ～　～に興奮する　□currently　現在
□away from ～　～から離れて　□distance　距離
□specialize in ～　～に特化している　□provide　～を提供する
□state-of-the-art　最先端の　□equipment　器具　□offer　～を提供する

設問の訳

88. Gernさんは Lakevilleの住民について何と言っていますか。
(A) オープンを楽しみにしている。
(B) 交通量を懸念している。
(C) 新しいジムにすでに入会している。
(D) ロッククライミングになじみがない。

89. The Cage社について何と報じられていますか。
(A) Lakevilleでは4軒目のロッククライミング・ジムになる。
(B) スイミングプールが備え付けられる。
(C) Lakevilleから1時間かかる所にできる。
(D) 初心者にロッククライミングを提供する。

88. 正解 (A)

解説 質問文の固有名詞を文書の中で探そう！　P.182 ❶ の❷をチェック！

❷詳細を問う問題　質問文にMr. Gernという名前があるため、文書の中でScott Gernに言及している部分に注目して読みましょう。第2段落がAccording to Scott Gern（Scott Gern氏によると）から始まります。続いて、residents are excited about the new gym（住民は新しいジムを楽しみにしている）とGern氏が発言していることから、正解は(A)だと判断できます。

設問の語句 □traffic 交通量　□unfamiliar なじみの薄い

---

89. 正解 (D)

解説 キーワードに着目し、必要な情報を選ぼう！　P.182 ❶ の❸をチェック！

❸選択肢照合型問題　質問文に固有名詞The Cageとあり、記事の1文目では、ジムを開設する会社だと言及されています。この企業名は、第1段落と第3段落に出てくるため、どちらの内容が解答に直結するのかを見極める必要があります。第3段落では、The Cage specializes in boulder-style rock climbing for people of all ages and skill levels.（The Cage社は幅広い年齢や技術レベルの人々を対象としたボルダリングスタイルのロッククライミングを専門としている）とあるため、初心者にもロッククライミングを提供していると考えられます。よって、正解は(D)となります。

設問の語句 □offer ～を提供する

文書の訳

設問 90-91 は次の取扱説明書に関するものです。

PWR ポータブルバッテリーはご使用になる前に、電源につないでフル充電してください。付属の青色の充電ケーブルを使って PWR をコンピューターの USB ポートにつなぐか、ケーブルを AC アダプターにつなぎ、それをコンセントに差し込むことによって、PWR を充電できます。PWR がフル充電されたら、前面にある赤色の充電ランプが緑色に変わります。初めて PWR ポータブルバッテリーをご使用になるときはフル充電に約1時間かかりますのでご注意ください。

PWR ポータブルバッテリーでタブレットパソコンやスマートフォンなどの電子機器を充電する場合は、付属の白色の USB ケーブル、または電子機器付属のケーブルを使って PWR をつないでください。自動的に充電が始まります。

ご注意：
・充電中は PWR ポータブルバッテリーの温度が高くなる可能性があります。
・本体は水気から離れた所に置いてください。

【取扱説明書の話の流れ】

①PWR ポータブルバッテリーをフル充電する方法（付属の青色の充電ケーブルを使ってコンピューターに接続するか、AC アダプターにつなぎ、それをコンセントに差し込む）→②PWR ポータブルバッテリーを使って電子機器を充電する方法（付属の白色の USB ケーブルを使うか、電子機器付属のケーブルを使う）→③使用上の注意

文書の語句
□charge ～を充電する □completely 完全に □connect ～をつなぐ
□power source 電源 □attached 付属の □electrical outlet コンセント
□turn ～に変わる □note that ～ ここで注意すべきは～である
□take *A* to *do* ～するのに A かかる □recharge ～を充電する
□come with ～ ～に付属する □automatically 自動的に

設問の訳

90. PWR ポータブルバッテリーに付いてくるものは何ですか。
(A) 防水ケース
(B) 機器を開けるための工具
(C) 充電ケーブル
(D) 交換用バッテリー

91. 取扱説明書によると、使用者はバッテリーを使うとき、何をするよう勧められていますか。
(A) ぬれないようにする
(B) 常にフル充電しておく
(C) 温度が高くなってきたらケーブルを外す
(D) 1日1時間以上は使用しない

90. 正解 (C)

解説 必要な情報を確実に拾おう！　P.182 ❶ の❷をチェック！

❷詳細を問う問題　第1段落の2文目に、PWRポータブルバッテリー自体を充電するために、Use the attached blue charging cable（付属の青色の充電ケーブルを使って）と指示が書かれています。また、第2段落には、PWRポータブルバッテリーと電子機器をつないで充電するために、using the white USB cable that came with the unit（付属の白色のUSBケーブルを使って）と書かれています。よって、PWRポータブルバッテリーには青色と白色の充電ケーブルが付属していると分かり、正解は(C)となります。

設問の語句 □waterproof 耐水の　□replacement 交換

---

91. 正解 (A)

解説「使用上の注意」は解答のヒントになる！　P.182 ❶ の❷をチェック！

❷詳細を問う問題　取扱説明書では、製品の「使用上の注意」が書かれ、その内容が解答のヒントになるケースがよくあります。 ここでは、文書最後のCaution（注意）に注目しましょう。Keep the unit away from water.（本体は水気から離れた所に置いてください）とあります。Keep ～ away from ... は、「～を…から遠ざける」という意味です。よって、(A)が正解となります。

設問の語句 □avoid *doing* ～するのを避ける　□allow *A* to *do* Aが～するのを許す
□disconnect ～を取り外す

文書の訳

設問92-96 は次のウェブページとEメールに関するものです。

【ウェブページ】

www.ourvoices.com/callforsubmissions

投稿募集中

Our Voices誌はカリフォルニア州ロサンゼルスに拠点を置く文学雑誌です。私たちの目標は、世界中のあらゆる世代の創造性豊かな方々による新しいアートや文学の作品を紹介することです。あなたの声をお聞かせください。詩、短編小説、独創的なノンフィクションや視覚芸術作品の投稿を現在募集しています。個人的な経験、独特な視点や地球規模の問題を扱った作品を歓迎します。

Our Voices誌は春と秋の年2回発行され、投稿は1年中受け付けています。締め切りは、春季号は2月28日、秋季号は8月31日となっています。以前出版されたことのある作品は対象外となります。投稿に対するご回答には最大2週間かかることをご了承ください。投稿に関する詳細なガイドラインを見るには、こちらをクリックしてください。

【ウェブページの話の流れ】

①投稿募集の呼び掛け→②募集作品の詳細→③投稿の受付期間と締め切り日。過去に出版された作品は対象外。

【Eメール】

宛先：Erin Sorano <erinsorano@mymail.com>
送信者：Jonathan Grey <jgrey@ourvoices.com>
日付：12月16日
件名：短編小説の投稿

Sorano様

「Brick Walls」という題名の短編小説をご投稿いただきありがとうございました。Our Voices誌編集部を代表しまして、あなたの小説が掲載作品として選ばれたことをご報告することができうれしく思います。来年発行予定の次号、第9巻17号に掲載されます。

掲載の際に使用したいので、短いプロフィールをEメールでお送りください。プロフィールの長さは50語程度でお願いします。プロフィールと併せて写真も掲載したい場合はそちらもお送りください。

ご質問などがありましたらいつでもEメールでご連絡ください。改めまして、ご投稿ありがとうございました。そして、おめでとうございます！

よろしくお願いします。
Jonathan Grey
Our Voices誌編集長

【Eメールの話の流れ】

①投稿の送付のお礼と掲載決定の報告→②プロフィール提出依頼

文書の語句 【ウェブページ】□ literary 文学の □ showcase ～を紹介する □ creative 独創的な
□ currently 現在 □ submission 投稿 □ perspective 視点 □ issue 問題
□ biannually 半年ごとに □ accept ～を受け付ける □ year-round 1年中
□ deadline 締め切り □ previously 以前に □ consider ～を考慮する
□ allow（時間）を割り当てる □ detailed 詳細な
【Eメール】□ on behalf of ～ ～を代表して □ editorial 編集の
□ *be* pleased to *do* ～してうれしい □ publication 出版 □ publish ～を出版する
□ issue（定期刊行物の）号 □ biographical profile 経歴 □ include ～を含む
□ bio 経歴（= biography）

設問の訳

92. このウェブページは誰に向けたものだと考えられますか。
(A) 留学生
(B) ジャーナリスト
(C) 作家や芸術家
(D) ネットショッピングする人

93. このウェブページによると、Our Voices誌について何と言及されていますか。
(A) 出版されたことのある題材は受け付けない。
(B) 現在編集部員を募集している。
(C) 年に2回しか作品を受け付けていない。
(D) 電子書籍を出版している。

94. このEメールの目的は何ですか。
(A) 日にちを確認すること
(B) 投稿作品について回答すること
(C) 短編小説を投稿すること
(D) 支払いをお願いすること

95. 「Brick Walls」はいつ掲載されますか。
(A) 春
(B) 夏
(C) 秋
(D) 冬

96. Soranoさんは何をするようお願いされていますか。
(A) 候補者を推薦する
(B) 作品に変更を加える
(C) 請求書をもう1部提出する
(D) 彼女自身に関する情報を提出する

92. 正解 (C)

解説 ウェブページの冒頭に注目しよう！　　P.182 ❶ の❶をチェック！

❶基本情報を問う問題　ウェブページの冒頭にCall for Submissions（投稿募集中）とあり、作品の投稿を呼び掛けています。第1段落4文目にWe are currently looking for submissions of poetry, short stories, creative nonfiction, and visual art.（詩、短編小説、独創的なノンフィクションや視覚芸術作品の投稿を募集しています）とあることから、それらの作品を作成する人向けのウェブページだと分かります。よって、(C)が正解になります。**文書の冒頭に注目する**タイプの「基本情報を問う問題」です。

設問の語句 □*be* intended for ～　～向けの

---

93. 正解 (A)

解説 選択肢と文書の内容を照合しよう！　　P.182 ❶ の❸をチェック！

❸選択肢照合型問題　選択肢とウェブページの文書を見比べましょう。(A)は第2段落3文目に、Previously published work will not be considered.（以前出版されたことのある作品は対象外となります）とあるため、選択肢の内容と合致します。よって、(A)が正解です。募集しているのは「作品」だと書かれているので、「editorial staff（編集部員）の募集」とある(B)は不正解です。(C)はウェブページの第2段落に、submissions are accepted year-round（投稿は1年中受け付けている）とあることから合致しません。ウェブページには、Our Voices誌が電子書籍を出版しているかどうかは書かれていないので、(D)は不正解です。

設問の語句 □refuse　～を拒否する　□published　出版された　□material　題材
□hire　～を雇う　□editorial　編集の　□accept　～を受け付ける　□work　作品

---

94. 正解 (B)

解説 Eメールの目的は冒頭に注目しよう！　　P.182 ❶ の❶をチェック！

❶基本情報を問う問題　Eメール冒頭でThank you for the submission ～ titled "Brick Walls."（「Brick Walls」という題名の短編小説をご投稿いただきありがとうございました）とあり、作品の投稿に対してお礼を述べています。よって、Eメールの目的は、(B)だと判断できます。このように、Eメールタイプの文書は、冒頭に目的が書かれていることが多いです。

設問の語句 □confirm　～を確認する　□submit　～を提出する　□ask for ～　～を要求する

95. 正解 (A)

解説 2つの文書から必要な情報を読み取る！ P.204〜207をチェック！

両文書参照型問題 ウェブページ第2段落1文目に、雑誌の発行は春と秋の年2回と書かれています。一方、Soranoさん宛のEメールの第1段落、最終文にはour next issue（次号）、due out next year（来年発行予定）と書かれているため、来年の春季号に掲載予定ではないかと考えられます。また、Eメールの日付は12月16日で、ウェブページ第2段落に言及のある、春季号の締め切り日である2月28日に間に合うことからも、掲載は春だと判断できます。よって、正解は(A)となります。

---

96. 正解 (D)

解説 質問文の内容で読むべき文書を判断しよう！ P.182 ❶ の❷をチェック！

❷詳細を問う問題 質問文ではSoranoさんがお願いされた内容が問われているので、SoranoさんがEメールの内容を読みましょう。第2段落に、please e-mail us a short biographical profile（短いプロフィールをEメールでお送りください）とあるので、(D)が正解となります。

設問の語句 □recommend 〜を勧める、推薦する □candidate 候補者 □invoice 請求書 □provide 〜を提供する

TOEIC® L&Rテスト はじめて受験のパスポート

別冊❶
復習テスト（問題編）

Obunsha

復習テスト
問題編

LISTENING TEST …… 2
READING TEST …… 12
解答一覧 …… 34
解答用紙 …… 35

※リスニングテストは約25分、リーディングテストは30分を目安として取り組んでください。
※リスニングの音声については、本冊P.9の「付属音声について」をご覧ください。MP3ファイルは、056～089を再生してください。
※各Partの指示文（Directions）は旺文社作成のものです。

LISTENING TEST

056~059

In the Listening test, your task will be to show how well you comprehend spoken English. The entire Listening test will be about 25 minutes long. The test has four parts, with directions given for each of them. Your answers must be marked on the answer sheet which is provided separately. The answers must not be written in the test book.

PART 1

Directions: In this part, you will listen to spoken statements concerning a picture in the test book. Each question will have four statements. As you listen, choose the one statement that is the best description of what is shown in the picture. Then, look for the question number on the answer sheet. Finally, mark your answer. The statements are not written in the test book and will be spoken out loud only once.

Answer choice (C), "They're looking at the displays," best describes the picture. So, mark (C) on the answer sheet.

1.

2.

GO ON TO THE NEXT PAGE

3.

PART 2

 060～077

Directions: You will listen to a statement or question followed by three responses spoken out loud in English. These are not written in the test book and will be spoken out loud only once. Choose the response that best matches the statement or question and mark (A), (B), or (C) on the answer sheet.

4. Mark your answer on your answer sheet.
5. Mark your answer on your answer sheet.
6. Mark your answer on your answer sheet.
7. Mark your answer on your answer sheet.
8. Mark your answer on your answer sheet.
9. Mark your answer on your answer sheet.
10. Mark your answer on your answer sheet.
11. Mark your answer on your answer sheet.
12. Mark your answer on your answer sheet.
13. Mark your answer on your answer sheet.
14. Mark your answer on your answer sheet.
15. Mark your answer on your answer sheet.
16. Mark your answer on your answer sheet.
17. Mark your answer on your answer sheet.
18. Mark your answer on your answer sheet.
19. Mark your answer on your answer sheet.
20. Mark your answer on your answer sheet.

GO ON TO THE NEXT PAGE

PART 3

Directions: You will listen to a number of conversations consisting of two or more people. Your task is to answer three questions about what is said in each conversation. Choose the response that best matches each question and mark (A), (B), (C), or (D) on the answer sheet. The conversations are not written in the test book and will be spoken out loud only once.

21. What are the speakers discussing?
(A) Camping tent
(B) Footwear
(C) A cycling accessory
(D) Jacket

22. According to the man, what is the problem with ClimbNew?
(A) It is expensive.
(B) It is hard to put on.
(C) Its design is outdated.
(D) Its color is too dark.

23. What does the woman recommend doing?
(A) Keeping a receipt
(B) Purchasing a product online
(C) Asking for a refund
(D) Choosing a different maker

24. What does the woman need to do today?
(A) Choose the location for an event
(B) Confirm the number of guests
(C) Select the date of a party
(D) Send out invitations

25. According to the man, what was the problem?
(A) He lost a confirmation number.
(B) He replied to the wrong person.
(C) He never received an invitation.
(D) He forgot to reply to the woman.

26. What will the man do next week?
(A) Attend an event
(B) Tell the woman his answer
(C) Give the woman some money
(D) Pay for a meal

27. What will the woman do at 2 o'clock?
(A) Attend a meeting
(B) Visit her clients
(C) Take a test
(D) Exercise at the gym

28. What is the focus of the training workshop?
(A) Time management
(B) Negotiating with clients
(C) Presentation skills
(D) Sales techniques

29. What information will Kevin confirm later?
(A) The name of the building
(B) The number of participants
(C) The schedule of the appointment
(D) The location of an activity

30. According to the man, what did Raymond suggest?
(A) Canceling a meeting
(B) Increasing a budget
(C) Trying to cut costs
(D) Finding a cheaper office

31. What will the woman do at the management meeting?
(A) Ask for opinions
(B) Tell managers to reduce spending
(C) Announce a spending decision
(D) Present schedule changes

32. What will the man send?
(A) An updated agenda
(B) Meeting minutes
(C) A revised budget
(D) A status report

GO ON TO THE NEXT PAGE

33. What does the man want to do?
   (A) Get approval for a purchase
   (B) Discuss a marketing strategy
   (C) Transfer to another team
   (D) Suggest a candidate for a job

34. What does Shauna say she is doing?
   (A) Reviewing a contract
   (B) Editing a brochure
   (C) Making a budget
   (D) Organizing a party

35. What will the man most likely do next?
   (A) Find an e-mail address
   (B) Leave the office
   (C) Contact a customer
   (D) Revise a document

Custom-printed Travel Mugs	
Plastic	$1.35
Ceramic	$2.20
Aluminum	$2.75
Stainless Steel	$3.40

36. What are the speakers mainly discussing?
   (A) Recent travel expenses
   (B) Promoting their company
   (C) Manufacturing a product
   (D) A factory visit

37. Look at the graphic. Which material does the woman choose?
   (A) Plastic
   (B) Ceramic
   (C) Aluminum
   (D) Stainless steel

38. What does the man say he will do?
   (A) Postpone an event
   (B) Revise a budget
   (C) Reserve a booth
   (D) Confirm a delivery date

PART 4

085~089

Directions: You will listen to a number of talks each given by a speaker. Your task is to answer three questions about what is said in each talk. Choose the response that best matches each question and mark (A), (B), (C), or (D) on the answer sheet. The talks are not written in the test book and will be spoken out loud only once.

39. What is being advertised?
(A) An air mattress
(B) A tent
(C) A backpack
(D) Hiking boots

40. What is emphasized about the product?
(A) Its fast delivery
(B) Its award-winning design
(C) Its popularity
(D) Its durability

41. What are the listeners encouraged to do?
(A) Watch a demonstration
(B) Receive a free sample
(C) Take advantage of a discount
(D) Download a coupon

42. Who is the speaker most likely calling?
(A) A conference organizer
(B) A security consultant
(C) A computer technician
(D) A factory supervisor

43. What problem does the speaker describe?
(A) A system is outdated.
(B) A warehouse is not large enough.
(C) Merchandise is stored improperly.
(D) A machine is not working.

44. Why does the speaker ask the listener to call back?
(A) To demonstrate a product
(B) To schedule a consultation
(C) To suggest a location
(D) To attend a presentation

GO ON TO THE NEXT PAGE

45. What problem does the speaker report?
(A) Severe weather
(B) An accident on a bridge
(C) Heavy holiday traffic
(D) A partially closed road

46. What will the listeners hear in twenty minutes?
(A) A baseball game
(B) An interview
(C) A traffic update
(D) A live concert

47. Who is Hugh Waverly?
(A) A sports reporter
(B) A spokesperson
(C) A city official
(D) A team owner

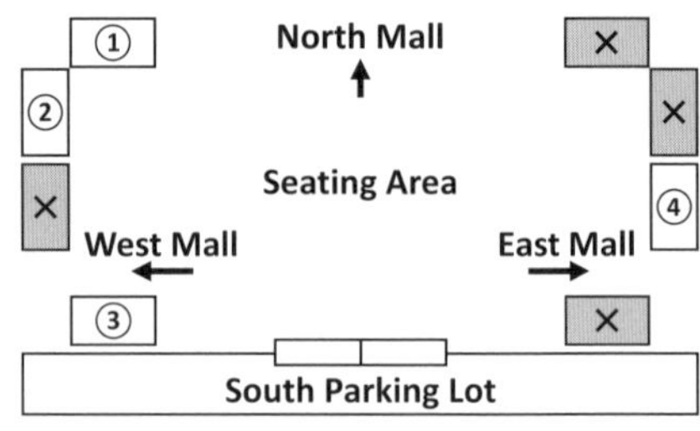

48. Who most likely is the speaker?
(A) A clothing shop owner
(B) A market researcher
(C) A mall representative
(D) A parking attendant

49. According to the speaker, what recently took place?
(A) Job interviews
(B) A promotional campaign
(C) Remodeling work
(D) Consumer surveys

50. Look at the graphic. Which location does the speaker recommend?
(A) Location 1
(B) Location 2
(C) Location 3
(D) Location 4

You have reached the end of the Listening test.
Proceed to Part 5 in your test book.

GO ON TO THE NEXT PAGE

READING TEST

In the Reading test, you will read several different kinds of texts and answer a variety of reading comprehension questions. The entire Reading test will be 30 minutes long. The test has three parts, with directions given for each of them. It is recommended that you answer as many questions as you can within the time limit.
Your answers must be marked on the answer sheet which is provided separately. The answers must not be written in the test book.

PART 5

Directions: In each sentence below, there is a word or phrase that is missing. After each sentence, there are four answer choices given. Choose the answer that best completes the sentence. Then mark (A), (B), (C), or (D) on the answer sheet.

51. Before starting his own recruiting agency, Mr. Favreau had a ------- career in the pharmaceutical business.

(A) succeeding
(B) successful
(C) succession
(D) successfully

52. ------- Ms. Crawford was known for her bestselling novels, she also wrote several plays during her career.

(A) If
(B) In spite of
(C) Besides
(D) While

53. The personnel department requires employees to submit ------- requests for vacation time at least thirty days in advance.
(A) written
(B) writing
(C) wrote
(D) to write

54. The laboratory is open not only to employees with a valid ID badge but ------- visitors who have been issued a temporary pass.
(A) or
(B) unless
(C) also
(D) another

55. Ms. Kawashima has shown an ability to produce high-quality work under tight deadlines -------.
(A) repeatedly
(B) repeated
(C) repetition
(D) repeat

56. Getting a good night's rest is important, as lack of sleep is a ------- cause of weight gain and other health problems.
(A) know
(B) knowing
(C) known
(D) knew

57. The city council has approved the plan for the new highway ------- strong opposition from local residents.
(A) despite
(B) although
(C) however
(D) due to

58. Laboratory staff must wear protective gear and handle chemicals with ------- at all times.
(A) cared
(B) careful
(C) carefully
(D) care

GO ON TO THE NEXT PAGE

59. Thanks to its ------- popularity, Vito's Pizza plans to open six more branches in the Chicago area next year.

(A) grow
(B) growing
(C) grown
(D) grew

60. In addition to an application form, an identification card is also ------- in order to sign up for a bank account.

(A) revised
(B) agreed
(C) required
(D) improved

61. ------- Stanislaus Island is very popular in the summer, finding affordable hotel rooms there can be difficult.

(A) So
(B) Therefore
(C) Owing to
(D) Since

62. To keep your equipment performing well, ------- cleaning and maintenance is highly recommended.

(A) regular
(B) regularly
(C) regularity
(D) to regulate

63. Although Lacroix Country Club is the smallest club in the city, it offers lessons suited to ------- beginners and experts.

(A) regardless
(B) either
(C) both
(D) each

64. Established in 1923, Wilkie's is a leading independent bookstore ------- in rare and out-of-print titles.

(A) to specialize
(B) specializes
(C) specializing
(D) specialized

65. Employees may not take days off ------- obtaining their supervisor's approval in advance.
(A) without
(B) except
(C) unless
(D) otherwise

66. Recently, the number of tourists visiting the United States from Canada has increased ------- thanks to the favorable exchange rate.
(A) signifies
(B) significant
(C) significance
(D) significantly

67. The Riva 200X is a weatherproof camera designed ------- even the toughest conditions.
(A) handling
(B) to handle
(C) handled
(D) handle

68. Guests should store their clothes and valuables in one of the lockers ------- using the swimming pool.
(A) that
(B) when
(C) into
(D) during

69. Doughty Hotels' number-one priority is to ensure our guests are ------- during their stay.
(A) comfortable
(B) comfortably
(C) comfort
(D) comforting

GO ON TO THE NEXT PAGE

PART 6

Directions: You will read the text that follows, and in different parts of it, there is a word, or sentence that is missing. Look below each part of the text and you will find a question, with four answer choices. Choose the answer that best completes the text. Then mark (A), (B), (C), or (D) on the answer sheet.

Questions 70-73 refer to the following notice.

Reservations for campsites at Hibiscus National Park are -------- (70.) from April 1 to September 30. Throughout the rest of the year, visitors are not required to reserve spaces in advance to camp in the park. -------- (71.) during the off season, the campgrounds fill up quickly on holiday weekends, so arrive early to get a prime location. Campsites are $4 per night on weekdays and $6 on weekends.
Visit the park's Web site at www.hibiscusnationalpark.com to make a reservation. -------- (72.). You may also call 800-555-0545 to reserve your spot or for other -------- (73.).

70. (A) efficient
(B) necessary
(C) complimentary
(D) hopeful

71. (A) Even
(B) Again
(C) Simply
(D) Whenever

72. (A) Thank you once again for staying with us.
(B) Unfortunately, we do not accept telephone calls.
(C) There is an additional charge for parking.
(D) Please make sure to fill in all required information.

73. (A) inquiring
(B) inquiries
(C) inquire
(D) inquiringly

PART 7

Directions: In this part you will read a variety of selected texts. Examples include magazine and newspaper articles, e-mails, and instant messages. There will be several questions that follow each text or group of texts. Choose the answer that is the best for each question and mark (A), (B), (C), or (D) on the answer sheet.

Questions 74–75 refer to the following itinerary.

North American Tour
Itinerary for Ms. Jane Velez

Date	City	Venue	Start	Length	Notes
June 2	Toronto	Brickhouse	8:00 P.M.	60 minutes	
June 3	Montreal	Radio 99	3:00 P.M.	90 minutes (On-air live interview with Jean Deron + 4-song mini-concert)	Listener giveaway: 4 tickets to Merino's Showcase live performance
June 3		Merino's Showcase	10:00 P.M.	75 minutes	
June 4					Drive day
June 5	New York	Lit Lounge	10:30 P.M.	45 minutes	
June 6	Philadelphia	TJ's Alehouse	10:00 P.M.	45 minutes	

74. Who most likely is Jane Velez?
(A) A bus driver
(B) A radio presenter
(C) An author
(D) A musician

75. Where most likely is Merino's Showcase located?
(A) In Toronto
(B) In Montreal
(C) In New York
(D) In Philadelphia

GO ON TO THE NEXT PAGE

Questions 76-78 refer to the following e-mail.

Date:	Tuesday, 13 August
From:	Hank Young <hyoung@wildfresh.com>
To:	Customer Service <info@naturafoodsco.com>
Subject:	Natura Foods Organic Grain Crackers

To whom it may concern,

I am inquiring about one of your products, Organic Grain Crackers. —[1]—. Could you tell me if any of the flavors listed among the ingredients are animal products?

Wild & Fresh operates a group of vegan restaurants. —[2]—. We have a responsibility to confirm that the ingredients of all items on our menu comply with our strict standards, ensuring that they do not contain anything from an animal. —[3]—.

Could I ask you to send me a list of all Natura Foods' vegan-friendly products? I could then distribute it to the many vegan groups I am involved with, which would also be good for your business. —[4]—. Thank you and I look forward to your reply.

Kind regards,

Hank Young
Executive Chef
Wild & Fresh Restaurant Group

76. What is the main purpose of the e-mail?
(A) To ask about ingredients
(B) To promote a restaurant
(C) To place an order
(D) To ask for a refund

77. What does Mr. Young offer to do for Natura Foods?
(A) Create new packaging designs
(B) Become a regional distributor
(C) Share product information
(D) Suggest new flavors

78. In which of the positions marked [1], [2], [3], and [4] does the following sentence best belong?
"This would include things such as eggs, honey, beeswax, and all dairy products."
(A) [1]
(B) [2]
(C) [3]
(D) [4]

GO ON TO THE NEXT PAGE

Questions 79–80 refer to the following coupon.

Pogo's Pizzeria

Coupon

Present this coupon when you purchase a small pizza with two or more toppings and a soft drink at Pogo's Pizzeria to receive a side salad at no additional charge.

This offer is for dine-in customers only and is not valid for delivery or takeout orders. Offer expires on September 30.

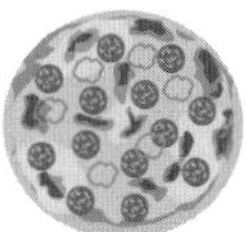

We look forward to serving you on your next visit!

79. What item can be offered for free?

(A) A salad
(B) An extra topping
(C) A beverage
(D) A small pizza

80. According to the coupon, how can the customer receive the free item?

(A) By making a purchase after September 30
(B) By eating inside the restaurant
(C) By ordering takeout food
(D) By presenting the coupon to a delivery person

GO ON TO THE NEXT PAGE

Questions 81-82 refer to the following online invoice.

http://www.vivacitsupplies.com/ordersonline

Vivacit Supplies

Customer Name: Karen Rodgers, Office Manager

Customer Address: Sunway Center, 955 Acorn Road, Boise, Idaho 83705

<table>
<tr><th>Item</th><th>Description</th><th>Quantity</th><th>Unit Price</th><th>Price</th></tr>
<tr><td>PURAM latex gloves (white)</td><td>High-quality, durable yet lightweight gloves that protect both the health worker and the patient during an exam or medical procedure.</td><td>500 pairs</td><td>$0.0683</td><td>$34.15</td></tr>
<tr><td>MedVim patient gown, size S (light blue)</td><td rowspan="4">Gowns designed for warmth, comfort, and flexibility that can be either disposed of or washed and used again.</td><td>100</td><td>$1.73</td><td rowspan="4">$692.00</td></tr>
<tr><td>MedVim patient gown, size M (light blue)</td><td>100</td><td>$1.73</td></tr>
<tr><td>MedVim patient gown, size L (light blue)</td><td>100</td><td>$1.73</td></tr>
<tr><td>MedVim patient gown, size XL (light blue)</td><td>100</td><td>$1.73</td></tr>
<tr><td colspan="3"></td><td>Total</td><td>$726.15</td></tr>
</table>

Proceed to Checkout

81. Where does Ms. Rodgers most likely work?

(A) At a moving company
(B) At a dry-cleaning shop
(C) At an entertainment venue
(D) At a medical clinic

82. What is NOT a stated feature of MedVim gowns?

(A) They are warm.
(B) They are washable.
(C) They are lightweight.
(D) They are comfortable.

GO ON TO THE NEXT PAGE

Questions 83-84 refer to the following coupon.

Thank you for your purchase on **AUGUST 3**. We hope that you enjoyed your visit and have an exclusive offer just for you!

This coupon entitles you to receive 20% off your next purchase of your favorite used records and CDs.
For online purchases, use code: XXZZZ3QQQ

Free shipping on orders over $50.

Valid within 30 days of the date stamped above. Cannot be used in combination with any other promotions or discounts. Excludes on-sale items, new releases, and box sets.

83. Who most likely would receive the coupon?

(A) An in-store shopper
(B) A new employee
(C) A club member
(D) A music student

84. What is indicated about the coupon?

(A) It applies only to purchases over $50.
(B) It cannot be used for online shopping.
(C) It can be used throughout August.
(D) It can be used for all products.

GO ON TO THE NEXT PAGE

Questions 85-87 refer to the following online chat.

Penny Ling [11:45 A.M.]
Nice going, John! That's a pretty impressive deal that you made with KL Developers.

Debbie Wallace [11:48 A.M.]
With a new client, too. Very good! That's a whole lot of wood and concrete you just sold!

John Volker [11:49 A.M.]
Thanks! Just doing my part.

Debbie Wallace [11:51 A.M.]
What does KL Developers have going on?

John Volker [11:53 A.M.]
They're putting up a ten-story building downtown. There'll be retail and offices.

Debbie Wallace [11:55 A.M.]
Nice. Well, I think we should celebrate. Shall we get some dinner after work?

Penny Ling [11:57 A.M.]
Sure. What do you say, John? We could try that new Italian place on 4th Street.

John Volker [11:59 A.M.]
Sounds good! Count me in.

85. For what type of business do the writers probably work?
(A) A real estate agency
(B) An office management company
(C) A building supply company
(D) A legal firm

86. At 11:48 A.M., why does Ms. Wallace write, "With a new client, too"?
(A) To suggest a reason for an error
(B) To emphasize a colleague's achievement
(C) To explain where she is going
(D) To recommend another participant

87. What will the writers most likely do together later today?
(A) Participate in a tour
(B) Dine at a restaurant
(C) View a construction site
(D) Visit a client's office

GO ON TO THE NEXT PAGE

Questions 88-89 refer to the following article.

New Rock Climbing Gym Coming to Lakeville

LAKEVILLE (June 1)—The Cage rock climbing gym announced that it will be opening a new gym in Lakeville by the end of the year. This will be The Cage's fourth facility and Lakeville's first rock climbing gym.

According to Scott Gern, director of marketing, residents are excited about the new gym. "We're in the middle of a rock climbing boom," Gern says. "Currently, the nearest rock climbing gym is an hour away from Lakeville, yet people drive the distance because they love it so much."

The Cage specializes in boulder-style rock climbing for people of all ages and skill levels. It will also provide state-of-the-art fitness and weight equipment and offer fitness classes.

88. What does Mr. Gern suggest about Lakeville residents?

(A) They are looking forward to the opening.

(B) They are concerned about traffic.

(C) They have already joined the new gym.

(D) They are unfamiliar with rock climbing.

89. What is reported about The Cage?

(A) It will be Lakeville's fourth rock climbing gym.

(B) It will have a swimming pool.

(C) It will be an hour away from Lakeville.

(D) It will offer rock climbing for beginners.

GO ON TO THE NEXT PAGE

Questions 90-91 refer to the following instruction.

Before using your PWR portable battery charger, charge it completely by connecting it to a power source. Use the attached blue charging cable to connect the PWR to a USB port on a computer, or you can also charge the PWR by connecting the cable to the AC adapter, and plugging it in an electrical outlet. When the PWR unit is fully charged, the red charge light on the front will turn green. Note that it takes about one hour for the PWR portable battery charger to become completely charged the first time it is used.

To use the PWR portable battery charger to recharge a device such as your computer tablet or smartphone, connect the PWR unit to the device using the white USB cable that came with the unit or the cable that came with your device. Charging will start automatically.

Caution:

- The PWR portable battery charger may become warm during charging.
- Keep the unit away from water.

90. What is included with the PWR portable battery charger?

(A) A waterproof case
(B) Device-opening tools
(C) Charging cables
(D) A replacement battery

91. According to the instruction, what are users advised to do when using the battery charger?

(A) Avoid allowing it to become wet
(B) Keep it fully charged all the time
(C) Disconnect it if it gets warm
(D) Use it for less than one hour a day

GO ON TO THE NEXT PAGE

Questions 92-96 refer to the following Web page and e-mail.

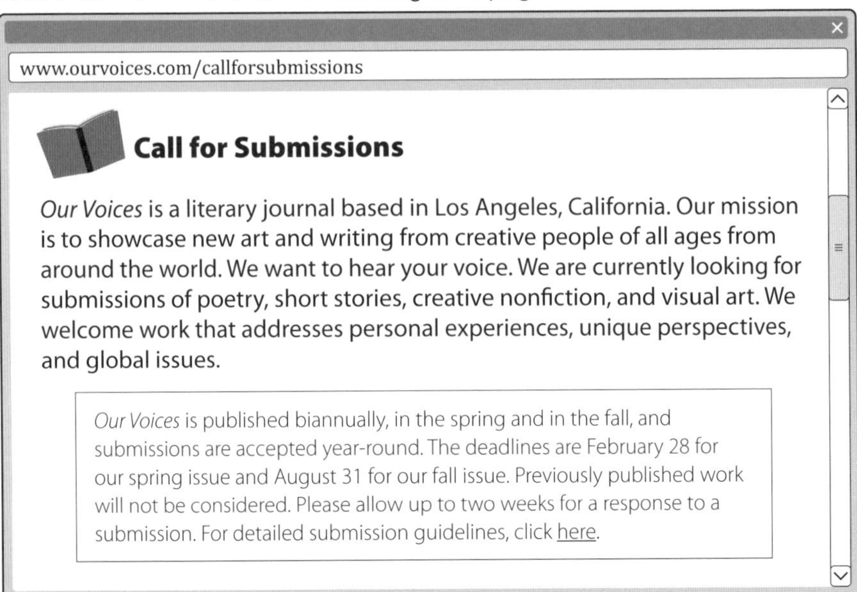

www.ourvoices.com/callforsubmissions

Call for Submissions

Our Voices is a literary journal based in Los Angeles, California. Our mission is to showcase new art and writing from creative people of all ages from around the world. We want to hear your voice. We are currently looking for submissions of poetry, short stories, creative nonfiction, and visual art. We welcome work that addresses personal experiences, unique perspectives, and global issues.

Our Voices is published biannually, in the spring and in the fall, and submissions are accepted year-round. The deadlines are February 28 for our spring issue and August 31 for our fall issue. Previously published work will not be considered. Please allow up to two weeks for a response to a submission. For detailed submission guidelines, click <u>here</u>.

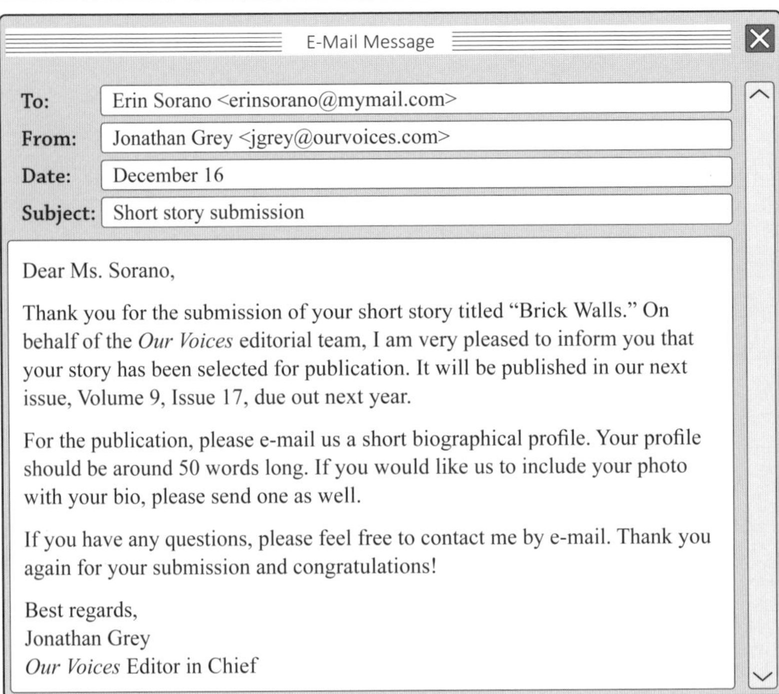

E-Mail Message

To: Erin Sorano <erinsorano@mymail.com>
From: Jonathan Grey <jgrey@ourvoices.com>
Date: December 16
Subject: Short story submission

Dear Ms. Sorano,

Thank you for the submission of your short story titled "Brick Walls." On behalf of the *Our Voices* editorial team, I am very pleased to inform you that your story has been selected for publication. It will be published in our next issue, Volume 9, Issue 17, due out next year.

For the publication, please e-mail us a short biographical profile. Your profile should be around 50 words long. If you would like us to include your photo with your bio, please send one as well.

If you have any questions, please feel free to contact me by e-mail. Thank you again for your submission and congratulations!

Best regards,
Jonathan Grey
Our Voices Editor in Chief

92. For whom is the Web page most likely intended?
(A) Foreign students
(B) Journalists
(C) Writers and artists
(D) Online shoppers

93. According to the Web page, what is indicated about *Our Voices*?
(A) It refuses published material.
(B) It is currently hiring editorial staff.
(C) It accepts work only twice a year.
(D) It publishes e-books.

94. What is the purpose of the e-mail?
(A) To confirm a date
(B) To respond to a submission
(C) To submit a short story
(D) To ask for payment

95. When will "Brick Walls" be published?
(A) In the spring
(B) In the summer
(C) In the fall
(D) In the winter

96. What is Ms. Sorano asked to do?
(A) Recommend a candidate
(B) Make changes to her work
(C) Submit another invoice
(D) Provide information about herself

Stop! You have reached the end of the test.
You may go back to Parts 5, 6, and 7 and check your work if you have extra time.

復習テスト 解答一覧

設問番号	正解	設問番号	正解	設問番号	正解	設問番号	正解
1	A	26	C	51	B	76	A
2	D	27	A	52	D	77	C
3	C	28	C	53	A	78	C
4	C	29	D	54	C	79	A
5	B	30	B	55	A	80	B
6	B	31	A	56	C	81	D
7	A	32	A	57	A	82	C
8	A	33	D	58	D	83	A
9	A	34	C	59	B	84	C
10	C	35	A	60	C	85	C
11	B	36	B	61	D	86	B
12	A	37	A	62	A	87	B
13	B	38	D	63	C	88	A
14	C	39	A	64	C	89	D
15	A	40	D	65	A	90	C
16	C	41	C	66	D	91	A
17	A	42	B	67	B	92	C
18	A	43	A	68	B	93	A
19	B	44	B	69	A	94	B
20	B	45	D	70	B	95	A
21	B	46	C	71	A	96	D
22	A	47	A	72	D		
23	B	48	C	73	B		
24	B	49	C	74	D		
25	D	50	D	75	B		

復習テスト

解答用紙

Part 1	Part 2	Part 3	Part 4	Listening 合計
問	問	問	問	問

Part 5	Part 6	Part 7	Reading 合計
問	問	問	問

TOTAL
問

Registration No. 受験番号	
フリガナ	
NAME 氏名	

LISTENING SECTION

Part 1		Part 2						Part 3								Part 4			
No.	ANSWER A B C D	No.	ANSWER A B C D	No.	ANSWER A B C D	No.	ANSWER A B C D	No.	ANSWER A B C D	No.	ANSWER A B C D	No.	ANSWER A B C D	No.	ANSWER A B C D	No.	ANSWER A B C D	No.	ANSWER A B C D
1	Ⓐ Ⓑ Ⓒ Ⓓ	6	Ⓐ Ⓑ Ⓒ	11	Ⓐ Ⓑ Ⓒ	16	Ⓐ Ⓑ Ⓒ	21	Ⓐ Ⓑ Ⓒ Ⓓ	26	Ⓐ Ⓑ Ⓒ Ⓓ	31	Ⓐ Ⓑ Ⓒ Ⓓ	36	Ⓐ Ⓑ Ⓒ Ⓓ	41	Ⓐ Ⓑ Ⓒ Ⓓ	46	Ⓐ Ⓑ Ⓒ Ⓓ
2	Ⓐ Ⓑ Ⓒ Ⓓ	7	Ⓐ Ⓑ Ⓒ	12	Ⓐ Ⓑ Ⓒ	17	Ⓐ Ⓑ Ⓒ	22	Ⓐ Ⓑ Ⓒ Ⓓ	27	Ⓐ Ⓑ Ⓒ Ⓓ	32	Ⓐ Ⓑ Ⓒ Ⓓ	37	Ⓐ Ⓑ Ⓒ Ⓓ	42	Ⓐ Ⓑ Ⓒ Ⓓ	47	Ⓐ Ⓑ Ⓒ Ⓓ
3	Ⓐ Ⓑ Ⓒ Ⓓ	8	Ⓐ Ⓑ Ⓒ	13	Ⓐ Ⓑ Ⓒ	18	Ⓐ Ⓑ Ⓒ	23	Ⓐ Ⓑ Ⓒ Ⓓ	28	Ⓐ Ⓑ Ⓒ Ⓓ	33	Ⓐ Ⓑ Ⓒ Ⓓ	38	Ⓐ Ⓑ Ⓒ Ⓓ	43	Ⓐ Ⓑ Ⓒ Ⓓ	48	Ⓐ Ⓑ Ⓒ Ⓓ
4	Ⓐ Ⓑ Ⓒ	9	Ⓐ Ⓑ Ⓒ	14	Ⓐ Ⓑ Ⓒ	19	Ⓐ Ⓑ Ⓒ	24	Ⓐ Ⓑ Ⓒ Ⓓ	29	Ⓐ Ⓑ Ⓒ Ⓓ	34	Ⓐ Ⓑ Ⓒ Ⓓ	39	Ⓐ Ⓑ Ⓒ Ⓓ	44	Ⓐ Ⓑ Ⓒ Ⓓ	49	Ⓐ Ⓑ Ⓒ Ⓓ
5	Ⓐ Ⓑ Ⓒ	10	Ⓐ Ⓑ Ⓒ	15	Ⓐ Ⓑ Ⓒ	20	Ⓐ Ⓑ Ⓒ	25	Ⓐ Ⓑ Ⓒ Ⓓ	30	Ⓐ Ⓑ Ⓒ Ⓓ	35	Ⓐ Ⓑ Ⓒ Ⓓ	40	Ⓐ Ⓑ Ⓒ Ⓓ	45	Ⓐ Ⓑ Ⓒ Ⓓ	50	Ⓐ Ⓑ Ⓒ Ⓓ

READING SECTION

Part 5								Part 6		Part 7									
No.	ANSWER A B C D	No.	ANSWER A B C D	No.	ANSWER A B C D	No.	ANSWER A B C D	No.	ANSWER A B C D	No.	ANSWER A B C D	No.	ANSWER A B C D	No.	ANSWER A B C D	No.	ANSWER A B C D	No.	ANSWER A B C D
51	Ⓐ Ⓑ Ⓒ Ⓓ	56	Ⓐ Ⓑ Ⓒ Ⓓ	61	Ⓐ Ⓑ Ⓒ Ⓓ	66	Ⓐ Ⓑ Ⓒ Ⓓ	70	Ⓐ Ⓑ Ⓒ Ⓓ	74	Ⓐ Ⓑ Ⓒ Ⓓ	79	Ⓐ Ⓑ Ⓒ Ⓓ	84	Ⓐ Ⓑ Ⓒ Ⓓ	89	Ⓐ Ⓑ Ⓒ Ⓓ	94	Ⓐ Ⓑ Ⓒ Ⓓ
52	Ⓐ Ⓑ Ⓒ Ⓓ	57	Ⓐ Ⓑ Ⓒ Ⓓ	62	Ⓐ Ⓑ Ⓒ Ⓓ	67	Ⓐ Ⓑ Ⓒ Ⓓ	71	Ⓐ Ⓑ Ⓒ Ⓓ	75	Ⓐ Ⓑ Ⓒ Ⓓ	80	Ⓐ Ⓑ Ⓒ Ⓓ	85	Ⓐ Ⓑ Ⓒ Ⓓ	90	Ⓐ Ⓑ Ⓒ Ⓓ	95	Ⓐ Ⓑ Ⓒ Ⓓ
53	Ⓐ Ⓑ Ⓒ Ⓓ	58	Ⓐ Ⓑ Ⓒ Ⓓ	63	Ⓐ Ⓑ Ⓒ Ⓓ	68	Ⓐ Ⓑ Ⓒ Ⓓ	72	Ⓐ Ⓑ Ⓒ Ⓓ	76	Ⓐ Ⓑ Ⓒ Ⓓ	81	Ⓐ Ⓑ Ⓒ Ⓓ	86	Ⓐ Ⓑ Ⓒ Ⓓ	91	Ⓐ Ⓑ Ⓒ Ⓓ	96	Ⓐ Ⓑ Ⓒ Ⓓ
54	Ⓐ Ⓑ Ⓒ Ⓓ	59	Ⓐ Ⓑ Ⓒ Ⓓ	64	Ⓐ Ⓑ Ⓒ Ⓓ	69	Ⓐ Ⓑ Ⓒ Ⓓ	73	Ⓐ Ⓑ Ⓒ Ⓓ	77	Ⓐ Ⓑ Ⓒ Ⓓ	82	Ⓐ Ⓑ Ⓒ Ⓓ	87	Ⓐ Ⓑ Ⓒ Ⓓ	92	Ⓐ Ⓑ Ⓒ Ⓓ		
55	Ⓐ Ⓑ Ⓒ Ⓓ	60	Ⓐ Ⓑ Ⓒ Ⓓ	65	Ⓐ Ⓑ Ⓒ Ⓓ					78	Ⓐ Ⓑ Ⓒ Ⓓ	83	Ⓐ Ⓑ Ⓒ Ⓓ	88	Ⓐ Ⓑ Ⓒ Ⓓ	93	Ⓐ Ⓑ Ⓒ Ⓓ		

復習テスト
解答用紙

Part 1	Part 2	Part 3	Part 4	Listening 合計
問	問	問	問	問

Part 5	Part 6	Part 7	Reading 合計
問	問	問	問

TOTAL
問

Registration No. 受験番号	
フリガナ	
NAME 氏名	

LISTENING SECTION

Part 1 No.	ANSWER A B C D	Part 2 No.	ANSWER A B C D	No.	ANSWER A B C D	No.	ANSWER A B C D	Part 3 No.	ANSWER A B C D	No.	ANSWER A B C D	No.	ANSWER A B C D	No.	ANSWER A B C D	Part 4 No.	ANSWER A B C D	No.	ANSWER A B C D
1	Ⓐ Ⓑ Ⓒ Ⓓ	6	Ⓐ Ⓑ Ⓒ	11	Ⓐ Ⓑ Ⓒ	16	Ⓐ Ⓑ Ⓒ	21	Ⓐ Ⓑ Ⓒ Ⓓ	26	Ⓐ Ⓑ Ⓒ Ⓓ	31	Ⓐ Ⓑ Ⓒ Ⓓ	36	Ⓐ Ⓑ Ⓒ Ⓓ	41	Ⓐ Ⓑ Ⓒ Ⓓ	46	Ⓐ Ⓑ Ⓒ Ⓓ
2	Ⓐ Ⓑ Ⓒ Ⓓ	7	Ⓐ Ⓑ Ⓒ	12	Ⓐ Ⓑ Ⓒ	17	Ⓐ Ⓑ Ⓒ	22	Ⓐ Ⓑ Ⓒ Ⓓ	27	Ⓐ Ⓑ Ⓒ Ⓓ	32	Ⓐ Ⓑ Ⓒ Ⓓ	37	Ⓐ Ⓑ Ⓒ Ⓓ	42	Ⓐ Ⓑ Ⓒ Ⓓ	47	Ⓐ Ⓑ Ⓒ Ⓓ
3	Ⓐ Ⓑ Ⓒ Ⓓ	8	Ⓐ Ⓑ Ⓒ	13	Ⓐ Ⓑ Ⓒ	18	Ⓐ Ⓑ Ⓒ	23	Ⓐ Ⓑ Ⓒ Ⓓ	28	Ⓐ Ⓑ Ⓒ Ⓓ	33	Ⓐ Ⓑ Ⓒ Ⓓ	38	Ⓐ Ⓑ Ⓒ Ⓓ	43	Ⓐ Ⓑ Ⓒ Ⓓ	48	Ⓐ Ⓑ Ⓒ Ⓓ
4	Ⓐ Ⓑ Ⓒ	9	Ⓐ Ⓑ Ⓒ	14	Ⓐ Ⓑ Ⓒ	19	Ⓐ Ⓑ Ⓒ	24	Ⓐ Ⓑ Ⓒ Ⓓ	29	Ⓐ Ⓑ Ⓒ Ⓓ	34	Ⓐ Ⓑ Ⓒ Ⓓ	39	Ⓐ Ⓑ Ⓒ Ⓓ	44	Ⓐ Ⓑ Ⓒ Ⓓ	49	Ⓐ Ⓑ Ⓒ Ⓓ
5	Ⓐ Ⓑ Ⓒ	10	Ⓐ Ⓑ Ⓒ	15	Ⓐ Ⓑ Ⓒ	20	Ⓐ Ⓑ Ⓒ	25	Ⓐ Ⓑ Ⓒ Ⓓ	30	Ⓐ Ⓑ Ⓒ Ⓓ	35	Ⓐ Ⓑ Ⓒ Ⓓ	40	Ⓐ Ⓑ Ⓒ Ⓓ	45	Ⓐ Ⓑ Ⓒ Ⓓ	50	Ⓐ Ⓑ Ⓒ Ⓓ

READING SECTION

Part 5 No.	ANSWER A B C D	No.	ANSWER A B C D	No.	ANSWER A B C D	No.	ANSWER A B C D	Part 6 No.	ANSWER A B C D	Part 7 No.	ANSWER A B C D	No.	ANSWER A B C D	No.	ANSWER A B C D	No.	ANSWER A B C D	No.	ANSWER A B C D
51	Ⓐ Ⓑ Ⓒ Ⓓ	56	Ⓐ Ⓑ Ⓒ Ⓓ	61	Ⓐ Ⓑ Ⓒ Ⓓ	66	Ⓐ Ⓑ Ⓒ Ⓓ	70	Ⓐ Ⓑ Ⓒ Ⓓ	74	Ⓐ Ⓑ Ⓒ Ⓓ	79	Ⓐ Ⓑ Ⓒ Ⓓ	84	Ⓐ Ⓑ Ⓒ Ⓓ	89	Ⓐ Ⓑ Ⓒ Ⓓ	94	Ⓐ Ⓑ Ⓒ Ⓓ
52	Ⓐ Ⓑ Ⓒ Ⓓ	57	Ⓐ Ⓑ Ⓒ Ⓓ	62	Ⓐ Ⓑ Ⓒ Ⓓ	67	Ⓐ Ⓑ Ⓒ Ⓓ	71	Ⓐ Ⓑ Ⓒ Ⓓ	75	Ⓐ Ⓑ Ⓒ Ⓓ	80	Ⓐ Ⓑ Ⓒ Ⓓ	85	Ⓐ Ⓑ Ⓒ Ⓓ	90	Ⓐ Ⓑ Ⓒ Ⓓ	95	Ⓐ Ⓑ Ⓒ Ⓓ
53	Ⓐ Ⓑ Ⓒ Ⓓ	58	Ⓐ Ⓑ Ⓒ Ⓓ	63	Ⓐ Ⓑ Ⓒ Ⓓ	68	Ⓐ Ⓑ Ⓒ Ⓓ	72	Ⓐ Ⓑ Ⓒ Ⓓ	76	Ⓐ Ⓑ Ⓒ Ⓓ	81	Ⓐ Ⓑ Ⓒ Ⓓ	86	Ⓐ Ⓑ Ⓒ Ⓓ	91	Ⓐ Ⓑ Ⓒ Ⓓ	96	Ⓐ Ⓑ Ⓒ Ⓓ
54	Ⓐ Ⓑ Ⓒ Ⓓ	59	Ⓐ Ⓑ Ⓒ Ⓓ	64	Ⓐ Ⓑ Ⓒ Ⓓ	69	Ⓐ Ⓑ Ⓒ Ⓓ	73	Ⓐ Ⓑ Ⓒ Ⓓ	77	Ⓐ Ⓑ Ⓒ Ⓓ	82	Ⓐ Ⓑ Ⓒ Ⓓ	87	Ⓐ Ⓑ Ⓒ Ⓓ	92	Ⓐ Ⓑ Ⓒ Ⓓ		
55	Ⓐ Ⓑ Ⓒ Ⓓ	60	Ⓐ Ⓑ Ⓒ Ⓓ	65	Ⓐ Ⓑ Ⓒ Ⓓ					78	Ⓐ Ⓑ Ⓒ Ⓓ	83	Ⓐ Ⓑ Ⓒ Ⓓ	88	Ⓐ Ⓑ Ⓒ Ⓓ	93	Ⓐ Ⓑ Ⓒ Ⓓ		

復習テスト
解答用紙

Part 1	Part 2	Part 3	Part 4	Listening 合計
問	問	問	問	問

Part 5	Part 6	Part 7	Reading 合計
問	問	問	問

TOTAL
問

Registration No. 受験番号	
フリガナ	
NAME 氏名	

LISTENING SECTION

Part 1		Part 2						Part 3								Part 4			
No.	ANSWER A B C D	No.	ANSWER A B C D	No.	ANSWER A B C D	No.	ANSWER A B C D	No.	ANSWER A B C D	No.	ANSWER A B C D	No.	ANSWER A B C D	No.	ANSWER A B C D	No.	ANSWER A B C D	No.	ANSWER A B C D
1	Ⓐ Ⓑ Ⓒ Ⓓ	6	Ⓐ Ⓑ Ⓒ	11	Ⓐ Ⓑ Ⓒ	16	Ⓐ Ⓑ Ⓒ	21	Ⓐ Ⓑ Ⓒ Ⓓ	26	Ⓐ Ⓑ Ⓒ Ⓓ	31	Ⓐ Ⓑ Ⓒ Ⓓ	36	Ⓐ Ⓑ Ⓒ Ⓓ	41	Ⓐ Ⓑ Ⓒ Ⓓ	46	Ⓐ Ⓑ Ⓒ Ⓓ
2	Ⓐ Ⓑ Ⓒ Ⓓ	7	Ⓐ Ⓑ Ⓒ	12	Ⓐ Ⓑ Ⓒ	17	Ⓐ Ⓑ Ⓒ	22	Ⓐ Ⓑ Ⓒ Ⓓ	27	Ⓐ Ⓑ Ⓒ Ⓓ	32	Ⓐ Ⓑ Ⓒ Ⓓ	37	Ⓐ Ⓑ Ⓒ Ⓓ	42	Ⓐ Ⓑ Ⓒ Ⓓ	47	Ⓐ Ⓑ Ⓒ Ⓓ
3	Ⓐ Ⓑ Ⓒ Ⓓ	8	Ⓐ Ⓑ Ⓒ	13	Ⓐ Ⓑ Ⓒ	18	Ⓐ Ⓑ Ⓒ	23	Ⓐ Ⓑ Ⓒ Ⓓ	28	Ⓐ Ⓑ Ⓒ Ⓓ	33	Ⓐ Ⓑ Ⓒ Ⓓ	38	Ⓐ Ⓑ Ⓒ Ⓓ	43	Ⓐ Ⓑ Ⓒ Ⓓ	48	Ⓐ Ⓑ Ⓒ Ⓓ
4	Ⓐ Ⓑ Ⓒ	9	Ⓐ Ⓑ Ⓒ	14	Ⓐ Ⓑ Ⓒ	19	Ⓐ Ⓑ Ⓒ	24	Ⓐ Ⓑ Ⓒ Ⓓ	29	Ⓐ Ⓑ Ⓒ Ⓓ	34	Ⓐ Ⓑ Ⓒ Ⓓ	39	Ⓐ Ⓑ Ⓒ Ⓓ	44	Ⓐ Ⓑ Ⓒ Ⓓ	49	Ⓐ Ⓑ Ⓒ Ⓓ
5	Ⓐ Ⓑ Ⓒ	10	Ⓐ Ⓑ Ⓒ	15	Ⓐ Ⓑ Ⓒ	20	Ⓐ Ⓑ Ⓒ	25	Ⓐ Ⓑ Ⓒ Ⓓ	30	Ⓐ Ⓑ Ⓒ Ⓓ	35	Ⓐ Ⓑ Ⓒ Ⓓ	40	Ⓐ Ⓑ Ⓒ Ⓓ	45	Ⓐ Ⓑ Ⓒ Ⓓ	50	Ⓐ Ⓑ Ⓒ Ⓓ

READING SECTION

Part 5								Part 6		Part 7									
No.	ANSWER A B C D	No.	ANSWER A B C D	No.	ANSWER A B C D	No.	ANSWER A B C D	No.	ANSWER A B C D	No.	ANSWER A B C D	No.	ANSWER A B C D	No.	ANSWER A B C D	No.	ANSWER A B C D	No.	ANSWER A B C D
51	Ⓐ Ⓑ Ⓒ Ⓓ	56	Ⓐ Ⓑ Ⓒ Ⓓ	61	Ⓐ Ⓑ Ⓒ Ⓓ	66	Ⓐ Ⓑ Ⓒ Ⓓ	70	Ⓐ Ⓑ Ⓒ Ⓓ	74	Ⓐ Ⓑ Ⓒ Ⓓ	79	Ⓐ Ⓑ Ⓒ Ⓓ	84	Ⓐ Ⓑ Ⓒ Ⓓ	89	Ⓐ Ⓑ Ⓒ Ⓓ	94	Ⓐ Ⓑ Ⓒ Ⓓ
52	Ⓐ Ⓑ Ⓒ Ⓓ	57	Ⓐ Ⓑ Ⓒ Ⓓ	62	Ⓐ Ⓑ Ⓒ Ⓓ	67	Ⓐ Ⓑ Ⓒ Ⓓ	71	Ⓐ Ⓑ Ⓒ Ⓓ	75	Ⓐ Ⓑ Ⓒ Ⓓ	80	Ⓐ Ⓑ Ⓒ Ⓓ	85	Ⓐ Ⓑ Ⓒ Ⓓ	90	Ⓐ Ⓑ Ⓒ Ⓓ	95	Ⓐ Ⓑ Ⓒ Ⓓ
53	Ⓐ Ⓑ Ⓒ Ⓓ	58	Ⓐ Ⓑ Ⓒ Ⓓ	63	Ⓐ Ⓑ Ⓒ Ⓓ	68	Ⓐ Ⓑ Ⓒ Ⓓ	72	Ⓐ Ⓑ Ⓒ Ⓓ	76	Ⓐ Ⓑ Ⓒ Ⓓ	81	Ⓐ Ⓑ Ⓒ Ⓓ	86	Ⓐ Ⓑ Ⓒ Ⓓ	91	Ⓐ Ⓑ Ⓒ Ⓓ	96	Ⓐ Ⓑ Ⓒ Ⓓ
54	Ⓐ Ⓑ Ⓒ Ⓓ	59	Ⓐ Ⓑ Ⓒ Ⓓ	64	Ⓐ Ⓑ Ⓒ Ⓓ	69	Ⓐ Ⓑ Ⓒ Ⓓ	73	Ⓐ Ⓑ Ⓒ Ⓓ	77	Ⓐ Ⓑ Ⓒ Ⓓ	82	Ⓐ Ⓑ Ⓒ Ⓓ	87	Ⓐ Ⓑ Ⓒ Ⓓ	92	Ⓐ Ⓑ Ⓒ Ⓓ		
55	Ⓐ Ⓑ Ⓒ Ⓓ	60	Ⓐ Ⓑ Ⓒ Ⓓ	65	Ⓐ Ⓑ Ⓒ Ⓓ					78	Ⓐ Ⓑ Ⓒ Ⓓ	83	Ⓐ Ⓑ Ⓒ Ⓓ	88	Ⓐ Ⓑ Ⓒ Ⓓ	93	Ⓐ Ⓑ Ⓒ Ⓓ		

復習テスト

解答用紙

Part 1	Part 2	Part 3	Part 4	Listening 合計
問	問	問	問	問

Part 5	Part 6	Part 7	Reading 合計
問	問	問	問

TOTAL
問

Registration No. 受験番号	
フリガナ	
NAME 氏名	

LISTENING SECTION

Part 1		Part 2						Part 3								Part 4	
No.	ANSWER A B C D	No.	ANSWER A B C D	No.	ANSWER A B C D	No.	ANSWER A B C D	No.	ANSWER A B C D	No.	ANSWER A B C D	No.	ANSWER A B C D	No.	ANSWER A B C D	No.	ANSWER A B C D	No.	ANSWER A B C D
1	Ⓐ Ⓑ Ⓒ Ⓓ	6	Ⓐ Ⓑ Ⓒ	11	Ⓐ Ⓑ Ⓒ	16	Ⓐ Ⓑ Ⓒ	21	Ⓐ Ⓑ Ⓒ Ⓓ	26	Ⓐ Ⓑ Ⓒ Ⓓ	31	Ⓐ Ⓑ Ⓒ Ⓓ	36	Ⓐ Ⓑ Ⓒ Ⓓ	41	Ⓐ Ⓑ Ⓒ Ⓓ	46	Ⓐ Ⓑ Ⓒ Ⓓ
2	Ⓐ Ⓑ Ⓒ Ⓓ	7	Ⓐ Ⓑ Ⓒ	12	Ⓐ Ⓑ Ⓒ	17	Ⓐ Ⓑ Ⓒ	22	Ⓐ Ⓑ Ⓒ Ⓓ	27	Ⓐ Ⓑ Ⓒ Ⓓ	32	Ⓐ Ⓑ Ⓒ Ⓓ	37	Ⓐ Ⓑ Ⓒ Ⓓ	42	Ⓐ Ⓑ Ⓒ Ⓓ	47	Ⓐ Ⓑ Ⓒ Ⓓ
3	Ⓐ Ⓑ Ⓒ Ⓓ	8	Ⓐ Ⓑ Ⓒ	13	Ⓐ Ⓑ Ⓒ	18	Ⓐ Ⓑ Ⓒ	23	Ⓐ Ⓑ Ⓒ Ⓓ	28	Ⓐ Ⓑ Ⓒ Ⓓ	33	Ⓐ Ⓑ Ⓒ Ⓓ	38	Ⓐ Ⓑ Ⓒ Ⓓ	43	Ⓐ Ⓑ Ⓒ Ⓓ	48	Ⓐ Ⓑ Ⓒ Ⓓ
4	Ⓐ Ⓑ Ⓒ	9	Ⓐ Ⓑ Ⓒ	14	Ⓐ Ⓑ Ⓒ	19	Ⓐ Ⓑ Ⓒ	24	Ⓐ Ⓑ Ⓒ Ⓓ	29	Ⓐ Ⓑ Ⓒ Ⓓ	34	Ⓐ Ⓑ Ⓒ Ⓓ	39	Ⓐ Ⓑ Ⓒ Ⓓ	44	Ⓐ Ⓑ Ⓒ Ⓓ	49	Ⓐ Ⓑ Ⓒ Ⓓ
5	Ⓐ Ⓑ Ⓒ	10	Ⓐ Ⓑ Ⓒ	15	Ⓐ Ⓑ Ⓒ	20	Ⓐ Ⓑ Ⓒ	25	Ⓐ Ⓑ Ⓒ Ⓓ	30	Ⓐ Ⓑ Ⓒ Ⓓ	35	Ⓐ Ⓑ Ⓒ Ⓓ	40	Ⓐ Ⓑ Ⓒ Ⓓ	45	Ⓐ Ⓑ Ⓒ Ⓓ	50	Ⓐ Ⓑ Ⓒ Ⓓ

READING SECTION

Part 5								Part 6		Part 7									
No.	ANSWER A B C D	No.	ANSWER A B C D	No.	ANSWER A B C D	No.	ANSWER A B C D	No.	ANSWER A B C D	No.	ANSWER A B C D	No.	ANSWER A B C D	No.	ANSWER A B C D	No.	ANSWER A B C D	No.	ANSWER A B C D
51	Ⓐ Ⓑ Ⓒ Ⓓ	56	Ⓐ Ⓑ Ⓒ Ⓓ	61	Ⓐ Ⓑ Ⓒ Ⓓ	66	Ⓐ Ⓑ Ⓒ Ⓓ	70	Ⓐ Ⓑ Ⓒ Ⓓ	74	Ⓐ Ⓑ Ⓒ Ⓓ	79	Ⓐ Ⓑ Ⓒ Ⓓ	84	Ⓐ Ⓑ Ⓒ Ⓓ	89	Ⓐ Ⓑ Ⓒ Ⓓ	94	Ⓐ Ⓑ Ⓒ Ⓓ
52	Ⓐ Ⓑ Ⓒ Ⓓ	57	Ⓐ Ⓑ Ⓒ Ⓓ	62	Ⓐ Ⓑ Ⓒ Ⓓ	67	Ⓐ Ⓑ Ⓒ Ⓓ	71	Ⓐ Ⓑ Ⓒ Ⓓ	75	Ⓐ Ⓑ Ⓒ Ⓓ	80	Ⓐ Ⓑ Ⓒ Ⓓ	85	Ⓐ Ⓑ Ⓒ Ⓓ	90	Ⓐ Ⓑ Ⓒ Ⓓ	95	Ⓐ Ⓑ Ⓒ Ⓓ
53	Ⓐ Ⓑ Ⓒ Ⓓ	58	Ⓐ Ⓑ Ⓒ Ⓓ	63	Ⓐ Ⓑ Ⓒ Ⓓ	68	Ⓐ Ⓑ Ⓒ Ⓓ	72	Ⓐ Ⓑ Ⓒ Ⓓ	76	Ⓐ Ⓑ Ⓒ Ⓓ	81	Ⓐ Ⓑ Ⓒ Ⓓ	86	Ⓐ Ⓑ Ⓒ Ⓓ	91	Ⓐ Ⓑ Ⓒ Ⓓ	96	Ⓐ Ⓑ Ⓒ Ⓓ
54	Ⓐ Ⓑ Ⓒ Ⓓ	59	Ⓐ Ⓑ Ⓒ Ⓓ	64	Ⓐ Ⓑ Ⓒ Ⓓ	69	Ⓐ Ⓑ Ⓒ Ⓓ	73	Ⓐ Ⓑ Ⓒ Ⓓ	77	Ⓐ Ⓑ Ⓒ Ⓓ	82	Ⓐ Ⓑ Ⓒ Ⓓ	87	Ⓐ Ⓑ Ⓒ Ⓓ	92	Ⓐ Ⓑ Ⓒ Ⓓ		
55	Ⓐ Ⓑ Ⓒ Ⓓ	60	Ⓐ Ⓑ Ⓒ Ⓓ	65	Ⓐ Ⓑ Ⓒ Ⓓ					78	Ⓐ Ⓑ Ⓒ Ⓓ	83	Ⓐ Ⓑ Ⓒ Ⓓ	88	Ⓐ Ⓑ Ⓒ Ⓓ	93	Ⓐ Ⓑ Ⓒ Ⓓ		

TOEIC® L&Rテスト はじめて受験の パスポート

別冊❶
復習テスト（問題編）

TOEIC® L&Rテスト はじめて受験の パスポート

別冊❷ 復習単語集

Obunsha

復習単語集

本冊で学習した英文を使って
音読しながら単語を覚えよう!

CONTENTS

LISTENING

Part 1 …… 4
Part 2 …… 8
Part 3 …… 14
Part 4 …… 22

READING

Part 5 …… 32
Part 6 …… 40
Part 7 …… 46

※音声については、本冊P.9の「付属音声について」をご覧ください。
MP3ファイルは、090以降を再生してください。

復習単語集の使い方

見開きの左側

●本冊で学習した英文が掲載されています。
●「重要単語＆熟語」とその訳が赤字になっています。
●音声を聞いて繰り返し英文を音読し、フレーズごと単語・熟語を覚えましょう。

見開きの右側

●左側の英文で赤字になっている「重要単語＆熟語」の一覧を掲載しています。
●単語・熟語だけの音声も聞くことができます。

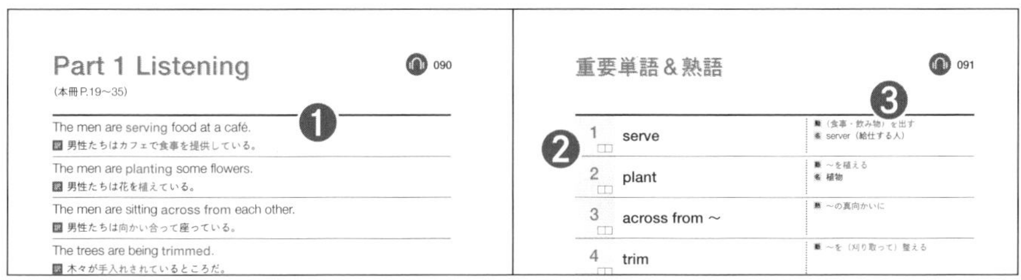

❶例文……本冊で学習した英文から抜粋しています。
❷チェック欄……覚えられたかチェックして繰り返し学習しましょう。
❸語義など……見出し語の意味の他、関連語情報を掲載しています。

表記について

動	動詞	名	名詞	形	形容詞	副	副詞
助	助動詞	代	代名詞	前	前置詞	接	接続詞
熟	熟語	≒	類義語	↔	反意語		

※収録単語には重複しているものもありますが、重要単語として繰り返し覚えてほしいという意図で掲載しています。

Part 1 Listening

(本冊 P.19～35)

The men are serving food at a café.
訳 男性たちはカフェで食事を提供している。

The men are planting some flowers.
訳 男性たちは花を植えている。

The men are sitting across from each other.
訳 男性たちは向かい合って座っている。

The trees are being trimmed.
訳 木々が手入れされているところだ。

Vehicles are parked along a street.
訳 複数の車が通りに沿って駐車されている。

The pavement is being cleaned.
訳 歩道が清掃されているところだ。

People are waiting to cross the road.
訳 人々が道路を渡るのを待っている。

People are boarding a ship.
訳 人々が船に乗り込んでいる。

People are unloading luggage.
訳 人々が荷物を降ろしている。

People are gathering at a meeting.
訳 人々が会議で集まっている。

A ladder is leaning against the wall.
訳 はしごが壁に立てかけられている。

重要単語＆熟語

1 □□	serve	動 (食事・飲み物) を出す 名 server (給仕する人)
2 □□	plant	動 ～を植える 名 植物
3 □□	across from ～	熟 ～の真向かいに
4 □□	trim	動 ～を (刈り取って) 整える
5 □□	vehicle	名 乗り物、車両
6 □□	park	動 (車) を停める 名 公園
7 □□	along a street	熟 通りに沿って
8 □□	pavement	名 歩道
9 □□	cross	動 ～を渡る
10 □□	board	動 ～に乗り込む
11 □□	unload	動 (荷物など) を降ろす ↔ load ((荷物など) を積む)
12 □□	gather	動 集まる
13 □□	ladder	名 はしご
14 □□	lean against ～	熟 ～に寄りかかる

Part 1 Listening

(本冊P.19〜35)

Planters are arranged in rows.

訳 プランターが列を成して並べられている。

People are picking up their backpacks.

訳 人々がリュックサックを拾い上げている。

People are setting up some benches.

訳 人々がベンチを組み立てている。

He's connecting some equipment.

訳 彼は機器を接続している。

He's replacing a windowpane.

訳 彼は窓ガラスを交換している。

Chairs are placed around the table.

訳 椅子がテーブルの周りに置かれている。

A picture is hanging over a window.

訳 絵画が窓の上に掛けられている。

A computer screen is attached to the wall.

訳 コンピュータースクリーンが壁に取り付けられている。

There is a cabinet by the window.

訳 戸棚が窓辺にある。

重要単語＆熟語

15	arrange	動 ～を並べる、～を準備する 名 arrangement（準備、手配）
16	in rows	熟 列を成して
17	pick up ～	熟 ～を拾い上げる、 （人）を車で迎えに行く
18	set up ～	熟 ～を組み立てる
19	equipment	名 機器
20	replace	動 ～を交換する * replace *A* with *B*（AをBと取り換える） 名 replacement（交換、交換品）
21	windowpane	名 窓ガラス
22	place	動 ～を置く 名 場所
23	hang	動 (自)掛かる　(他)～を掛ける
24	attach	動 ～を取り付ける ↔ detach（～を取り外す） 形 attached（添付された） 名 attachment（添付書類）
25	by the window	熟 窓辺に * byは「～のそばに」「～の辺りに」という意味の前置詞。

Part 2 Listening

(本冊 P.37～66)

Let's schedule the management meeting for next week.

訳 経営会議は来週の予定に入れることにしましょう。

Could you plug in the projector for me?

訳 プロジェクターをコンセントにつないでくれますか。

Was the training session useful?

訳 研修会は役に立ちましたか。

When are the inspectors arriving?

訳 検査官たちはいつ到着しますか。

May I take a break for a few minutes?

訳 何分か休憩を取ってもいいですか。

Would you mind waiting for me in the lobby?

訳 ロビーで私のことを待っていてくれませんか。

Shall I arrange a taxi to pick you up?

訳 お迎えにタクシーを手配しましょうか。

Have you ever been to Portland?

訳 Portland に行ったことはありますか。

Didn't Ms. Chang say she'd be on vacation this week?

訳 Chang さんは今週休暇に入ると言っていませんでしたか。

重要単語＆熟語

26 □□	schedule	動 ～の予定を組む 名 予定
27 □□	management	名 経営、管理 名 manager（マネージャー、管理者） 動 manage（～を管理する）
28 □□	plug in ～	熟 ～のプラグを差し込む
29 □□	training session	研修会
30 □□	inspector	名 検査官 名 inspection（調査）
31 □□	take a break	熟 休憩を取る
32 □□	for a few minutes	熟 数分間
33 □□	Would you mind *doing*?	～してもらえますか
34 □□	Shall I ～?	(私が)～しましょうか
35 □□	arrange	動 ～を準備する、～を並べる 名 arrangement（準備、手配）
36 □□	pick ～ up	熟（人）を車で迎えに行く、 ～を拾い上げる
37 □□	Have you ever been to ～?	～へ行ったことはありますか
38 □□	on vacation	熟 休暇中で * on business（仕事で） * on duty（勤務中で）

Part 2 Listening

(本冊P.37～66)

Should we ask our accountant to review the budget?

訳 会計士に予算を見直すのをお願いしましょうか。

How often do you work late?

訳 あなたはどれくらいの頻度で残業しますか。

Could you invite Mr. Ibo to the meeting?

訳 Iboさんを会議に誘ってくれませんか。

Why did Barbara move to Miami?

訳 BarbaraはなぜMiamiに引っ越したのですか。

Will Sherri be able to translate these documents today?

訳 Sherriは今日、これらの文書を翻訳できますか。

How about selling our swimwear at half price?

訳 当社の水着を半額で販売するのはいかがですか。

Haven't we registered for the Electronics Expo yet?

訳 エレクトロニクス博覧会の登録はまだしてないのですか。

What do you need from the supply closet?

訳 備品棚から何が必要ですか。

重要単語&熟語

097

39	accountant	名 会計士
40	review	動 ～を見直す、～を検討する 名 批評、レビュー
41	budget	名 予算
42	How often ～?	どのくらいの頻度で～ですか
43	work late	熟 残業する
44	invite	動 ～を招待する 名 invitation（招待）
45	move to ～	熟 ～へ引っ越す
46	translate	動 ～を翻訳する 名 translation（翻訳） 名 translator（翻訳者）
47	document	名 文書
48	How about ～?	～はいかがですか
49	at half price	熟 半額で
50	register for ～	熟 ～に登録する ≒ sign up for ～
51	expo	名 博覧会、展示会 ＊ exposition の省略形。
52	supply closet	備品棚

Part 2 Listening

（本冊P.37～66）

Why don't you see if there's a bus to the airport?

訳 空港行きのバスがあるか調べてみたらどうですか。

Melissa recommended you for this job, didn't she?

訳 Melissaがあなたをこの仕事に推薦したのですよね。

Where's the entrance to the stairway?

訳 階段の入口はどこですか。

Let's try that new restaurant down the street.

訳 通りの先にあるあの新しいレストランに行ってみましょう。

重要単語＆熟語

53 □□	**Why don't you see if ～?**	～かどうか調べてみたらどうですか
54 □□	**recommend**	動 ～を推薦する、～を勧める 名 recommendation （推薦すること、推薦状、提案）
55 □□	**entrance**	名 入口
56 □□	**stairway**	名 階段 ≒ staircase
57 □□	**down the street**	熟 道を進んだところに

Part 3 Listening

(本冊P.67～93)

M: Chantal, did you get my friend Olivia's e-mail about **applying for** the **shipping** manager job?

W: I did. I **looked over** her **résumé** and I'm certainly **interested in** meeting her. I'm sure her background in the **textile industry** will help her in our **field**, too.

M: Actually, what I wanted to tell you is that she won't be applying after all. Her husband just **got promoted** at his bank, so they don't want to move to another city right now.

W: That's too bad. We're starting **interviews** in a couple of weeks, and I'm planning to start calling the **candidates** this afternoon. I was **looking forward to** talking with her.

訳

男性： Chantal、出荷管理部長の仕事に応募したいという僕の友達のOliviaからのメールは届きましたか？

女性： ええ、届きました。履歴書に目を通してみたけど、ぜひとも会ってみたいわ。繊維産業での彼女の経歴は私たちの業界においても役に立つでしょうね。

男性： 実は、言いたかったのは、結局彼女は応募しないことになったんです。ご主人が勤めている銀行で昇進したばかりなので今は別の都市に引っ越したくないみたいなんですよ。

女性： それは残念ね。面接を数週間後には始めるから今日の午後には候補者たちに電話をかけ始める予定なの。彼女と話すのを楽しみにしていたのに。

重要単語＆熟語

58 □□	apply for ～	熟 ～に応募する
59 □□	shipping	名 出荷、発送 動 ship（～を出荷する、～を発送する）
60 □□	look over ～	熟 ～に目を通す
61 □□	résumé	名 履歴書
62 □□	*be* interested in ～	熟 ～に興味がある
63 □□	textile industry	繊維業界
64 □□	field	名 業界、分野
65 □□	get promoted	熟 昇進する
66 □□	interview	名 面接 動 ～と面接をする
67 □□	candidate	名 候補者 ≒ applicant
68 □□	look forward to ～	熟 ～を楽しみにしている

Part 3 Listening

102

(本冊P.67～93)

M: Maria, did you register for the Advanced Manufacturing Association Expo?

W: Not yet. I missed the deadline for the early registration discount on May 31, so there's no rush.

M: Actually, the organizers extended it until the end of June.

W: Oh, really?

M: Yes, I just registered today and got the early registration discount.

W: In that case, I'll definitely register before the end of June.

M: You should look into getting a membership, too. There are lots of benefits, like special rates on hotel rooms.

訳

男性： Maria、先進製造業協会の見本市の登録はした？

女性： まだ。5月31日までだった早期登録割引の締め切りは逃してしまったから急がなくていいの。

男性： 実は主催者が6月末まで延長したんだよ。

女性： そうなの？

男性： うん、今日ちょうど登録したところだけど、早期登録割引をしてもらったよ。

女性： それなら、絶対に6月末までに登録する。

男性： 会員になることも検討するといいよ。ホテルの特別料金とか、多くの特典があるんだ。

103

69 □□	register for ～	熟 ～に登録する ≒ sign up for ～
70 □□	advanced	形 進んだ、高度な 名 advancement（進歩、前進）
71 □□	manufacturing	名 （形容詞的に）製造業の 名 manufacture（製造業） manufacturer（製造業者） 動 manufacture（～を製造する）
72 □□	miss	動 ～を逃す 形 missing（見当たらない）
73 □□	deadline	名 期限
74 □□	registration	名 登録 動 register（登録する） * register for ～（～に登録する）
75 □□	discount	名 割引
76 □□	organizer	名 主催者 名 organization（団体、組織） 動 organize（～を企画する）
77 □□	extend	動 ～を延長する 名 extension（拡張、延長）
78 □□	definitely	副 間違いなく
79 □□	look into ～	熟 ～を検討する
80 □□	benefit	名 恩恵 動 ～の利益になる * benefit from ～（～から利益を得る） 形 beneficial（有益な）
81 □□	special rate	特別料金

Part 3 Listening

(本冊P.67～93)

M: Hi, I heard a commercial for this gym on the radio. Could you tell me a little more about it?

W: Sure. If you join Northgate Athletics, you'll be able to use state-of-the-art exercise equipment at all three of our locations. What also makes us stand out from our competitors is we're open 24 hours a day, every day.

M: Do you have a pool? I'm training for a triathlon and I'd like to be able to swim at night.

W: We do. Why don't I give you a tour? You can see for yourself the facilities and amenities we offer.

訳

男性：こんにちは。ラジオでこのジムのコマーシャルを聞きました。もう少し詳しく聞かせていただけますか。

女性：もちろんです。Northgate Athleticsにご入会いただきますと、当社のジム3カ所全てにおいて最新のトレーニング器具をご利用いただけます。競合他社より当社が抜きんでているのは毎日24時間営業しているところにもあります。

男性：プールはありますか。トライアスロンのトレーニングをしていて、夜間に泳げたらと思うのです。

女性：ございます。ご案内いたしましょうか。当社の施設や設備をご自身の目でお確かめいただけます。

W: The last item on the agenda is about the renovations next month. New flooring will be installed on the fifth floor on April fifth and sixth, so the meeting rooms will not be available on those days.

M: Oh, really? I was planning to meet Mr. Rashid from Birla Textiles on the sixth.

W: I see. Hmm. You know, I saw an advertisement in the newspaper for a business that rents out meeting rooms. It might be a good idea to rent the space. It's only a couple of blocks from here.

M: Could you show me the ad after we wrap up here? If their rates are reasonable, I'll call Mr. Rashid today and ask him to meet me there.

訳

女性：議題の最終項目は来月の改修工事についてです。4月5日と6日に5階に新しい床板が設置されるので、その期間は会議室が利用できません。

男性：そうなんですか。6日にBirla繊維会社のRashidさんと会う予定なんですが。

女性：なるほど。うーん。そうだ、会議室を貸し出している会社の広告を新聞で見ました。その場所を借りるのがいいと思います。ここからほんの数ブロックのところにあります。

男性：これが終わったらその広告を見せてくれますか。もし料金がそれほど高くなかったら、今日Rashidさんに電話をしてそこで会ってくれないか頼んでみます。

重要単語&熟語

105

82 □□	state-of-the-art	形 最新の
83 □□	equipment	名 機器
84 □□	stand out	熟 目立つ
85 □□	competitor	名 競合他社 形 competitive（他に負けない） ＊ competitive price（他に負けない価格）
86 □□	Why don't I ～?	(私が)～しましょうか
87 □□	facility	名 施設
88 □□	amenity	名 (-ies) 設備
89 □□	renovation	名 改修 動 renovate（～を改修する）
90 □□	install	動 ～を設置する、～を導入する
91 □□	available	形 利用可能な
92 □□	advertisement	名 広告
93 □□	rent out ～	熟 ～を賃貸しする
94 □□	rate	名 料金
95 □□	reasonable	形 手頃な ≒ affordable

Part 3 Listening

(本冊 P.67～93)

M: Hi, I'm calling about my subscription to *Cinephile* magazine. On last month's credit card bill, I was charged for an additional year, but I never asked for a renewal, so I'd like a refund.

W: Actually, the renewal procedure has changed. We now renew your subscription automatically if we don't receive an instruction to cancel 30 days before they expire.

M: Oh, I see. Well, I'd still like to cancel the subscription.

W: Of course, and I'm sorry about the confusion. I'll be happy to give you a refund. Could you give me your name and phone number?

訳

男性： もしもし、*Cinephile*誌の定期購読についてお電話しています。先月のクレジットカードの請求書にさらに1年分の請求があったんですけど、更新はお願いしていないので返金してほしいのですが。

女性： 実は更新の手続き方法が変わったんです。定期購読期間が終了する30日前にキャンセルの指示がない場合は自動的に更新されるようになりました。

男性： そうだったんですね。まあ、それでも定期購読をキャンセルしたいのですが。

女性： かしこまりました。混乱をさせてしまい申し訳ございませんでした。もちろん払い戻しをいたします。お名前とお電話番号をお願いできますか。

重要単語＆熟語

107

96 □□	subscription	名 定期購読 動 subscribe（～を定期購読する）
97 □□	bill	名 請求書 動 ～に請求する
98 □□	charge	動 ～に請求する 名 料金、使用料
99 □□	additional	形 追加の 名 addition（追加）
100 □□	ask for ～	熟 ～を求める ≒ request
101 □□	renewal	名 更新 動 renew（～を新しくする、～を再び始める）
102 □□	refund	名 返金 ＊ give ～ a refund（～に返金をする） 動 ～を返金する
103 □□	procedure	名 手続き
104 □□	renew	動 ～を新しくする、～を再び始める 名 renewal（更新）
105 □□	automatically	副 自動的に
106 □□	instruction	名 指示
107 □□	expire	動 有効期限が切れる 名 expiration（満了） ＊ expiration date（有効期限）
108 □□	confusion	名 混乱 形 confused（混乱した）
109 □□	give ～ a refund	熟 ～に返金をする

Part 4 Listening

(本冊P.95〜119)

Get ready for winter with the October Sale at McInnis! Protect your vehicle from snow and ice by setting up a car shelter in your driveway. These temporary, durable shelters come in a wide variety of sizes, and McInnis has them all. What's more, during the October Sale, we'll save you time and trouble by delivering and installing your shelter for only £10. Order your car shelter before the end of October to benefit from this limited-time discount! To view our selection, visit your nearest McInnis branch or check out our online store at www.mcinnis.com.

訳

McInnisで行われる10月のセールで冬支度をしましょう！ お宅の私道にカーシェルターを設置して車を雪や氷から守りましょう。これらの一時的に使用できる耐久性の高いカーシェルターにはさまざまなサイズがございますが、McInnisでは全てを取りそろえております。さらに、10月のセール中は、カーシェルターをたったの10ポンドで配達、設置してお客様の時間と手間を省きます。期間限定の割引で得をするために10月末日までにカーシェルターを注文してください！ 当店の品ぞろえをご覧になるには、お近くのMcInnis支店にご来店いただくかオンラインストアwww.mcinnis.comを見てみてください。

重要単語＆熟語

 109

110	get ready for ～	熟 ～の準備をする ≒ prepare for ～
111	protect	動 ～を保護する 名 protection（保護）
112	vehicle	名 乗り物、車両
113	set up ～	熟 ～を設置する
114	driveway	名 通りから自宅までの私有地内の道路
115	temporary	形 一時的な 副 temporarily（一時的に）
116	durable	形 耐久性のある ≒ lasting, sturdy 名 durability（耐久性）
117	a wide variety of ～	熟 さまざまな～
118	during	前 ～の間
119	deliver	動 ～を配達する 名 delivery（配達） ＊ delivery date（配達日）
120	benefit from ～	熟 ～から利益を得る
121	view	動 ～を見る 名 眺め
122	branch	名 支店
123	check out ～	熟 ～を見てみる

Part 4 Listening

(本冊P.95～119)

This is your Radio 2 Traffic News update. It's the second day of the Taste of Spring Festival downtown. The rain kept a lot of people away yesterday, but it's sunny this morning and the festival site is already really crowded. If you're driving there, all of the parking lots downtown are already full. However, the city is running shuttle buses to the festival site from locations all around town. To find the shuttle stop nearest you, search online for "Taste of Spring Festival Shuttle." That's your Radio 2 Traffic News update—now, let's get back to our countdown of this week's hit songs.

訳
ラジオ第2の最新交通情報です。今日は市内で行われている春の味覚祭りの2日目です。昨日は雨のため客足が遠のいていましたが、今朝は快晴で祭りの会場はすでににぎわいを見せています。車で向かう方にお知らせしますが、市内の駐車場はすでに全て満車となっています。しかし市は町のあらゆる場所から祭り会場までシャトルバスを運行しています。一番近くのシャトルバス停留所をお探しの場合は「春の味覚祭りシャトル」とインターネットで検索してください。以上、ラジオ第2の最新交通情報でした。それでは今週のヒットソングのカウントダウンに戻りましょう。

重要単語＆熟語

111

124 □□	traffic	名 交通
125 □□	festival	名 祭り
126 □□	downtown	副 ダウンタウンで、中心街で 名 ダウンタウン、中心街
127 □□	keep ～ away	熟 ～を遠ざける
128 □□	site	名 会場 ≒ venue
129 □□	crowded	形 混雑した
130 □□	parking lot	駐車場
131 □□	full	形 いっぱいの
132 □□	location	名 場所
133 □□	update	名 最新情報 動 ～を更新する
134 □□	get back to ～	熟 ～に戻る

Part 4 Listening

(本冊 P.95～119)

This year's employee of the year is customer service manager Tracy Abbott. She's been with our company for about 20 years and she has been dedicating herself to improving customer services. To help our software users, Tracy decided to take a more personal approach than other companies in the software industry. Instead of using automated e-mail responses and Web pages with frequently asked questions, she has made it easier for customers to speak directly with our personnel using online voice communication. The response has been fantastic. Many customers have told us how beneficial it is to talk to our staff anytime. Let's give Tracy a big round of applause.

訳

今年の年間最優秀社員賞は顧客サービス部長のTracy Abbottさんです。彼女は20年ほど当社に在籍し、顧客サービスの向上に貢献し続けています。当社のソフトウェアのユーザーのお役に立つように、Tracyさんはソフトウェア業界の他社よりも心のこもった対応をとろうと決めたのです。メールの自動返信機能やウェブページの「よくある質問」を使うのではなく、インターネットの音声通信を利用して顧客がより簡単に当社のスタッフと直接話ができるようにしてくれました。その反響は大きなものとなっています。多くの顧客が、いつでもスタッフと話ができることがいかに有益か、私たちに伝えてくれています。Tracyさんに大きな拍手を送りましょう。

重要単語&熟語

113

135 □□	employee	名 従業員 名 employer（雇用主） 動 employ（～を雇う）
136 □□	customer	名 顧客
137 □□	industry	名 業界
138 □□	instead of ～	熟 ～の代わりに
139 □□	response	名 応答 動 respond（返事をする）
140 □□	directly	副 直接に 形 direct（直接の）
141 □□	personnel	名 職員
142 □□	beneficial	形 有益な 名 benefit（恩恵） 動 benefit（～の利益になる）
143 □□	applause	名 拍手

Part 4 Listening

(本冊P.95～119)

Hello, everyone. As a manager of the shipping department, I'm happy to announce the new inventory-tracking system. As you know, our current system is not very efficient. The new one will allow us to keep better track of every product in our inventory, regardless of which branch or distribution center they're in. We expect the new system to save us lots of time. Dustin Briggs is currently taking a certification course with the inventory management system developer, and he'll be in charge of providing training on the system for our employees. He'll present his plan at our next meeting on June 9. Please double-check your schedule to ensure that you're available to attend that meeting.

訳

皆さんこんにちは。配送部門の部長として、新しい在庫追跡システムをご案内することをうれしく思います。ご存じの通り、現行のシステムはあまり効率的ではありません。新しいシステムにより当社の在庫にある全商品を、どの支店あるいは流通センターにあるのかにかかわらず、より細かく追跡できるようになります。新システムでかなり時間が節約できるのではないかと見込んでいます。Dustin Briggsが在庫管理システムの開発者による認定講座を現在受講しており、彼が当社社員に対してシステムに関する研修を行う責任者となります。次の会議が行われる6月9日に彼から計画の発表があります。その会議に必ず出席できるように予定を再確認しておいてください。

重要単語＆熟語

144 □□	I'm happy to announce ～	～を報告することをうれしく思います
145 □□	current	形 現在の 副 currently（現在は）
146 □□	efficient	形 効率的な 副 efficiently（効率的に）
147 □□	allow *A* to *do*	Aが～することを可能にする
148 □□	inventory	名 在庫
149 □□	branch	名 支店
150 □□	expect *A* to *do*	Aが～することを期待する
151 □□	currently	副 現在は 形 current（現在の）
152 □□	certification	名 認定、認定（証明）書
153 □□	developer	名 開発者 動 develop（～を開発する）
154 □□	employee	名 従業員 名 employer（雇用主） 動 employ（～を雇う）
155 □□	present	動 ～を発表する ≒ announce 名 presentation（プレゼンテーション）
156 □□	ensure	動 ～を確かにする

Part 4 Listening

(本冊P.95～119)

Good morning, everyone. Just a **reminder** that Andre Mason will be here tonight for a reading and book signing. We **expect** this **to** be a popular event, so we'll use the large area in the corner near the **cash registers**, **rather than** the middle of the store. We'll need to set up a table for Mr. Mason and a **display** of his books, plus several **rows of** chairs for **attendees**. Let's **get** that **done** this morning **while** the store's not too busy. During the event, **keep an eye on** the display, and if you see we're **running low on** his new **novel**, put some more copies out.

訳

皆さん、おはようございます。再度のお知らせになりますが、今夜ここにAndre Masonさんが来て朗読と本のサイン会を行います。きっと人気の高いイベントになるでしょうから、店の中央ではなくレジ付近の角の広いスペースを使います。Masonさん用のテーブルと、彼の著書の陳列、あとは参加者のために何列か椅子も設置しないといけません。お店があまり混み合っていない午前中のうちにそれは済ませてしまいましょう。イベント中は本の陳列をよく見て、彼の新刊小説の数が少なくなってきているのに気付いたら、さらに本を補充してください。

重要単語＆熟語

157	reminder	名 リマインダー、注意喚起 動 remind（～を思い出させる）
158	expect *A* to *do*	Aが～することを期待する
159	cash register	レジ
160	rather than ～	熟 ～よりむしろ
161	display	名 陳列 動 ～を展示する
162	a row of ～	熟 ～の列
163	attendee	名 参加者 動 attend（～に出席する）
164	get ～ done	熟 ～を終わらせる
165	while	接 ～の間に
166	keep an eye on ～	熟 ～から目を離さない
167	run low on ～	熟 ～が足りなくなる
168	novel	名 小説

Part 5 Reading

(本冊P.121〜153)

Your rent payment is due promptly on the first of each month.

訳 賃料の支払いは毎月１日きっかりが期日である。

Drinks in the break room are available to employees free of charge.

訳 休憩室にある飲み物は、従業員は無料で飲める。

Porticus Automotive's assembly plant in Mexico has manufactured cars and trucks for the North American market since it opened last year.

訳 Porticus Automotive社のメキシコにある組み立て工場は昨年設立されて以来、北米市場向けに自動車やトラックを製造してきた。

Travel guidebooks about Kawana Island recommend the hotels located north of the main road for families with young children.

訳 Kawana島に関する旅行ガイドブックは、小さな子ども連れの家族には大通りの北側にあるホテルを勧める。

Despite his long experience as a manager, Frank Chang was not selected to lead the company's newest project.

訳 部長として長年の経験があるにもかかわらず、Frank Changは会社の最新プロジェクトを率いるために選ばれなかった。

The passport renewal process may be carried out either by mailing the necessary documents or filling out the forms online.

訳 パスポートの更新手続きは必要書類を郵送するかインターネットで必要事項を入力することでできる。

For employees who are ambitious and hardworking, Volara Corporation offers many opportunities for advancement.

訳 Volara社は意欲的で勤勉な社員には昇進の機会を数多く与えている。

重要単語&熟語

 119

169 □□	payment	名 支払い * make a payment（支払う） 動 pay（～を支払う）
170 □□	due	形 期限が来て * due date（締め切り期日）
171 □□	promptly	副 きっかり、即座に 形 prompt（素早い） * prompt reply（素早い応答）
172 □□	employee	名 従業員 名 employer（雇用主） 動 employ（～を雇う）
173 □□	free of charge	熟 無料で ≒ for free
174 □□	assembly plant	組み立て工場
175 □□	locate	動 ～を設ける * *be* located in ～（～に位置している）
176 □□	experience	名 経験
177 □□	renewal	名 更新 動 renew（～を新しくする、～を再び始める）
178 □□	carry out ～	熟 ～を実行する
179 □□	fill out ～	熟 ～に記入する ≒ complete
180 □□	ambitious	形 意欲的な
181 □□	offer	動 ～を提供する、～を申し出る ≒ provide

Part 5 Reading

(本冊P.121〜153)

After Mr. Miles retired, June Lee was selected as the supervisor of the company's assembly plant.

訳 Milesさんの退職後、June Leeが会社の組み立て工場の管理者として選ばれた。

Due to the marathon, the Clifton Bridge will be closed to automobile traffic from 6:00 A.M. to noon next Sunday.

訳 次の日曜日の午前6時から正午まで、Clifton橋はマラソンのため車両通行止めとなる。

Despite promoting its new smartphone extensively, KDB Tech did not reach its sales targets.

訳 新しいスマートフォンを広範囲で宣伝したにもかかわらず、KDB Tech社は売上目標に届かなかった。

Several excellent candidates were interviewed for the sales representative position at Wharton Tires' Hillside Heights branch.

訳 数人の非常に優れた候補者がWharton Tires社のHillside Heights支店における営業担当者職の面接を受けた。

The harbor district is both a major tourist attraction and a popular spot for local residents.

訳 港湾地区は主要な観光名所であり、地元住民の間で人気のある場所でもある。

Ms. Kidd will lead a workshop on developing customer relations at the conference next month.

訳 来月の会議でKiddさんは顧客関係の発展に関するワークショップの進行をする。

重要単語＆熟語

121

182 □□	retire	動 退職する 名 retirement（退職）
183 □□	supervisor	名 管理者、監督者 動 supervise（～を監督する、～を指揮する）
184 □□	due to ～	熟 ～のため ≒ because of ～
185 □□	promote	動 ～を宣伝する 名 promotion（販売促進、昇進）
186 □□	extensively	副 広範囲にわたって 形 extensive（広範囲の） 名 extension（拡張、延長）
187 □□	reach	動（目標値）に達する
188 □□	candidate	名 候補者
189 □□	sales representative	営業担当者
190 □□	district	名 地区、地域
191 □□	tourist attraction	観光名所
192 □□	resident	名 居住者
193 □□	lead	動 ～を率いる、～を先導する
194 □□	conference	名 会議

Part 5 Reading

(本冊P.121～153)

Several items in Ms. Layver's dry cleaning order were accidentally given to another customer.

訳 Layverさんのクリーニング伝票にあるいくつかの品目が誤って別の客に渡されてしまった。

WellSpring Web Storage employees are encouraged to recommend candidates for any openings the company may have.

訳 WellSpring Web Storage社の社員は自社に職の空きがあった場合は候補者を推薦することを奨励されている。

The advanced watercolor course is intended not for beginners but for experienced painters.

訳 上級水彩画講座は初心者ではなく経験豊富な画家を対象としている。

If we receive your order by the end of the day, it will take 48 hours to process.

訳 今日中に注文を受けた場合、その処理に48時間かかる。

The research firm will submit a detailed report once the survey has been completed.

訳 その調査会社はひとたび調査が終了したら詳細な報告書を提出する。

Vertu Accounting's staff attended a training course yesterday to learn about upcoming changes to tax laws.

訳 Vertu Accounting社の社員は昨日、今後行われる税法の改正について学ぶため講習会に出席した。

Melville & Barker Architecture's bid for the new public library project was rejected because of concerns about the cost.

訳 新しい公立図書館建設計画へのMelville & Barker Architecture社の入札はコストの懸念があったため拒否された。

Clover Enterprises has pushed back the completion date of its new headquarters due to unexpected delays in construction.

訳 Clover Enterprises社は建設工事に予想外の遅れが出てしまったため新本社ビルの完成日を延ばした。

重要単語&熟語

 123

195 □□	accidentally	副 誤って、偶然に 名 accident（不幸な出来事）
196 □□	encourage *A* to *do*	Aに～することを促す
197 □□	recommend	動 ～を推薦する、～を勧める 名 recommendation（推薦すること、提案）
198 □□	*be* intended for ～	熟 ～を対象とした
199 □□	experienced	形 経験のある 名 experience（経験）
200 □□	process	動 ～を処理する
201 □□	submit	動 ～を提出する 名 submission（提出）
202 □□	detailed	形 詳細な 名 detail（詳細）
203 □□	survey	名 調査 * customer survey（顧客調査）
204 □□	upcoming	形 来たる
205 □□	bid	名 入札
206 □□	reject	動 ～を拒否する
207 □□	headquarters	名 本社 ≒ head office
208 □□	unexpected delay	予期せぬ遅延

Part 5 Reading

(本冊 P.121～153)

A representative from Neo Sportswear described the company's upcoming promotion for its new running shoes.

訳 Neo Sportswear社の担当者は今後行われる新ランニングシューズの販売促進について説明した。

A number of guests at the Belhaven Hotel have complained about noise from the construction site across the street.

訳 Belhavenホテルの多くの宿泊客が通りの向かいの建設現場の騒音について苦情を言っている。

The annual Finsbury Folk Festival was a tremendous success even though the weather was unusually cold.

訳 年1回のFinsbury Folk Festivalは気候が珍しく寒かったにもかかわらず大成功を収めた。

Prospective business owners may contact Sidney Burgers's corporate headquarters directly to inquire about franchising opportunities in your area.

訳 見込みのある事業主は、お住まいの地域におけるフランチャイズの機会についてお問い合わせの場合、直接Sidney Burgers本社にご連絡ください。

重要単語&熟語

 125

209 □□	promotion	名 販売促進 名 昇進 ＊ get a promotion（昇進する） 動 promote（～を宣伝する）
210 □□	a number of ～	熟 多くの～
211 □□	complain about ～	熟 ～について文句を言う
212 □□	construction site	建設現場
213 □□	annual	形 年1回の 副 annually（年1回）
214 □□	prospective	形 有望な、予想される ＊ prospective customer（見込み客）
215 □□	contact	動 ～に連絡を取る 名 連絡 ＊ contact information（連絡先情報）
216 □□	inquire about ～	熟 ～について質問する ≒ ask about ～

Part 6 Reading

(本冊 P.155〜177)

Operations: Announcements & Updates

Please be aware of changes to some schedules throughout August. During this time, Fastrak Railway will be making improvements to the Green Line, which will cause some delays while the work is under way. Before making travel plans, check Fastrak Railway's Operations page for the Green Line's current timetable. Service along other routes will be unchanged.

This project will replace old sections of the track as well as upgrade the Green Line's electrical system. Once these improvements are complete, train operations will be more reliable and safer.

訳

運行に関して：告知と最新情報

8月中は一部のダイヤに変更があることをご承知おきください。この期間中Fastrak鉄道ではGreen線の改良工事を予定しており、作業中は多少の遅延があるでしょう。お出掛けの計画前にFastrak鉄道の運行ページにてGreen線の最新時刻表をご確認ください。他の路線の運行には変更はございません。

この工事計画により老朽化した区画の線路が交換され、さらにGreen線の電気系統が改良されます。これらの改良工事を終えたら、鉄道の運行はより確実かつ安全になるでしょう。

Dear Mikko,

In January, we will introduce a new outsourcing system, which will allow our employees to contact suppliers like you directly with requests, rather than having me assign all the work. To do this, we are creating profiles of regular suppliers, which our personnel will be able to access on an internal database. Therefore, I ask you to complete and return the attached questionnaire by November 14. It will be used as the basis for your profile. The new system will streamline the outsourcing process significantly and make everyone's work easier. Please let me know if you have any questions.

Sincerely,

Anjala Gupta
Graphics Coordinator
Tamasha Media

訳

Mikkoさん

1月より当社は新たな外部委託システムを導入します。これにより全ての業務を私が割り当てるのではなく、当社の従業員は依頼の際に御社をはじめとする供給業者に直接ご連絡できるようになります。これを実行するため、当社が通常利用させていただいている供給業者のプロフィールを作成しており、当社の従業員は社内データベースでこれにアクセスできるようになります。したがいまして11月14日までに添付のアンケート用紙にご記入・ご返送いただきますようお願いいたします。その内容をプロフィールの基とさせていただきます。新システムにより外部委託の過程が著しく効率化され皆が仕事をしやすくなるでしょう。何かご質問がありましたらご連絡ください。

敬具

Anjala Gupta
グラフィックコーディネーター
Tamasha Media社

重要単語＆熟語

127

217 □□	make an improvement	熟 改善する
218 □□	cause some delays	熟 遅れさせる
219 □□	replace	動 ～を交換する ＊replace *A* with *B*（AをBと取り換える） 名 replacement（交換、交換品）
220 □□	upgrade	動 ～の性能・機能を高める
221 □□	electrical	形 電気の 名 electricity（電気）
222 □□	operation	名 運転、活動 形 operational（使用可能な、運行上の）
223 □□	reliable	形 信頼できる 名 reliability（信頼性）
224 □□	outsourcing	名 外部委託
225 □□	supplier	名 （材料や部品などの）供給業者 名 supply（供給、生活必需品） 動 supply（～を供給する）
226 □□	directly	副 直接に 形 direct（直接の）
227 □□	assign	動 ～を割り当てる 名 assignment（人に割り当てられた業務）
228 □□	attached	形 添付された 名 attachment（添付書類） 動 attach（～を取り付ける、～を添付する）
229 □□	questionnaire	名 アンケート
230 □□	streamline	動 ～を効率化する

Part 6 Reading

(本冊P.155〜177)

IMPORTANT NOTICE

New ticket gates will be installed at Kilburn Station in July. The North Entrance will be closed for installation and testing from July 3 to 6. Similarly, the South Entrance will be closed from July 10 to 13. Services at the station will not be interrupted during the work. However, the entrances may be more crowded than usual at peak times, resulting in lines and longer waits for the elevator to the platform. When planning your journey, please allow more time than usual. The new facilities are required for Warbeck Transit's ticketing system to be launched later this year. This will allow you to travel using prepaid debit and credit cards and personal electronic devices, along with Warbeck Transit's usual IC cards and tickets.

訳

重要なお知らせ

7月に新しい改札口がKilburn駅に設置されます。7月3日から6日の間、設置及び試験運転のため北口が閉鎖されます。同様に、南口は7月10日から13日の間、閉鎖されます。工事中に当駅におけるサービスが中断されることはありません。しかし、ピーク時は通常よりも入口が混雑し、結果として列に並んでお待ちいただくことやホーム行きのエレベーターを長くお待ちいただくことがあるかもしれません。お出掛けを計画の際は、通常よりもお時間に余裕をお持ちください。新しい（改札口の）設備は、今年中に導入されるWarbeck Transit社の発券システムの実施に必要となります。これによりお客様はWarbeck Transit社の通常のICカードや乗車券に加え、前払い式のデビットカードやクレジットカード、個人用電子機器を利用して移動できるようになります。

重要単語&熟語

129

231	install	動 ～を設置する、～を導入する
232	similarly	副 同様に 形 similar（同様の）
233	interrupt	動 ～を中断する 名 interruption（中断）
234	during	前 ～の間
235	entrance	名 入口
236	crowded	形 混雑した
237	result in ～	熟（結果的に）～をもたらす
238	facility	名 設備、施設
239	*be* required for ～	熟 ～に必要である
240	launch	動 ～を始める、～を開始する ≒ start
241	prepaid	形 前払いの
242	electronic device	電子機器

Part 6 Reading

(本冊P.155～177)

To: Emily Johannes <ejohannes@mymail.com>
From: Rebecca Mills <rmills@trekandtravel.com>
Date: October 5
Subject: Staff writer position

Dear Ms. Johannes,

We have received your **application** for the **position** of staff writer at *Trek and Travel* magazine. **In addition**, we **would** also **like you to submit** a list of **publications**. If any pieces you have written are available online, please **include** the URLs for those as well. We hope you can send that information by Friday **at the latest**. We will begin **conducting interviews** in three weeks. Our **human resources department** will contact you if you are selected for an interview.

Sincerely,

Rebecca Mills
Editor in Chief

訳

宛先：Emily Johannes <ejohannes@mymail.com>
送信者：Rebecca Mills <rmills@trekandtravel.com>
日付：10月5日
件名：専属記者の職

Johannes様

*Trek and Travel*誌の専属記者の**職**への**応募書類**を受領しました。**加えて**、**出版物**の一覧を**ご提出いただきたいと思います**。ご執筆の記事がオンラインで見られる場合はそれらのURLも**併せて**お送りください。**遅くとも**金曜日までにそれらの情報をお送りいただければ幸いです。**面接**は3週間後に**行い**始める予定です。面接に選ばれた場合は当社**人事部**よりご連絡いたします。

敬具

Rebecca Mills
編集長

重要単語＆熟語

131

No.	単語・熟語	意味
243 □□	application	名 応募書類 動 apply（応募する） ＊apply for ～（～に応募する）
244 □□	position	名 職
245 □□	in addition	熟 加えて
246 □□	would like you to ～	あなたに～してほしい
247 □□	submit	動 ～を提出する 名 submission（提出）
248 □□	publication	名 出版物 動 publish（～を出版する）
249 □□	include	動 ～を含む ＊include *A* in *B*（A を B に含む）
250 □□	at the latest	熟 どんなに遅くても
251 □□	conduct	動 ～を行う ＊conduct an interview（面接を行う） ＊conduct a survey（調査を行う）
252 □□	interview	名 面接 動 ～と面接をする
253 □□	human resources department	人事部

Part 7 Reading

(本冊P.179～225)

Date: August 17
From: Cameron Neely <cneely@tdt-limited.com>
To: Robert Orr <rob.orr@torontopackers.com>
Subject: Team Uniforms
Attachment: List of players

Dear Mr. Orr,

Thank you again for **taking the time to** let me visit yesterday to discuss **supplying** your hockey team with our sportswear. As a lifelong fan of the Toronto Packers, I'**m honored** that you are **considering** us as your **provider**.

Please **let me know if** you'd like to **proceed**. If so, please also **confirm** that the **attached** players' names and numbers are correct and we can begin **right away**. If you have any **further** questions, please **feel free to contact** me.

Best regards,

Cameron Neely
Senior Manager, Sales Team
TDT Limited

訳

日付：8月17日
送信者：Cameron Neely <cneely@tdt-limited.com>
宛先：Robert Orr <rob.orr@torontopackers.com>
件名：チームのユニフォーム
添付：選手のリスト

Orr様

当社のスポーツウエアを貴ホッケーチームに**支給させていただく**ご相談**のために**昨日はお伺いして**お時間をいただき**まして、重ねてお礼申し上げます。Toronto Packersの生涯にわたるファンとしましては、当社を**供給者**として**ご検討いただき光栄に思って**おります。

お話を**進め**ていただけるようでしたら**ご連絡**ください。その場合は、**添付されている**選手の名前と番号が正しいかどうか**ご確認**ください、そうしましたら、**すぐに**取り掛からせていただきます。**さらに**ご質問がございましたら、**お気軽にご連絡**ください。

よろしくお願いいたします。

Cameron Neely
販売部　シニアマネージャー
TDT Limited社

重要単語＆熟語

133

254 □□	take the time to *do*	熟 ～するために時間をとる
255 □□	supply	動 ～を供給する、～を支給する 名 供給、生活必需品 名 supplier（(材料や部品などの)供給業者）
256 □□	*be* honored	熟 光栄である
257 □□	consider	動 ～を考える、～を検討する 名 consideration（考慮）
258 □□	provider	名 供給する人、プロバイダー 動 provide（～を供給する、～を提供する） ＊ provide *A* with *B* （A に B を供給する、A に B を提供する）
259 □□	let me know if ～	～かどうかお知らせください
260 □□	proceed	動（ある方向へ）進む、（行為を）始める
261 □□	confirm	動 ～を確かめる 名 confirmation（確認） ＊ confirmation letter（確認書）
262 □□	attached	形 添付された 名 attachment（添付書類） 動 attach（～を取り付ける、～を添付する）
263 □□	right away	熟 すぐに
264 □□	further	形 さらなる、追加的な
265 □□	feel free to *do*	熟 自由に～する
266 □□	contact	動 ～に連絡を取る 名 連絡 ＊ contact information（連絡先情報）

Part 7 Reading

(本冊P.179～225)

The Caravan series by H&H

H&H proudly introduces the Caravan series. The set includes the full-size suitcase and the smaller carry-on bag. Each piece has a durable exterior that resists scratches and dents. Both pieces are backed by a one-year warranty.

The four wheels of the suitcase allow it to roll smoothly and easily through airports. Its two interior compartments can be detached for use as tote bags—ideal for market trips or souvenir shopping. Each tote bag has sturdy handles and a shoulder strap.

The carry-on bag has a pull-out handle and two sturdy steel wheels for ease of movement. This piece is roomy enough for trips lasting two or three days. The two wheels can be removed and used as a backpack.

Product: Caravan luggage set
Rating: 3/5

I'm traveling for a vacation at the end of the month. I needed new luggage, so I bought the set yesterday, when it first became available in stores. Both bags look very attractive. The overall quality is very high, which is not surprising given the manufacturer's reputation. I would give a higher rating, but one of the four wheels does not spin. I plan to take it back to the store tomorrow and get a replacement.

Reviewer: Kate Buren
Date Posted: November 20

訳

【広告】

H&H社のCaravanシリーズ

H&H社は自信を持ってCaravanシリーズを紹介いたします。このセットに含まれているのは標準サイズのスーツケースとそれより小さい機内持ち込み用バッグです。それぞれ外装の耐久性が高く、傷やへこみができにくくなっています。両方とも1年間の保証付きです。

スーツケースの4つの車輪は空港でのスムーズで簡単な移動を可能にします。2つの内部の仕切り部分は取り外してトートバッグとして使うことができ、食料品店に行ったりお土産を買いに行ったりするときに理想的です。それぞれのトートバッグには頑丈な持ち手とショルダーストラップが付いています。

機内持ち込み用バッグには引き出せるハンドルと2つの頑丈なスチール製の車輪が付いていて動かしやすくなっています。このバッグは2、3日間の旅行に十分な容量があります。2つの車輪を取り外してリュックとして使うことができます。

【オンラインレビュー】

商品：Caravan旅行かばんセット
評価：3点（5点満点）

今月末に旅行に行く予定です。新しい旅行かばんが必要だったので、店頭で新発売だったそのセットを昨日買いました。バッグの見た目は両方ともとても魅力的です。全体的に非常に高品質ですが、メーカーの評判を考えると当然と言えます。もっと高い評価を付けたかったのですが、4つの車輪のうち1つが回りません。明日お店に持っていって交換してもらうつもりです。

評価者：Kate Buren
投稿日：11月20日

267	**include**	動 ～を含む * include *A* in *B*（AをBに含む）
268	**durable**	形 耐久性のある ≒ lasting, sturdy 名 durability（耐久性）
269	**wheel**	名 車輪
270	**allow *A* to *do***	Aが～するのを可能にする
271	**detach**	動 ～を取り外す ↔ attach（～を取り付ける、～を添付する）
272	**sturdy**	形 頑丈な ≒ durable
273	**roomy**	形 広々とした
274	**last**	動 続く ≒ continue
275	**remove**	動 ～を取り除く
276	**attractive**	形 魅力的な 動 attract（～を引き付ける）
277	**manufacturer**	名 製造業者 名 manufacture（製造業） 動 manufacture（～を製造する）
278	**reputation**	名 評判
279	**rating**	名 評価 動 rate（～を評価する）
280	**replacement**	名 交換、交換品 動 replace（～を交換する） * replace *A* with *B*（AをBと交換する）

Part 7 Reading

(本冊P.179～225)

Ruben Mendoza [11:07 A.M.]
Where are we with the bid for the Stowe Park sports complex? We have to submit the document to the city no later than 5 o'clock, but earlier would be better.

Carla Stanfield [11:08 A.M.]
I'm reviewing the architectural illustrations and drawings right now. There will be a few changes, but nothing major.

Toby Kemp [11:09 A.M.]
Jason's working on double-checking the figures and filling in some missing numbers. He's also trying to get some estimates on construction materials from some suppliers.

Ruben Mendoza [11:10 A.M.]
Shouldn't that have been done by now?

Toby Kemp [11:11 A.M.]
Suppliers have been slow in responding, so he's making some follow-up phone calls.

Ruben Mendoza [11:11 A.M.]
Is there anyone who can lend him a hand?

Carla Stanfield [11:12 A.M.]
I'll be available in about 30 minutes, as soon as I'm finished with this.

Ruben Mendoza [11:13 A.M.]
OK. Once you're done, go see Jason and ask him what to do. Let's try to get everything finalized by 4 if possible.

訳

Ruben Mendoza［午前11時7分］
Stowe Parkスポーツ複合施設の入札はどうなっている？ 遅くとも5時までには市に書類を提出しないといけないけど、早ければ早いほどいい。

Carla Stanfield［午前11時8分］
ちょうど今、建築イラストと図面を見直しています。いくつかの変更は加えますが大きなものはありません。

Toby Kemp［午前11時9分］
Jasonが統計データを念のため再確認して抜けている数値を加えてくれています。彼はまた、いくつかの供給業者から建築資材の見積もりを出してもらおうとしています。

Ruben Mendoza［午前11時10分］
それはもう終わっているべきではないの？

Toby Kemp［午前11時11分］
供給業者からの返事が遅れているので、彼はフォローアップの電話をかけてくれています。

Ruben Mendoza［午前11時11分］
誰か手伝える人はいる？

Carla Stanfield［午前11時12分］
これを終わらせたら、30分後ぐらいなら手が空きます。

Ruben Mendoza［午前11時13分］
了解。終わったらJasonの所に行って何をすればいいか聞いてみて。できれば4時までには全部まとめられるようにしよう。

281 □□	bid	名 入札
282 □□	complex	名 複合施設 形 複雑な
283 □□	no later than ～	熟 ～よりも遅れることなく
284 □□	review	動 ～を見直す、～を検討する 名 批評、評価
285 □□	architectural	形 建築上の 名 architect（建築家） 名 architecture（建築）
286 □□	work on ～	熟 ～に取り組む
287 □□	figure	名 数字、数量 ＊ sales figures（売上高）
288 □□	missing	形 見当たらない 動 miss（～を逃す）
289 □□	estimate	名 見積もり 動 ～を見積もる
290 □□	material	名 資材、資料
291 □□	respond	動 返事をする 名 response（応答、反応、反響）
292 □□	lend	動 ～を貸す
293 □□	what to do	何をしたらいいのか
294 □□	get ～ finalized	熟 ～を終わらせる ≒ get ～ done

Part 7 Reading

(本冊P.179～225)

To: <alice.sawyer@wheemail.com>
From: <r.klinger@GreenValleyResidences.com>
Date: October 4
Re: Water leak

Dear Ms. Sawyer,

On behalf of everyone at Green Valley, thank you for calling to alert us to the wet area in the hallway of your floor. Our workers were able to find a small crack in the roof, which was allowing water to get into the ceiling in rainy weather. The facility maintenance team said the problem might have eventually caused serious damage to the building's interior if it had gone undetected.

It is tenants like you who help us ensure a safe and secure environment for everyone who lives or works at Green Valley. A special personal thank-you message will be featured in the next issue of our weekly newsletter.

Best regards,

Richard Klinger
General Manager, Green Valley

訳

宛先：<alice.sawyer@wheemail.com>
送信者：<r.klinger@GreenValleyResidences.com>
日付：10月4日
返信：水漏れ

Sawyer様

お住まいの階の廊下が一部濡れているという警告のお電話をいただきまして、Green Valley職員一同を代表して感謝申し上げます。当社作業員が屋根に小さなひびを発見しました。それにより雨の日に水が天井に流れ込んでしまっていました。設備メンテナンスチームによると、この問題が見つからないままでいたら最終的に建物の内部に重大な損傷が及ぶ可能性もあったそうです。

Green Valleyの住人や職員の全員にとって安全安心な環境を確実に実現する手助けをしてくれるのは、Sawyer様のような住人の方々です。次号の週刊会報には特別にSawyer様宛ての感謝のメッセージを掲載させていただきます。

今後ともよろしくお願い申し上げます。

Richard Klinger
総支配人、Green Valley

重要単語＆熟語

139

295	on behalf of ～	熟 ～を代表して
296	alert	動 ～に警告する
297	hallway	名 廊下 ＊ hallway：アメリカ英語 corridor：イギリス英語
298	crack	名 ひび、亀裂
299	ceiling	名 天井
300	facility	名 施設
301	eventually	副 最終的には
302	cause	動 ～を引き起こす
303	undetected	形 検出されていない ＊ go undetected（検出されないまま）
304	tenant	名 住人
305	ensure	動 ～を確かにする、～を保証する
306	secure	形 安心な
307	feature	動 ～を特集する 名 特徴
308	issue	名（定期刊行物の）号、問題 動 ～を発行する

Part 7 Reading

(本冊P.179〜225)

JOB OPENING: EXECUTIVE ASSISTANT

Solva Enterprises is looking for an executive assistant to support the president. We are a fast-growing technology company, focused on becoming a market leader by delivering exceptional products and customer service.

The job's responsibilities include:

— Managing the president's busy calendar, including scheduling and confirming meetings and other business appointments and making travel arrangements

— Writing and replying to internal and external correspondence

— Preparing and distributing meeting agendas and other documents

Candidates must have some office experience. Secretarial skills are essential, including good writing ability, proficiency with general office software, and excellent interpersonal skills. A college degree is preferred.

If interested, please submit your résumé and two letters of reference to Miranda Davis at mdavis@solva.com. No phone calls or drop-ins.

訳

求人：役員補佐

Solva Enterprises社では社長をサポートしてくれる役員補佐を募集しています。当社は非常に優れた製品や顧客サービスをお届けすることで業界のリーダーとなることに重点的に取り組んでいる急成長中のテクノロジー企業です。

職責には以下が含まれます：

—社長の多忙な予定を管理。これには会議やその他の仕事の打ち合わせの日程調整や確認、出張の手配が含まれる

—社内、社外関係者に対するEメールや手紙の作成、返信

—会議の議題やその他の文書の準備と配布

志願者には何らかの事務経験が必要となります。優れた文章力、一般的なオフィス用のソフトの運用能力、卓越した対人スキルなどの秘書技能が必須です。学位取得者なお良し。

興味がありましたら、履歴書と2通の推薦状をmdavis@solva.comのMiranda Davisまでお送りください。お電話やご来社には対応いたしかねます。

重要単語&熟語

 141

309 □□	executive	名 重役、役員
310 □□	president	名 社長
311 □□	fast-growing	形 急成長の
312 □□	focus on ～	熟 ～に重点を置く
313 □□	exceptional	形 優れた、例外的な 名 exception（例外） 前 except（～を除いて）
314 □□	responsibility	名 責務 形 responsible（責任がある） ＊ *be* responsible for ～（～に責任がある）
315 □□	manage	動 ～を管理する 名 management（経営、管理） 名 manager（マネージャー、管理者）
316 □□	reply to ～	熟 ～に返信する
317 □□	external	形 外部の ↔ internal（内部の）
318 □□	agenda	名 議題
319 □□	candidate	名 候補者 ≒ applicant
320 □□	secretarial	形 秘書の 名 secretary（秘書）
321 □□	proficiency	名 能力
322 □□	college degree	大学の学位

TOEIC® L&Rテスト はじめて受験の パスポート

別冊❷
復習単語集